问道乡村产业

刘 奇◎著

中国农业出版社

北京

在中国农业大学国家农业农村发展研究院、中国农业出版社有限公司的大力支持下，本书得以顺利出版，在此表示衷心的感谢！

实现"两个一百年"奋斗目标，是中国共产党向全世界的庄严承诺，第二个百年奋斗目标的短腿在"三农"，乡村振兴的总方针就是优先发展农业农村，总目标就是加快推进农业农村现代化。

现在世界上已经实现现代化的国家不到40个，而这其中有不少是没有农业，或者农业农村占比很小的国家，真正称得上实现了农业农村现代化的国家不到20个。与这些国家相比，我国农业农村现代化面临一些全新的挑战。

一是要彻底打破实行了半个多世纪的城乡二元制度。这个根深蒂固的制度孕育出了一个二元社会，进而衍生出一种二元文化，要消除二元文化的影响不是一件轻而易举的事情。二是要赓续传统文化。中华文明的源头在乡村，中华五千年文明史，主体是乡村文化，载体是村庄，要在保护中建设、在传承中发展。三是要在农村集体和农户承包经营统分结合的双层经营体制下建设现代化，国与家，公与私利益交织，国家粮食安全这个"大公"的利益、村级集体经济这个"小公"的利益和农户稳步增收这个个体利益三者如何兼顾，是一个极其复杂、需要不断探索的大课题。四是要利用工业化、信息化、城镇化的成果并联、叠加、迭代的方式同步推进农业农村现代化；而国外已有的经验是工业化、城镇化、农业农村现代化、信息化串联式的顺序推进；时间的浓缩、进程的加速、路径的选择、方法的探索都是一场史无前例的考验。五是要在农业经营主体数量巨大的场景下展开。我国有2.3亿承包耕地的农户，美国的农业经营主体是230万，英国是23万，我国的农业经营主体是美国的100倍，是英国的1 000倍。要把这样一个庞大的群体带入现代化，谈何容易！在推进城镇化进程中减少农民，是现代化国家共同的选择，私有制国家农民进城，大多是失去土地、失去家园，从此与乡村彻底了断；当今的中国农民则与土地及乡土社会有着千丝万缕的联系，不仅根在乡村扎得既深且广，而且在城乡二元体制下要想转为真正的市民也并不容易；是兼当农民还是专当农民或者不当农民，在现实背景下，想做出选择比较困难。

身处百年未有之大变局的时代，又面临诸多世无先例、史无前例的复杂挑战，每位"三农"领域的研究者和实践者都需要以敏锐的眼光、立体的视角、创新的思维深刻、全面、系统地领悟中央的战略部署，对一些重大问题，从理论和实践层面不断探索，做出回答。例如：城乡发展差距大、农村发展不充分是当今社会的主要矛盾，如何重塑城乡关系，解决好城乡发展不平衡、农村发展不充分这一民之所盼的共同富裕问题；食物保障、生态保育、文化传承是乡村独有、城市没有、未来必有的三大功能。如何发挥好乡村独特功能，确保三大安全这一国之所安的底线思维问题；粮食安全是国之大者，如何内外兼修，用好两种资源、两个市场，强化粮食安全这个事关生命安全、生存安全和国家安全的头等大事，增强我国在国际风云变幻中的自主、自立、自强，确保我国现代化事业持续推进的"压舱石"问题；乡村是生态文明的主战场，如何树立正确的生态价值观、生态发展观、生态消费观和生态道德观、实施山水林田湖草沙一体化保护、综合治理的环境绿色化问题；农业农村现代化，实质上是以县域为城、乡、村全域现代化的切入口。如何实施县域空间重构，通过城乡融合发展和推进"千万工程"，缩小城乡之间的纵向差距和村庄之间的横向差距的全域现代化问题；农耕文明是中华文明之根、之魂，如何在乡村振兴中既塑形又铸魂，使物质文明与精神文明协调推进中"两手都要硬"；乡村振兴，关键在人，一是农民二是干部。乡村是农民的乡村，乡村振兴，农民既是受益者，也是参与者、建设者、创造者，如何调动农民参与的积极性、主动性，让农民成为主体主力的关键动能问题；习近平总书记指出，

"'三农'领域工作的领导干部要抓紧提高'三农'工作本领",如何抓紧提高?提高哪些本领和怎样提高领导能力、领导方法。

探索农业农村现代化的"中国方案",是时代的使命,是历史的重托,我们欣喜地看到众多有识之士"吾心归处是'三农'",长期投身于"三农"事业,执着于"三农"的理论研究与实践探索。

记得十年前(2013年),国务院发展研究中心《中国发展观察》杂志社在北京召开"刘奇三农观察"专题座谈会,国务院原副总理回良玉致信祝贺,座谈会云集了数十位"三农"领域的领导和专家,我因随领导出差未能到会,仅做了书面发言。这次座谈会还推出了《刘奇文丛》六卷系列丛书。十年后的今天,中国农业出版社又编辑出版了刘奇同志的《问道乡村振兴》《问道乡村文化》《问道乡村和美》《问道乡村治理》《问道乡村产业》五本系列丛书,收录了刘奇同志近年来撰写的200多篇研究文章,出版社邀我为这套丛书作序,我欣然应允,翻阅上一次座谈会上我书面发言中的一段话,放在这里作为序的一部分还很合适,兹录于此。

"刘奇是我的老朋友。在三十年的交往中,刘奇同志给我留下了深刻印象。他非常勤奋,非常务实;他很少嗜好,就是持续不断地思考问题。他几十年如一日,笔耕不辍,写出了大量有思想、有见地、有分量的好文章。最近又结集出版了一套厚重的丛书,这是他长期付出心血和汗水的结晶。这些文章我大多读过,从中得到很多启发,其中有些具体见解和建议得到领导同志的首肯或成为相关文件起草时的参考。刘奇同志是我国'三农'战线一位颇有建树的研究者,他的勤奋,他的治学精神值得我们学习;他的'三农'情结和研究'三农'问题的方法值得我们敬重。

刘奇同志的文风活泼,写的东西可看性、可读性很强,观点鲜明,深入浅出;他研究的都是大问题,讲的都是大道理、大思路。刘奇的研究视野开阔,角度新颖独特,贴近基层,深入实践,善于总结概括。他的不少研究成果都是既有思想性、理论性,又有针对性、可操作性。不少中央领导同志对他的研究报告都有过重要批示。

作为一位在地方从事'三农'领导工作的同志来说，确实很不容易。"

改革开放四十多年来，"三农"领域已经有了不少从 0 到 1 的实践创新，但还缺乏从 0 到 1 的理论升华，让我们在探索农业农村现代化"中国方案"的进程中，携手共勉，努力弥补这一缺憾。

第十三届全国人大常委会委员、
农业与农村委员会主任委员　　陈锡文

目录

CONTENTS

资本下乡要"九戒"

乡村振兴需要聚集社会各方力量。自 2013 年中央 1 号文件首度提出"鼓励和引导城市工商资本到农村发展适合企业化经营的种养业"以来，资本下乡的热情被激发，一时间，热浪滚滚，席卷乡村多个领域。然而，实践中资本下乡的际遇却不容乐观，"开着宝马进去，骑着单车出来"的现象时有发生。究其原因，固然有个别乡民欺生设障，营商环境欠佳，但根本还是在于下乡资本不了解农业经营规律、不熟悉农村发展逻辑、不清楚农民所期所盼，导致一腔热情扎进乡村，几年后经营不善"烂尾"出局。如何避免资本下乡"笑着进去，哭着出来"的囧况重复上演？关键在于做到"九戒"。

一戒规模不适度。工商资本到农村发展应寻找与自身能力相匹配的适度规模经营。但一些企业在选择投向时或是豪气冲天，或是"醉翁之意不在酒"，跑马圈地，动辄流转成千上万亩土地，盲目投资，追求短利、暴利，却忽视了企业经营与超大规模农业经营的适配性。农业是专业性很强的行业，不熟悉农村情况，不掌握农业技术，企业一遇风险则手足无措，有的甚至"毁约弃耕"，不仅浪费了土地资源，损害了农民利益，企业自身也难逃厄运。农业是抵御自然风险低下的弱质产业，农业尤其是大田作物经营不能违背国情，必须走有中国特色的土地适度规模化的农业现代化道路。农产品生产相对于工业产品生产有六大自身特点：不可间断、不可倒序、不可搬移、是活的生命体、遵循自然再生产与经济再生产两个规律、结果只能最终一次性显现。这六大特点决定了农业必须由一个最佳利益共同体经营。在漫漫历史长河里，古今中外无数事例证明，家庭是无与伦比的最佳利益共同体，只有家庭才能降低高不可攀的监管代价，实现农业效益的最大化。资本下乡经营大田作物，可以采取大园区、小业主的经营模式，也可以采取为农户托管服务的方式，秉持以家庭经营为主体，实现分散决策、分散风险。不然，来自市场的、自然的、政策的以及经营管理等方面的风险随时都会自天而降，企业蒙受的损失往往无力承担，造成严重的社会问题。中国中小企业平均寿命仅2.5年，集团企业平均寿命也仅7～8年，农业企业面临的风险更多，企业寿命自然更短。

二戒农民被上楼。不少下乡资本以城市开发房地产的思路建设乡村，推掉旧村大拆大建，盖高层楼房，把农民集体赶上楼。农村房产估值低，补偿少，从旧房搬到新房，有的农户需要补贴几万甚至是十几万元，这还不算拆旧建新过程中的租房成本，一些农民的多年积蓄被一次掏空。农民感叹：城市是一拆富三代，农村是一拆穷十年。农民被赶上楼，看似住上了楼房，提高了生活质量，实质则是农民上楼后腾出的宅基地用地指标被拿到城市高价售卖，农民分不到水涨船高后的增值利益，生活成本却大大提高，用他们的话说，"早晨起来一泡尿，马桶一按，一角钱就没了。"农民上楼后，没了放置农具的场地、农产品的晾晒场地、房前屋后种植瓜果蔬菜的场地，不仅打破了传统的庭院式生活方式，而且集中居住后远离生产场所，种自己的田要骑摩托或开汽车跑十几甚至几十里，收获的农产品，还抵不上汽油钱，本来可以用于解决自给自足的大量空闲时间也白白流失，农民的世界发生紊乱，乡村的秩序出现失衡，工商资本植根乡土的社会根基也因此丧失。农民不欢迎，就不可能有生长的土壤，这是乡土社会的发展逻辑。

三戒小镇无特色。2016年，国家提出发展特色小镇，大量工商资本蜂拥而至，不惜重金，竞相打造所谓特色小镇。许多投资者既没深刻理解特色小镇建设的内涵和标准，又不深入考察研究所建小镇的区位、历史、文化、产业和人群等特点，投资建设的目标、定位、规划、项目、运营等模糊不清，没有个性，不具有特色功能。如此盲目上马，投资方不仅难以取得持久收益，大多面临经营亏空、资金链断裂的风险，陷于覆水难收、上下两难的被动处境。全国已有100多个新建特色小镇所经历的断崖式发展历程为世人敲响了警钟：特色小镇盲目开发导致的风险已不再是个案问题。几度被网络热传的"中国特色小镇死亡名单"显露出特色小镇建设投资从"扎堆建设"到"批量倒闭"等一地鸡毛的结局，根源就在于资本下乡没有从当地的历史沉淀、发展基础中找寻、酝酿并发扬真正厚重的"特色"，而是急于求成，一厢情愿地盲投、盲建。网友编出歌谣讽刺这类小镇："小镇故事少，充满假和抄，外貌一个样，吃喝差异小。"一个本来令人向往的"故事"，变成了一个令人烦愁的"事故"。支撑特色小镇可持续发展的生命力在于特色产业，这是特色小镇赖以存在的基础，应差异化定位、细分领域、错位发展，聚人气、生财气、养生气。应按不同产业的建设发展进程、成长周期规律，把立足点放在特色小镇的内生动力上，以足够的耐心培育特色小镇。国内外成功的经验告诉我们，一个真正有影响力和传播力的特色小镇往往都要经过几十年乃至上百年的积淀和发展，如被誉为"世界香水之都"的法国格拉斯小镇，经久不衰，迄今仍是世界香水产业的中心。

四戒盲目造景点。乡村旅游的核心是原汁原味的乡村文化，它以农村自然环境、农业生产活动、农民生活方式为旅游的吸引物，不光具有旅游、观光、休闲、养生等多重功能，还具有传统"耕读文化""天人合一"的哲学意蕴。有关调查估算，全国只有不到5%的村庄适合发展乡村旅游。一些工商资本下乡不顾村庄建设的客观规律和环境条件，心血来潮，仓促上马，投入大量资金建设大公园、大广场、大牌坊、大游乐场，越建越时尚，越建越高档，设计前卫，建筑风格各具特色。有的还在农民的房前屋后本该用于栽植瓜果蔬菜的地方种上洋草皮，围上用城市园艺技术修剪整齐的灌木丛。但是如果深入这些村庄内部，就会发现绝大多数新造景点冷冷清清，空空荡荡，缺少人气。钱投入进去后既不实用，也非民所需，与当地的生态环境、历史文化、生产生活很难融入、融合，投资自然难以取得预期回报。还有很多工商资本一窝蜂上马民宿项目，民宿改造求洋求新，殊不知，消费者的需求是"外面五千年，内里五星级"，而有些改造正好反过来，"外面五星级，内里五千年"，很多建好的民宿最终常年空置，不仅资本运营难以为继，也造成农村资源虚耗、下乡资本空转。2.8亿农民工为乡村留下了几千万套闲置房屋，民宿开发的利益走向应与资本的逐利流向控制在均衡合理的区间，农民应当成为民宿开发最大的受益者，只有这样，乡村旅游才能向着有序、稳健、可持续的方向发展。

五戒新村无产业。产业振兴是乡村振兴的关键，失去产业基础，新村建设难以为继。一些资本下乡以开发思维而非发展思维去建设新村庄，大量资金投入到超越发展阶段的基础设施和公共服务建设，建好之后每年还需要很大一笔资金进行管理和养护。好处只是暂时的外表美，代价却是不光占用大量资金投入，且使村集体负债运转和村级产业发展无米下锅。尽管把村庄设施建先进了，但由于乡村发展没有产业支撑，带动不了农民增收和农村集体经济发展，农村外出人口就会更多，建成的新村也不过是一个个豪华的"空心村"、美丽的"荒村"。资本下乡必须厘清村庄设施建设与产业发展之间的因果关系，二者必须相匹配，割裂二者之间的联系，仅仅着眼于从硬件建设上获利，而不从长久的产业发展支持上考量，是极其短视的行为。当前我国农业正处于传统农业向现代农业转型过程中，为市场提供初级农业产品的传统农业思维尚未打破，农业的第二产业和第三产业发展严重滞后，农业产业链存在发展水平低、产业链环链简单、发展布局不平衡以及可持续能力薄弱等问题。下乡资本应重视农业产业转型升级，尽可能地将农业产业链向前后延伸，让各个环链有机结合，跨界叠加，互融互渗。尤其应加大农业科技投资，提高农业生产效率、提升农产品竞争力。推倒几个破败的"空心村"，再建起一个豪华的"空心村"是当前村庄建设的大忌。资本下乡参与村庄建设的重点应在发展产业上下大功夫、花大力气，为农民创造能够就近就地兼业的第三就业空间。

六戒农民不参与。农民是乡村建设的主体，需要一个什么样的农村，农民自己最清楚。乡村振兴靠人，尤其是靠本地的人，乡村建设从设计、规划、实施全程都需要农民参与，这样既可以赋予农民主动权，培养他们的主人翁意识，激活他们的积极性、创造性，还为农民提供劳动岗位，实现就地就近就业，让农民在建设过程中学习和掌握相关技能和管理知识。农民在全过程参与中，对自己亲手建设的村庄会产生难以割舍的深厚情感，热爱家乡的意识会更加强烈。如果把农民排除在乡村建设之外，成为旁观者，他们对下乡资本就会存在排斥心理，乡村建设自然也得不到农民的支持。资本下乡必须清楚，乡村是否宜居宜业，并不是城里人、领导和外地人说了算，最终必须当地的农民说了算。安徽农道采取"带着农民转，让他们觉悟；做给农民看，让他们信服；领着农民干，让他们参与；陪着农民练，让他们有术；帮助农民赚，让他们增收；引导农民变，让他们现代"的"六让之道"，投身乡村建设，是彰显农民主体地位的企业成功之道。应该清楚，乡村是农民的乡村，农民是乡村建设的受益者，但同时也是参与者、实践者、推动者和创造者，下乡资本脱离了农民的参与，就失去了立足的根基。

七戒利己太精致。一些投资者在农民面前居高临下，只追求一己私利，不让当地人和自己共同受益，甚至把农民当冤大头，挖空心思、一心算计、盘剥农民，把账算到骨髓里，不为农民留一点利益空间，无视农村社会结构保持稳定的关键是实现多元利益平衡，既不构建利益联结机制，又不形塑乡村利益共同体，从根子上动摇了资本的创利基础，最终也活生生把自己置于乡村发展利益分享主体之外。能否实现下乡资本与本土农民的利益共享和利益联结，直接关乎下乡资本能否融入乡村、植根乡土。中国的乡村社会结构以小农户为经营主体，目前参与耕地承包的农户 2.3 亿户，时至今日，只有 30％多的农户参与了土地流转，且不少农户不是全部而是部分流转，仍有近 70％的农户耕种着自己的承包地。绝大多数中国农民只是出售自己生产的初级产品和原料，收益比例很低。乡村振兴的本质是小农户的振兴，没有小农户的振兴，便没有乡村的振兴，资本下乡必须直面小农户与现代化的衔接、与大市场的衔接、与产业链的衔接、与社会组织的衔接、与龙头企业的衔接以及与城镇化的衔接等诸多方面的突出矛盾。政府、市场、社会三方力量应有机协作、各尽其能、共同发力，健全完善利益联结机制，加强企业、合作社、小农户有机联合，保证利益分配的公平合理。同时，下乡资本应主动作为，提高当地农民生产技能和经营管理水平，让农民在包括加工、储藏、包装、设计、运输、销售等一系列从事全产业链的营销过程中增加收入，提升农民在利益体系中的价值和地位，实现共享共赢。

八戒情感不融入。农村是熟人社会，人际关系特殊，人与人之间交往的感情基础牢于契约基础。世代聚族而居的邻里关系使得人与人之间形成了一套建立在感情、诚信和互惠基础上的交往规则与行为规范，构成乡村熟人社会的"家园红利"。这是我国乡村最有价值的优质文化资源，它对于资源配置、矛盾调处、邻里互助、应急事务等方面的处置，起到无可替代的作用。资本下乡欲站稳脚跟并获取长效利益，首先必须融入农民与农民产生情感共鸣，夯实情感基础。只有情感相互融合，与农民处得热乎，增强农民对投资方的认同感、亲近感，才能培育出向心力、凝聚力、组织力。只要情感认同，哪怕自己吃点亏，农民都不在乎，都会一心跟着你干。熟人社会的处世规则一般是"情理法"，陌生人社会处世规则一般是"法理情"，与农民情感上不融合，仅靠一纸合同约束，很难维系与农民的和谐交往。资本方如果仅仅把农民视作合同相对方，农民则完全可能把下乡资本看作第三方，即使有了合同，也未必保证遵守。

九戒物质做实了，精神做空了。资本下乡大都关注看得见、摸得着的物质层面，对于能提升农民精气神的文化建设常常忽略。物质文明与精神文明互为依存，偏废文化建设的乡村发展难以完整、持续，只有在投资物质层面建设的同时，把精神层面的需求同步抓起来，才能为乡村全面振兴提供不竭动力。我国乡村社会结构依托熟人社会伦理和小农经济构建，改革开放以来农村人口大量外流，使乡村社会发生剧烈变迁，农民精神文化消费品的构成和农民精神文化生活方式则无多少改观，导致农村精神文化生活长期缺失，农民对此需求特别强烈。资本下乡在投资住房、道路、环境绿化以及水、电、气等基础设施，改善乡村物质生活的同时，应高度关注农民的精神生活，把乡村文化建设放在同等重要的位置。乡村文化建设是乡村振兴的灵魂工程，如果在豪华的物质园地里呈现的是一片文化沙漠，这样的物质豪华是毫无意义的，也是难以持久的。从哲学上看，精神和物质可以相互转换。一方面，精神文化可以直接转化为物质财富，例如文化元素可以提升农产品的价值，农村文化资源、文化产业、文化品牌、文艺作品有着巨大的市场转换能力。另一方面，让农民精神生活富足，就是最好的营商环境优化，通过各类文化活动，复兴乡村教育、振兴乡村人才、守护文化基因、传承民族血脉，建立文明乡风、重拾文化自信，进而提升整个乡村社会的精气神，这是企业投身乡村建设可以利用的最强劲、最持久的精神动力。

（本文原载于《中国发展观察》2021 年第 23 期）

菌物种业：一个被忽略的新种业

  农业生态系统是由植物、动物、菌物三物构成的自我循环链条。植物是生产者，动物（包括人类）是消费者，菌物是分解还原者，它把植物、动物的残渣废料包括人畜粪便分解转化，既能作为植物的肥料进行下一轮生产，也可培育出食用菌供人们食用。

  要彻底解决农业种业"卡脖子"问题，除高度关注植物、动物种质资源外，还应高度关注菌物种质资源的开发保护和利用。三物互为作用，共同构建起农业的生态循环系统，缺一不可，同时也是低碳农业的最佳路径。

  我国菌物种质资源丰富，初步调查仅食用菌就有 1 409 种，其中食用类 963 种，药用类 473 种，居世界首位。改革开放以来，我国食用菌迅速发展，2012 年起即成为农业领域中仅次于粮、油、果、菜的第五大类农产品。食用菌成为大产业，突出表现在四个方面：一是年产量从 1978 年的 5.8 万吨增长到目前的 4 000 多万吨，40 年猛增近 700 倍，这是世界上任何一个国家、任何一种农作物都没有的增速，在人类粮食安全正向大食物安全突飞猛进的演进过程中，其价值作用无与伦比；二是产量占全球 75%，成为我国具有地域优势的纯出口产品，仅食用菌相关技术就已推广到 100 多个国家；三是为脱贫攻坚做出巨大贡献，490 多个国贫县中，80% 以上选择食用菌为脱贫攻坚首选产业，出现了习近平总书记多次点赞的以陕西柞水小木耳产业扶贫为代表的一批食用菌精准扶贫典型；四是新冠疫情后，食用菌出口攀升，增加了 10%，灵芝、茯苓、猴头、桑黄等药用菌类成为出口新宠。

食用菌在国际上被誉为 21 世纪的健康食品，营养、保健、安全，不仅是世卫组织推荐的"一荤一素一菇"膳食模式的组合成分，更是功能性食品、膳食营养补充剂、生物药品、化妆品的重要原料。

我国虽然是全球最大的食用菌生产国和消费国，但在产业的核心技术如科技研发、人才培养、智能化控制等方面，与欧美发达国家还存在较大距离。特别是作为核心技术的菌种，长期受制于国外，国内自主研发菌种能力薄弱，品种开发利用水平多数仍处于初级阶段，资源优势尚未有效转化为产业优势，亟须加快种业系统研发和技术创新。突出表现在：

一是大宗菌种被"卡脖子"。除木耳、银耳外，目前大宗食用菌类品种几乎被国外全部垄断。比如香菇是中国菇，但实际上在中国大面积种植的香菇，基本上都是日本品种。双孢菇品种主要受荷兰、美国控制。日本千曲化成公司垄断了我国 100% 的白色金针菇菌种市场，并按照每瓶 1 分钱收费，每年支付品种使用权费用 3 500 万左右。美国垄断了我国 87% 的双孢菇菌种市场，每年进口 3 000 吨，费用支出超过 5 000 万元。

二是菌种质量标准不统一。长期以来，食用菌生产小而散，菌种自产自用，利益驱使导致生产用种"异物同名"，严重制约了食用菌良种化。中国农科院曾将收集到的 2 100 余份菌种进行鉴定，真正有区别性的只有 388 个。由于菌种混乱、质量低下和品种的环境适应性差，食用菌生产中大面积的霉菌侵染报废、减产、绝收等问题频发，给农民造成严重损失。

三是菌种保护不够。我国自 2005 年才将食药用菌纳入农业植物品种保护名录，先后有 3 批次 15 个种属的食药用菌新品种被纳入品种保护范围，仅占已知品种的 1.06%，对食药用菌品种权保护较之发达经济体差距较大。以香菇品种为例，申请数量上，邻国日本达 229 项，而我国仅 15 项。品种申请主体上，国外以企业为主，国内以科研机构为主，育成品种主要向市场推广而非申请品种权，在这个过程中他人对品种的侵权、不合理利用等现象被长期忽视。育种者正当权益无法得到有效保护，难以从育种中获得商业利润，因此食用菌生产企业较少涉足菌种选育工作。社会企业参与度的下降进一步导致了食药用菌创新活力的低下。如参与我国香菇品种申请的国外企业有 4 家日本菌种公司，占香菇品种申请量 15 件的 27%；国内科研机构占申请量的 66%，而中国企业仅 1 家提出 1 份申请。

四是缺乏现代化菌种企业。如我国第一食用菌产业大省河南省，拥有大大小小食用菌菌种企业近 200 家，大多办理了三级菌种生产许可证，但是缺少一级、二级生产资质的企业，没有一家具备育种能力及现代化生产能力。这直接导致了食用菌主产区存在"菌种外地来，菌棒小厂卖，参差不齐瓜菜代"现象。我国食用菌"资源大国、菌种小国；生产大国、研发弱国"的尴尬局面，给整个产业的长期发展埋下了隐患。

习近平总书记 2020 年三次提出"小木耳，大产业"，实际上是针对整个食用菌产业提出的课题。如何消除菌物种业这一产业之痛，实现高质量可持续发展，必须下更大功夫补上种业短板，打好菌种"翻身仗"。为此建议：

第一，组织开展食用菌种质资源调查。我国正在开展第一次全国林草种质资源普查与收集、第三次全国农作物种质资源普查与收集、第四次全国中药资源普查等全国性大型资源调查研究项目。建议国家加强对这些行动的统筹协调，除了聚焦既定的科学目标外，还应加强对菌物种质资源的系统性采集、保存和信息共享。同时，组织开展对重点地区菌物种质资源的调查与收集，促进提升国家在种质资源管理工作中的整体性和协同性，摸清我国菌物资源底数。

第二，加强野生菌物种质资源保护。野生菌物资源是国家的生物战略资源，然而，目前野生菌类资源保护存在疏严不一的现象，禁采、偷采、"杀鸡取卵"式的不良采挖（如在子实体成熟散发孢子之前采挖）并存。如何有效保护和利用？近年来，吉林农业大学李玉院士团队与地方合作，在西藏山区、祁连山、武夷山、大别山及我国其他边境地区建立了菌类种质资源保育区，开展特定区域野生菌类种质资源调查、收集和研究工作，在当地建设小微型菌物保藏体系。在此基础上，开展食用菌新种质资源创制研究，做到了有效保护与合理利用。建议推广这一做法，鼓励高校科研机构在我国自然保护区建立野生菌类保育区及菌物保藏体系，加强珍稀和濒危菌物资源保藏、保护、良种繁育及其生物转化和人工替代品研究。

第三，建立国家级食药用菌种质资源库。菌物可将植物秸秆、畜禽粪便等转化为食用菌或有机肥。发展菌物农业有利于实现农业减碳目标。而建立菌物种质资源库，则是发展菌物农业的开源立基之举。但是，目前我国已建立起植物、动物（包括水生物）种质资源库，菌物种质资源库尚是空白。已批准建立的国家级种业产业园，亦无菌类种业一席之地。为此，建议抓紧设立国家级食用菌种质资源库，建设"一馆"（菌物标本馆）"五库"（菌种资源库、菌种活体组织库、菌种有效成分库、菌种基因库、菌种信息库）体系，弥补菌物种质资源库缺项。

第四，实施食药用菌种业创新工程。国家拿出与农业领域第五大产业相匹配的专项资金，支持食药用菌种业创新，建立揭榜挂帅机制，调动科研机构、食用菌企业科技人员种业创新积极性，力争实现四个一批：创制一批遗传背景丰富、关键性状优异的核心种质资源；构建一批系统化、流程化、规模化、信息化的科学育种技术体系；育成一批适于轻简化和机械化生产且在产量、品质、抗病性、抗逆性、加工特性等方面有重大突破的育种材料和新特优品种；培育一批具有国际竞争力的育、繁、推一体化食药用菌产业龙头企业。

第五，加强食用菌菌种保护。①要在国家植物保护名录中增加新的菌类，扩大保护范围。除常见食药用菌属、种外，我国高附加值、国际认可度高的特有食药用菌品种也应纳入保护名录，以保护育种者权益。②设立专项基金，建设专门用于食药用菌新品种的 DUS［特异性（Distinctness）、一致性（Uniformity）和稳定性（Stability）］测试站，弥补菌类 DUS 测试站的空白；同时鼓励联合开发新品种 DUS 的测试指南，以有效检测品种特性，保护知识产权。③加强大数据、区块链等数字化技术应用，推行菌种"一物一码"，建立防伪和质量追溯体系。同时严格依法打击菌种假冒伪劣的侵权行为，切实加强食用菌的知识产权保护。

　　第六，加强菌种市场管理。抓紧制定食用菌菌种质量标准，实现一级、二级、三级菌种的分级管理，严格把控一级种源，落实生产许可证制度，全面提升食用菌种生产水平，构建中国特色现代食用菌产业菌种体系。分区域建立高标准食药用菌菌种厂，培育国家级、省级食用菌种业，强化食用菌菌种的科技支撑。鉴于我国周边地区和非洲对食药用菌的需求日益增长，建议主动面向"一带一路"沿线国家建立食药用菌菌种制作基地，开展食用菌菌种及相关设备、技术的配套输出，农业农村、市场监管、商务、科技、海关等部门应加强协调，切实做好服务工作。

　　　　　　　　　　（本文原载于《中国发展观察》2021年第14期）

深刻领悟"小木耳，大产业"的丰厚内涵

　　2020 年 4 月 20 日，习近平总书记在陕西柞水县金米村作出"小木耳，大产业"的重要指示，不仅是对柞水及全国食用菌产业在脱贫攻坚中重要作用的高度认可，更是为我国以小木耳为代表的特色农业指明了发展方向。它包含的信息量巨大，应以敏锐的思想领悟力，充分挖掘习近平总书记重要指示的丰厚内涵，坚定信心，奋发有为，扎实推进食药用菌等富民产业发展，为乡村产业振兴助力，为农民创业致富探路。

　　一是巨大的经济意义。我国地域广阔、资源禀赋各异，如何因地制宜、因时制宜探索发展农业产业？柞水选择木耳作为主导产业，依靠科技增量赋能，使小木耳成为农民致富的"金耳朵"，小产品带动大发展，蹚出致富路。2020 年习近平总书记深入调研时作出"小木耳，大产业"重要指示，紧接着 5 月份在山西大同考察、12 月份在中央农村工作会议上的重要讲话中，他又再三强调"小木耳，大产业"。其中蕴含的经济意义，与总书记此前对茶产业发展作出的"一片叶子可以致富一方百姓"的重要指示，其精神实质可谓一脉相承。应跳出小木耳这个产品、跳出柞水这个区域，去深入思考、去理性判断、去深刻领悟、去贯彻落实。"小木耳，大产业"重要指示，体现了习近平总书记对发展乡村产业的高度重视，指明了我国乡村产业发展的道路和方向。产业振兴是乡村振兴的基础。总书记明确指出，要"把产业发展落到促进农民增收上来"，"发展特色产业、特色经济是加快推进农业农村现代化的重要举措"。我国以小木耳为代表的食药用菌产业、特色产业大船，只要锚定

目标不松懈，定能在富民强国的产业蓝海上，直挂云帆济沧海，乘风破浪，创造无限未来。

二是大食物意义。粮食安全、食物安全是国家战略。满足我国食物消费需求，需要有 35 亿亩*农作物播种面积，但是，即使算上复种面积，我国农作物播种面积也只有 25 亿亩，还缺口 10 亿亩。必须树立大食物安全观，多向度提升食物保障能力。向江河湖海要食物，向森林草原要食物。习近平总书记"小木耳，大产业"的重要指示，揭示了发展食用菌产业、多元化维护国家食物安全的重要意义。

食用菌具有"五不争"特点，利用林下、地下（防空洞）、山下、荒地、废弃房舍均可种植。改革开放 40 多年来，我国食用菌产量增长了近 700 倍，这是世界上任何一种农作物都没有的增长速度。目前，食用菌已成为我国继粮、油、菜、果之后的第五大农作物。不起眼的小蘑菇，实际上在默默开拓着中国的农业产业。随着人们生活水平提高，餐桌食物中，粮食越来越少，肉蛋菜菌等越来越多，食用菌已成为人民生活的必需品。联合国粮食及农业组织提出"一荤一素一菇"的理念，被誉为 21 世纪理想的膳食搭配。目前我国每人每天大约食用 60 克食用菌，而营养学家建议每天应食用 250 克，需求量要提高 3 倍多，这是一个万亿级的大产业。发展食用菌产业，有利于满足人们日益多元的食物消费需求，事关民生，意义重大，前景广阔。

三是大健康意义。食用菌品种很多，它无叶无芽无花，自身结果；可食可补可药，周身是宝。食用菌主要成分有真菌多糖、三茜类、甾醇类、腺苷、氨基酸、蛋白质、多肽、甘露醇以及大量的人体必需的微量元素等，其中的真菌多糖更具有神奇的生物修复功能，能修复受损的细胞，使人类免受疾病的痛苦。近年来很多研究证明，灵芝中的三萜有抑制流感病毒、艾滋病毒、肠病毒、肝炎病毒等的作用。可见，小木耳等食用菌是增强我们免疫力的"大力神"，大力发展食用菌产业，对于提升国民素质，实施健康中国战略，具有重大意义和作用。

---

* 1 亩＝1/15 公顷。

习近平总书记指出，没有全民健康，就没有全面小康。健康中国要以人民为中心，把人民健康放在优先发展的战略地位。目前我国医疗卫生发展正由治疗为主转向预防为主，回归"治未病"重于"治已病"的正确轨道。俗话说，"治疗靠医生，预防靠自己"。比如，面对新型冠状病毒，人体免疫力是抵御病毒入侵的盾牌。如果把疾病比作疾风骤雨，那么免疫力就是遮风挡雨的房子。在平时，我们就应该盖好"免疫力"这间房子，当"疾病"的暴风雨来临时，我们也就不怕了。很多食用菌都可以在维护我们的健康里发挥它的作用，特别是其中的灵芝、桑黄等药用菌类，根据中医的传统理论，对未病人群、已病人群和健康人群都可以使用从而使身体得到改善。据报道，由于新冠疫情，食用菌已成为美国天然渠道中第八大畅销食材。在美国十大流行食物趋势评选中，蘑菇荣幸地成为 2020 年超级食物之王。在天然渠道的免疫健康品类中，"蘑菇"高居榜首，增长了 53.8%，其中灵芝、冬虫夏草、白桦茸增幅靠前。疫情之下，食用菌发展迎来新机遇，我们应乘势而上，把这一健康产业做强做优做大，让食用者变"病从口入"为"病从口出"。

四是生态环境意义。生态环境的绿色化，取决于生物世界的平衡状态。生物世界是由动物、植物、微生物组成的，从逻辑上看，植物是生产者，动物（包括人类）是消费者，微生物是分解还原者，三者相互联系，缺一不可。但过去我们的种植业只重视种庄稼、养殖业只重视养牲畜，忽视了微生物，截断了农业的生态链条，造成了一系列失衡的生态环境问题。因此，应重构传统农业植物、动物、微生物封闭的"三物"内循环系统，不但要开发动植物潜力，还要把种植业中的废弃物、养殖业中的废弃物，通过食用菌这个培植业，形成一个菌类生产的循环经济模式。安徽砀山素称"世界梨都"，果园面积近百万亩，每年修剪下的废弃果树枝条达 4 亿多千克。过去随处堆放，污染环境。后来因地制宜利用废弃梨树枝条种植木耳、香菇，形成了"废弃枝条种菌-菌棒制肥-肥料还林（田）产果（粮）"的生态产业链，提升了水果等农作物品质，带动了 2 000 余户贫困户脱贫增收。柞水、砀山等县积极利用废弃树枝发展食用菌，变废为宝、点废成金，提高了农业的绿色化水平。他们的经验告诉我们，"小木耳，大产业"的重要指示，蕴含着"两山理论"的精髓。深刻领悟习近平总书记重要指示所包含的生态环境意义，树立三物农业思维，强化对农业废弃物的资源化利用，走好生态循环农业之路，是使绿水青山成为金山银山的关键。

五是脱贫攻坚意义。脱贫攻坚是改变中国命运的伟大决战，创造了人类历史上的伟大奇迹。在脱贫攻坚战中，小小食用菌做出了重要贡献。这是因为它种植周期短，产量高，效益高，前几年，食用菌经济效益和一般大田作物相比，通常是它的 10 倍左右。依靠科技种植食用菌，较短时间内就可以改变当地的贫困面貌。李玉院士团队在吉林扶贫的地方，利用种植"玉木耳"这个新品种，当年就脱贫了。脱贫攻坚战役打响后，很多地方政府都把食用菌产业当作精准扶贫的新抓手。那时，据对全国 490 个国家级贫困县抽样统计，有 80% 的贫困县把食用菌作为首选产业。柞水作为曾经的深度贫困县，全县农民收入 50% 以上来自木耳产业；在吉林蛟河市黄松甸镇，70% 的农户种木耳，70% 的收入来自种木耳；安徽省金寨县"十大皖药"示范基地种植药用菌的贫困户，年人均收入最高达到两三万元。小小食用菌，通过现代科技神力的催化，迅速嬗变为脱贫大产业，为我国脱贫攻坚做出了非凡的贡献。习近平总书记作出"小木耳，大产业"的重要指示，是我国食用菌产业和特色产业发展的里程碑，吹响了新时代乡村特色产业发展的进军号，将激励业界认真总结脱贫攻坚战役中食用菌产业发展的经验，巩固拓展脱贫攻坚成果，并与乡村振兴无缝对接、有效衔接，把乡村特色产业培育成乡村振兴的支柱产业。

六是输出中华民族五千年农业文明的意义。中国古代农业著作是世界任何国家、任何民族无可比拟的，今天可以见到著作名字的就有 600 多种，可以看到原著的也有 300 多部。工业文明，中国是跟跑者，农业文明我们理应成为领跑者，李玉院士及一批农业科学家已经为农业文明的输出探索出路径。小木耳成为大产业，密码是现代科技与泱泱五千年中华农业文明的有机结合。以柞水为代表的木耳等现代食用菌产业，包含了套种轮作、立体农业、循环农业等现代生态培植模式，这正是几千年来精妙的农业技术经验与"天人合一""道法自然"理念在新时代农业实践中的体现。100多年前，美国人富兰克林通过深入考察，写过一本叫《四千年农夫》的书，总结的就是中国、日本、朝鲜农民生态循环农业方面的做法和经验，今天被美国农民视为"圣经"。我国发展生态食用菌等特色产业的经验，既有传统农法的继承发扬，又有时代的科技创新，具有鲜明的中国农业文明特色。认真总结提升一些好的生产模式、好的生产技术，宣传、推介到海外，与国外熟知的中医药文化、中华美食文化元素汇合，展现源远流长的中华农业文明的魅力，是树立文化自信的最生动最有力的举措。孔子课堂是让世界理解哲学里的中国，食药用菌美食是让世界理解舌尖上的中国，理解舌尖上的中国显然比理解哲学里的中国更容易、更便捷。

七是讲好中国故事的国际意义。中国减贫、脱贫的伟大实践为世界瞩目，怎么用中国实践讲好中国故事？"小木耳，大产业"，就是中国脱贫故事的生动实例。李玉院士团队及一大批把论文写到"一带一路"沿线国家的科学家，用实践向国际社会讲述中国故事。中国的食用菌相关技术，已经推广到100多个国家，仅菌草技术就推广到106个国家。李玉院士团队和福建农林大学林占熺团队，在非洲开讲了小蘑菇大产业的中国故事。李玉院士团队在赞比亚建立了中赞食用菌技术中心，引入中国菌种、食用菌种植技术和工厂化设备，建立现代化食用菌种植基地，不仅带动了当地人民就业和脱贫，还使赞比亚成为非洲最大的蘑菇出口国。这件事，《人民日报》曾发表《中国院士让赞比亚人民全年吃上了蘑菇》的长篇报道……这些生动典型与国内的食用菌脱贫典型，都能够在"一带一路"沿线国家开花结果，应认真总结、梳理，让中国故事感动世界，让中国实践为世界减贫事业、大食物安全事业、大健康事业等做出应有的贡献。（本文是作者2021年4月20日在"贯彻落实习近平总书记'小木耳，大产业'重要指示一周年座谈会"上的发言）

（本文原载于《中国发展观察》2021年第9～10期）

微生物农业：未来农业的新蓝海

　　人类农业已经走过了上万年历史，但人类自诞生起就与微生物打交道，直到 300 年前，才由荷兰科学家列文虎克第一次发现微生物，从此开启了微生物研究、开发、利用的时代。科学研究发现，微生物在地球上无处不在，在 80 千米的高空，在 11 千米的深海，在 2 千米的地下，都可以找到微生物的踪迹，且种类繁多，专家估算达上万亿种，但 99％未被认识。植物、动物、微生物三物循环利用，是农业的本质特征，现代科技的介入，使农业对微生物的开发利用出现奇迹，仅以我国食用菌为例，改革开放以来产量增长了近 700 倍，产值一跃成为继蔬菜、谷物、水果、中药材之后的第五大农产品，如把中药材中的灵芝、天麻、茯苓、虫草、桑黄等分离出来加到食用菌中，它已稳居第四位。联合国粮食及农业组织已将菌菇作为广义的粮食，参评世界粮食英雄，被称为"菌菇院士"的李玉也因此获得"粮食英雄"称号。他概括食用菌具有五不争的特性：不与人争粮，不与粮争地，不与地争肥，不与农争时，不与其他争资源。纵观农业领域，这个看不见、摸不着的微生物更具有"无中生有，实现九增"的特点，开发潜力巨大，前景十分广阔，是未来农业的新蓝海、新风口。

　　一是增链，拉长产业链。随着科技的发展，人类农业已经从传统的中观世界分别向宏观世界和微观世界延伸，在宏观世界里探索太空种子、太空种养、火星地球化；在微观世界里，开发利用微生物技术已经形成"三料二品一剂"六大领域，即：微生物饲料、微生物肥料、微生物能源燃料、微生物食品、微生物药品、微生物清洁剂，六大领域都能各自开发诸多产品，生成诸多新产业，使农业产业链条不断拉长、加宽、增厚。当前这六大领域技术研发已较为成熟，但是，由于公众对微生物开发利用的认知度不高，其不可估量的经济价值、社会价值、生态价值远未形成社会共识，总体上社会应用面偏窄、开发深度偏低、效益偏小，微生物农业开发潜力尚待下大功夫挖掘。面向产业变革，微生物农业一马当先。

二是增能，开发能源链。基辛格曾预言：谁控制了石油，谁就控制了所有国家；谁控制了货币，谁就控制了世界；谁控制了粮食，谁就控制了世界上所有的人。但是，以石油为代表的化石燃料污染环境且目前正在枯竭，解决经济社会发展急剧增加的能源问题，需要风能、水能、太阳能、海洋能、微生物能多种清洁能源并举，尤其微生物能源来源广、成本低，几乎不受地理因素影响，更具优势。目前利用生物技术分解开发能源链，已形成生物柴油、燃料乙醇、沼气、制氢等四大领域，其中沼气利用在我国已普及千村万户，生物质能源风头正劲。利用微生物发酵技术将农作物秸秆分解转化为能源燃料的新技术已经基本成熟，改变了以往化工工艺分解转化、污染环境的弊端。据测算，此项技术推广后，仅农作物秸秆就能为农民每亩增收 500 元，并且构建起一条乡镇初加工、企业出中间产品、再到转化为燃料乙醇、纺织品、制药等各类终端产品的产业体系，不断拉长产业链，提升价值链，拓展功能链。美国宾夕法尼亚州立大学科学家还利用微生物将二氧化碳转化为燃料，为人类走出能源困境开辟了新希望。面向能源革命，微生物农业独辟蹊径。

三是增绿，打通循环链。在三物农业中，微生物将植物秸秆、动物粪便分解还原入土，一可清洁环境卫生，把动植物的残渣废料包括人畜粪便收集利用，无疑是对生产生活环境的净化。二可改良土壤，针对长期过量施用化肥、农药等造成的土壤八大病"板、馋、贫、浅、酸、咸、脏、杂"，具有良好的修复作用，从根本上改变土壤性状，改善农作物生长环境。有研究表明，将微生物中的固氮菌使用到非豆科作物上（如水稻、蔬菜、果树）等，不仅减少了化肥使用量，提高化肥使用率，减少了对环境的污染，维护了生态平衡，更使作物产量增长 5%～30%，并大大提高农产品的品质。三可构建被石油农业中断的植物动物微生物三物循环链，没有微生物的参与，绿色农业、有机农业、循环农业、生态农业都将是一句空话。可见，微生物是守护绿水青山的卫士，是生态安全、粮食安全、食物安全的大功臣。美国的生物肥施用已占总用肥量的 50% 以上，我国仅 10% 左右。中央提出推进农业供给侧结构性改革，就是要全面贯彻绿色化发展的新理念，利用生物技术改良土壤，净化水质，从源头上保障农产品质量。面向生态文明，微生物农业不辱使命。

四是增值，提升价值链。新材料、新能源和生物技术是现代三大前沿科技，生物技术已与生命科学融合，成为最受社会关注的"显学"。日本从香菇中提取的名为"天地欣"的治癌药物，每毫克已卖到 1 600 多元。据李玉院士测算，1 000 万吨农作物秸秆加上 1 000 万吨牛粪，理论上可生产 700 万吨双孢菇，即使打一下折，也可生产 400 万吨双孢菇，即 40 万吨干菇，干菇蛋白质含量按 30% 计算，也是相当于生产出 400 万吨牛奶，或 92 万吨鸡蛋，或 60 万吨肉类。我国年产农作物秸秆约 9 亿吨，畜禽粪便 38 亿吨，即使利用 10% 的农作物秸秆加畜禽粪便生产食用菌，也是一个惊人的增值空间。这仅为微生物"三料二品一剂"六大开发领域中的食品药品，其他领域也可由此窥斑见豹。尤其值得关注的是，这一增值是无中生有的增值，是点草成金、点粪成金、点废成金的增值。是在传统三物循环利用基础上的额外增值，增值后的废料再还田作为肥料参与三物循环，肥效不减，且能减少病虫危害。随着微生物研发技术的深入，小蘑菇不仅正成为高档保健品、高档饮品、食品、药品，还能成奢侈的化妆品及纺织材料、装饰材料、建筑材料。我国已成为世界上食用菌第一生产大国、消费大国，仅日产 200 吨以上的企业就有数十家。但种源短板严重制约发展，影响价值链的提升，如一瓶金针菇我们就要付日本 3 分钱的专利。"中国菌物谷"的问世将为解决种源短板问题做出应有的贡献。面向增效增值，微生物农业前景无限。

五是增食物，拓展食物链。人类食用蕈菌的历史悠久，食用菌是人类食物家族中的"老成员"，但今天它却成了"新显贵"，高档盛宴，有"无菇不成席"的讲究。在大食物观指导下，"一荤一素一菇"健康膳食结构日益为人们所接受，越来越多的食用菌成为餐桌上的新显贵，我国已公布115种食药同源食物，珍稀食用菌如玉木耳、金耳、羊肚菌、蛹虫草、红托竹荪等越来越受到欢迎和追捧。目前，在已发现的2 000多种食用菌中，有80多种可以人工栽培，近30种实现商品化生产，使人们的吃菇选择更为多元丰富。随着老百姓食物需求更加多样化，我们不光要向耕地草原森林海洋等平面空间要食物，还要向立体空间要食物；不光向看得见、摸得着的植物动物要食物，还要向看不见、摸不着的微生物要食物，不断拓展食物链，以更多更优质的蕈菇"菜粮"来满足人民群众舌尖上的幸福。福建农林大学林占熺团队在沙漠中种植菌草生产食用菌，中科院科学家利用二氧化碳生产淀粉，展示出微生物技术"无中生有"、增加食物来源的现实和未来图景。面向美食中国，微生物农业异彩纷呈。

六是增空间，构建多维链。食用菌喜潮湿阴暗环境，不需要阳光，林下、草丛、荒滩荒地、防空洞都可生产，不与粮争地，不与其他农作物争空间。电视剧《山海情》利用沙漠、荒山种植菌草发展食用菌，构建了种草、养菌等多维产业链。历史悠久的林下栽培、稻田种菇等，是食用菌立体种植、巧用空间的初始阶段，随着现代科技进步，食用菌进入立体化、工厂化、周年化阶段。李玉院士团队创造的智慧菇房，集成40余项专利技术，既适用于大型工厂化菌菇生产，又可以移动方舱形式摆放于农户房前屋后和庭院、晒场，实现智能化立体生产。这种节地型智能设备，无异于增加了耕地空间资源。相较于粮食、油料、养殖和经济作物，食用菌立体化工厂化技术最为成熟，效益也最为可观，是守护耕地红线、藏粮于地的有效措施。面向藏粮于地，微生物农业凭空造"地"。

七是增健康，延长生命链。在饮食领域，微生物食品是健康食品。食用菌生产不需要施用化肥农药，含有丰富的蛋白质、菌类多糖、三萜和人体必需的氨基酸、维生素和多种矿物质，尤其蛋白质含量超过鱼肉禽蛋，高达 19%～42%（除大豆外的粮食、水果、蔬菜蛋白质含量均在个位数以下），1 千克干菇相当于 1.7 千克猪肉。它又横跨绿色食品和生命健康两大领域，适应了人们从"吃饱"到"吃好"、变"病从口入"为"病从口出"的高品质生活需要。在医疗领域，生物技术是延长人的生命链的利器。目前治疗癌症的四种途径分别是手术、化疗、放疗和生物药的靶向疗法，有些癌症应用靶向治疗效果颇佳，可完全治愈。以基因工程药物为主导的基因工程应用产业，现已成为全球发展最快的微生物药物产业之一，发展前景非常广阔。据报道，专门用于治疗肿瘤的生物药"肿瘤基因导弹"将在不久完成研制，它可有目的地寻找并杀死肿瘤，将使癌症的治愈成为可能。面向健康中国，微生物农业厥功至伟。

八是增速度，加快产出链。1978 年我国食用菌产量仅 5.7 万吨，产值不足 1 亿元，到 2021 年，产量已达 4 000 多万吨，增长近 700 倍；产值 3 000 多亿元，增长 3 000 多倍，世界上没有哪个国家的哪种人类食物创造出如此高速增长的奇迹。食用菌与一般农产品相比，生产周期短、产量高，而且种植不受气候、季节、地理环境等限制，有菌种就能种植，几天就可以食用。当遇到洪涝干旱等自然灾害，错过了作物播种农时，食用菌就是"救灾神兵"。为此，李玉院士呼吁要把食用菌列为救荒作物，注意发挥菌菇的救灾作用。同时，它也可成为人类应对新型灾难的救命作物，一旦突发动植物灭绝的灾难，食用菌应急生产即可拯救生命。食用菌原料随处可见，可以随时生产，一年可生产三四茬，有的甚至五六茬，工厂化更是周年不断，菌菇加工成干品后保质期在一年以上，是应对天灾、疫情甚至战争条件下的食物可靠来源渠道。近年来，日本根据地震、台风灾害多发和疫情频发特点，加大食用菌生产和进口，并推进以菌菜肉粮为原料的救灾食物开发，值得我们借鉴。食用菌等微生物食品是优质蛋白的可靠来源，科学家认为这是未来食品的发展方向。在国内外对高蛋白需求日趋增长的背景下，重视食用菌等微生物食品的深度系列开发，加快食物产出速度和产出质量应成为当务之急。面向补救应急，微生物农业无可替代。

九是增主动，创新科技链。人类社会在经历了一百万年的原始文明、一万年的农业文明、300多年的工业文明后，正步入"第四文明"形态，即生态文明时代。这一阶段，既需要克服工业文明过度消耗资源污染环境的盲动，也需要克服农业文明在自然状态下利用资源的被动，开启有意识利用高科技开发利用微生物的主动时代。近些年，高科技开拓了微生物"三料二品一剂"六大领域，促进了农业自石油农业以来的封闭型二维结构向开放型三维结构转变，使微生物主动参与农业三物循环，促进三物自然融合发展。微生物新品种、新产品、新技术、新产业、新业态喷涌而出，生物发酵、菌物工厂、生物育种、活性成分提取、食药同源、生命科学等新事物层出不穷，让人目不暇接，展现出"微生物，大产业"的无穷魅力。毫无疑问，科技主动作用于微生物世界，已结束人类"被动农业"的旧时代，开启"主动农业"的新纪元，且日新月异，甚至秒新时异的微生物科技链创新，将有力推动解决生态文明背景下"三农"领域需要解决的一系列重大问题，为我国农业高质量绿色发展增添强劲动力。面向主动融合，微生物农业跨界迭代。

微生物农业是"养在深闺人未识"的新产业，其"九增五不争"的鲜明特性，需要广而告之，创造浓厚的社会氛围，形成强烈的社会共识，使决策者纳入规划，着力推进发展；让企业家争相投资，倾心打造产业；令消费者心向往之，演绎时尚追捧。如此，微生物农业这片未来农业的新蓝海才能蓝光四射、活力无限，成为农业领域的劲旅。

（本文原载于《北京日报》2023年5月22日）

农业的新使命：三物思维

　　农业的本质是开发利用生物资源，传统农业是利用植物、动物资源的"二物"农业。有史以来，人类的农业活动主要集中在植物和动物，虽然对微生物也有所利用，如食用菌的采集、制酒酿醋等，但多处于自然状态。随着高科技的深入发展，近百年来，人类的农业活动逐渐从中观世界分别向着宏观世界和微观世界两端延伸。在宏观世界里，如太空种子、太空种植、火星地球化的探索。在微观世界里，微生物的开发利用已经形成微生物肥料、微生物饲料、微生物能源燃料、微生物食品、微生物药品和微生物清洁剂六大领域。虽然技术上已不成问题，但社会的认知度却远远不够。因此，变植物、动物的"二物思维"为植物、动物、微生物的"三物思维"是农业发展的新理念、新使命、新领域。利用微生物技术开发农作物秸秆等废弃物是"点草成金"，开发禽畜粪便是"点粪成金"，而这项技术本身则是"点废成金"。且它具有"六不争"的特点：即不与人争粮，不与粮争地，不与地争肥，不与农争时，不与农产品争市场，不与其他争资源。

陷入困境的二物思维

　　传统农业生产对自然资源的掠夺式开发使农业生产所依赖的自然环境日趋恶化，从根本上制约了农业生产的可持续发展。我国要实现农业可持续发展的战略目标，就要向地球生物圈学习——植物生产、动物消费、微生物分解还原，形成循环往复、生生不息的农业循环系统。将传统农业调整为植物、动物和微生物资源组成的"三物"农业，是实现农业可持续发展的战略性调整之一。微生物农业是遵循生态学原理，利用微生物——分解者的作用，开发农业生物的潜在生态位，充分地利用农业生物量资源，尤其是残渣废料的利用，有利于能量的转化和物质的循环利用。同时，发展微生物农业有利于实现农产品工厂化生产，有利于改善农业生态环境，可将微生物在农业生态系统中的被动作用主动化、隐性作用显性化，从而形成地球生物圈的良性循环，有利于资源的永续利用，实现农业的可持续发展。这也是中央关于"绿色化"发展理念在农业领域的具体体现。

微生物在地球上无处不在，在 80 多千米的高空，在 11 千米的海底，在 2 000 米的地下，都可以找到微生物的踪迹。微生物物种丰富，未知者甚众。有人估计他们的种类可达 1 万亿种，但我们却知之甚少，各国的学者已经用分子生物学手段确切证明，迄今为止仍然有 90%～99% 的微生物未被认识。

动物、植物和微生物是生物资源的三个支柱。但是，长期以来由于受科学技术能力的局限，我们只在植物和动物二物思维二等中观世界里打转转，在微生物上考虑的不多，尽管人类对微生物的利用已经有很长一段时间。二物思维已经使农业陷入困境。

一是资源承载力已经超限。农业有三大系统，分别是耕地农业、草地农业和捕捞农业。种植业现在最大的问题就是土地，土地资源已经非常紧缺。我国人均土地占有只是美国的 1/13，加拿大的 1/18。连比我们穷的印度，土地占有都比我们多，是我们的 1.2 倍。改革开放以来，有 3 亿多亩耕地被城市与工业占了；草地系统超载过牧。草原退化越来越严重，由于气候干燥，放牧过度，易造成牧草生长不良，覆盖率降低，甚至引起沙化。草场退化可使载畜量降低，影响和限制畜牧业的发展，大到影响到整个地区的生态环境。"三江源"地区已经出现草场退化，鼠害猖獗，气候变暖使蒸发量持续增高，水源涵养功能持续下降的现象。第三个系统是捕捞系统。中国是世界上唯一一个海洋养殖大于海洋捕捞的国家。主要靠养殖来解决水产品的问题。中国水产品的消费能力比其他国家大得多。我们现在是每年人均 37 千克，消费量惊人。发达国家平均 26 千克，发展中国家平均 18 千克。

二是生态环境恶化。为了高产高效，过量使用农药化肥、除草剂以及动物使用的抗生素。现在面临的污染越来越严重。特别是江河湖海等富营养化等问题。太湖的蓝藻、安徽巢湖的蓝藻等事件给当地的经济与生态带来了巨大的破坏。地表水的污染也到了十分严重的地步。据有关方面调查，我们现在地表水可以测出 68 种抗生素，还有 90 多种非抗生素类的药。现在是无河不污。中国每年生产的抗生素是 21 万吨，人均消费 138 克，美国是 13 克，我们是人家的 10 倍还多。在这种生态环境中从事农业生产，产品质量必然大受影响。

三是动植物之间的生态循环链条中断。传统农业遵循的基本规律是一个封闭的内循环。农作物种出来，种子给人吃了，根茎叶喂牲畜，人畜粪便又回到田里作为农作物的肥料。我们的农业生产就是在这样的一个循环体系中缓慢向前发展。现代农业打破了这样一个封闭的内循环，注入了两个外力：一个是从石油中提炼的农药化肥，第二个外力是机械代替了人力畜力。现代农业注入这两个外力之后整个内循环链条被打破，生态循环链条中断，农业就出现了许许多多的问题，如不光生态环境恶化，而且土地质量严重下降等。

点废成金的三物思维

高科技的介入使微生物的开发成为一个新兴的战略型产业，微观世界的开发现在已经使农业生物化进入了一个不可思议的地步。农业向未来进军，有这么一些基本特征。一是由平面向立体发展。美国、以色列、法国都在搞农业摩天大楼。一座 30 层的摩天大楼，可以种养 100 多种动植物，够 5 万人一年的消费。二是由自然化向设施化发展。2012 年我国设施农业面积已占世界总面积的 85% 以上，其中 95% 以上是利用聚烯烃温室大棚膜覆盖。三是由化学化向生物化发展。现代农业向生物技术领域迈进。近年来，我国生物产业保持 20% 以上的增速，2014 年生物产业产值达 3.16 万亿元，微生物的开发将是未来农业生物化的重中之重。四是由人控机械化向电脑自控化发展。物联网在农业中的运用使得种、管理、采摘、包装、储藏、运输等能够实现智能控制。五是由陆地化向海洋化发展。用海水浇灌的农作物科学家已经试验成功。未来的海洋文明不是以贸易为中心，而是以生产为中心，要在海洋建大农场。六是由地球化向太空化发展。已经有100多种农作物带上太空试种成功，未来我们将在太空上搞一些种植农场。借鉴太空站技术，农作物放在太空上种，用传输器采摘下来供人类食用。七是由生产化向移民化发展。美国的火星地球化的改造计划，试图在不远的将来，将人类移民至火星。

当今世界，人类有三大前沿科技，即生物技术、新能源技术和信息技术，其中微生物技术与人类的健康长寿关系最为密切，在这一领域的研究正突飞猛进地发展。一个健康人身上携带的微生物总重最多不会超过体重的3%，但如果论细胞数量，微生物是人体细胞的10倍。每个人携带的微生物种类都有着或多或少的差异，如指纹一样独一无二。微生物就是一切难以用肉眼看见的微小生物，包括细菌、真菌这些单细胞生物，也包括病毒、立克次体这些非细胞生物。至于微生物群组，就要从微生物独特的进化特点说起。多细胞生物的传宗接代周期少则以月计，多则以年计。而细菌这样的微生物在条件适宜的情况下，只需几十分钟就能产生新一代。这样高速的繁殖令它们有着远高于多细胞生物的进化速度，能不断修改自己的基因去适应环境。在微生物研究中，很难像研究大熊猫、白鳍豚一样去研究单一微生物物种，而是要研究聚集生活在一起的、所有具备不同基因的微生物。这些微生物组合在一起就被称为微生物群组。微生物对人类来说意义重大。例如，肠道中大概包括一千余种不同的微生物，而且种类组成还在不断变化。吃的食物不同，肠道中就会滋养出不同的微生物种类。近年的生物学研究发现，肠道微生物群组竟然还是人体免疫系统的一个组成部分，是抵御致病微生物的第一道屏障。不仅如此，某些肠道微生物的分泌物还会对我们的身体产生显著的调控作用，令我们罹患肥胖症、二型糖尿病或是直肠癌，甚至影响到神经系统，让我们更快乐或更忧郁。对微生物的进一步研究、利用能让我们生活得更健康。在食品工业中使用双歧杆菌等益生菌作为添加剂，可以减少肠道感染的概率。按照这个思路，今后或许可以通过在食物中添加特定的益生菌来治疗诸如糖尿病、癌症等疾病。这些传统上要靠药物解决的疾病，今后也许只需吃点微生物就可以搞定。2016 年 5 月，美国总统奥巴马宣布启动"国家微生物群组推动计划"，将研究目标锁定整个生态环境中的微生物群组。随着该计划的启动，人类将积累更多这方面的知识，创造更有利于人类的微生物环境（叶盛《微生物造就不一样的你》）。

仅就发展微生物农业而言，一是利用微生物技术处理，"点草成金"，实现废弃物的无害化和再利用。当前，农业生产中产生的废弃物处理粗放、综合利用水平不高的问题日益突出。据估算，全国每年产生畜禽粪污 38 亿吨，综合利用率不到 60％；每年生猪病死淘汰量约 6 000 万头，集中的专业无害化处理比例不高；每年产生秸秆近 9 亿吨，未利用的约 2 亿吨；每年使用农膜 200 万吨，当季回收率不足 2/3。这些未实现资源化利用无害化处理的农业废弃物，实际是放错了地方的资源。发展微生物农业，这些有机废弃物经微生物发酵就能转化为饲料、沼气、生物乙醇等，实现农业废弃物的无害化和再利用。

二是可以实现农产品的工厂化生产，缓解粮食紧缺的矛盾。微生物农业是具有高科技生物工程内涵的"发酵工程"和"酶工程"，可实现农产品的工厂化生产。我国农作物秸秆，通过微生物发酵工程变为饲料，可以获得相当于 400 亿千克的饲料粮，这相当于目前全国每年饲料用粮的 1/2。一座占地不多年产 10 万吨单细胞蛋白的微生物工厂，相当于 12 公顷耕地生产的大豆蛋白或 0.25 亿公顷草地饲养的牛羊所生产的动物蛋白，数目十分可观。利用秸秆类的农业有机废弃物——稻草、稻谷壳、玉米芯、棉籽屑、锯木屑、甘蔗渣和泥炭配制成食用菌的培养基，可获得饲料生产（底料作畜禽的优质饲料）和食用菌生产的双丰收。微生物饲料制剂包括单细胞蛋白饲料、菌体蛋白饲料、饲用酶制剂、真菌饲料添加剂、维生素类添加剂、抗生素类制剂、氨基酸类、活体微生物类、发酵饲料等。其混配在饲料中可起到帮助消化、促进生长以及提高畜禽自身免疫力，防病治病的作用。微生物饲料制剂由于可工厂化生产，效率高，且有利于环境保护而日益受到人们的重视。许多微生物除了可作饲料添加剂，还可用于发酵工程来生产大量饲料，实现人畜分粮，缓解粮食紧缺的矛盾。近年来，农业生产上利用残渣食物链进行食物生产也越来越多，尤以食用菌为纽带的生态模式效果明显。微生物菌体以其丰富的蛋白质、氨基酸及维生素含量列为重要营养食品，许多食用菌品种还以其突出的抗癌、降脂、增智及提高机体免疫力的功效而成为首屈一指的保健食品。国际食品界已将其列为21世纪的八大营养保健食品之一。据科学估计中国菌物种约有18万种左右，其中大型真菌约2.7万种。目前已发现并报道的食用菌有710多种，其中能进行人工栽培的约有50种，已经形成规模商业栽培的有15种左右。

三是可以改善农业生态环境，实现农业可持续发展。21世纪人类社会发展的首要问题是生态环境保护问题。农药、化肥的大量投入，给生态环境造成了严重的破坏，对大气、土壤和水体造成了不同程度的污染。为了促进我国农业的可持续发展，微生物在农业生产中必将扮演更为重要的角色。发展微生物农业，一方面减少农业废弃物污染，将有机废物变废为宝，有利于生态环境保护；另一方面，微生物农业中的生态环境保护剂，还可直接清除空气中的废气、污水和土壤中的有害化学物质，是国际上正在兴起的一项新产业。发展微生物农业不仅可以满足人们对食品数量增加、质量改善和食品安全的需求，而且可以有效地提高动植物资源利用率，改善和保护生态环境。2013年，美国出版了《微生物养活世界》一书，强调通过调控土壤微生物区系能够增产20%，减少20%的化肥与农药，是未来环境友好、经济高效农业的新出路。

我国高度重视生物技术和产业的发展，出台了一系列战略规划，研发投入持续增加，取得了一批标志性科技成果，在世界上首次解析葡萄糖转运蛋白晶体结构，治疗T细胞淋巴瘤新药西达本胺上市，人工角膜"艾欣瞳"投产。微生物的开发产业前景也是十分广阔。以食药用菌为例，现在我们对于食用菌的消费非常有限，全国人均只有60克。营养专家说每人每天应该消费250克以上，那就是半斤多，如果按这个数量去计算，那么就需要1.2亿吨。现阶段中国每年的食药用菌产量

3 000多万吨，产值是2 000多亿元，这也就意味着，整个产业的的产值规模，差不多在这个基础上要翻3倍以上，达到一个万亿级的产业。

高营养的价值使得微生物的开发成为时代的宠儿。中国共产党人已经向全世界承诺"两个一百年"奋斗目标。第一个百年奋斗目标是全面建成小康社会。建成小康社会之后就是要建设健康中国，而健康的核心就是首先要把吃的东西解决好。微生物营养的丰富和转化，是未来人类营养链的重要一环。以食用菌为例，现代科学研究的最新成果表明，食用菌不仅具有很高的营养价值，而且有极好的药用效果。特别是食用菌中的真菌多糖、抗生素、核酸、核苷酸、有机锗、有机硒等许多药用成分，对人体细胞的修复作用和在治疗肝炎、心血管性疾病、特殊疑难病症、抗衰老等方面已显示出极大的优越性，成为人类筛选新的抗癌药物、抗艾滋病药物、抗生素药物的一条重要途径。

前景广阔的微生物开发

根据《中国微生物资源发展报告2016》的分析结果，2001—2015年，中国在微生物资源领域取得巨大发展。中国微生物领域论文发文量位于世界第二，仅次于美国；中国微生物领域专利族数量世界第一，从全球排名来看，中国于2009年成为微生物领域公开专利数量最多的国家；据全球微生物保藏中心信息网（CCINFO）统计，中国菌种保藏中心共33个，可共享的保藏菌株182 235种，保藏的菌株总量居世界第4位；世界各保藏中心共保有96 907个用于专利程序的生物材料，中国的CGMCC保藏专利菌株为11 977株，排在第2位。我国的微生物研发利用已步入快车道。

1. 微生物肥料。土壤是作物赖以生长的基础。"镉大米"事件曾引发社会的广泛关注，为我们敲响了土壤污染的警钟。近期，环境保护部和国土资源部做了一个全国土壤污染状况的调查，调查发现全国土壤总超标率16.1%，土壤污染已经成为我国许多地方的"公害"。随着化肥的大量使用，化肥的利用率不断降低已是众所周知的事实，化肥污染也越来越被重视。数据显示，近年来我国化肥的使用量上涨了4.5倍，但我国粮食产量仅增长了 82.8%，三大粮食作物氮肥、磷肥、钾肥的利用率仅为 33%、24% 和 42%。我国农作物亩均化肥用量 21.9 千克，远高于世界的平均水平（每亩 8 千克），是美国的 2.6 倍，欧盟的 2.5 倍。中国的耕地肥力出现了明显下降，全国土壤有机质平均不到 1%。但是目前在农作物用肥上，依然存在过度施肥和用肥单一、照"老经验"施肥的情况，不仅犯了经验主义的错误，还加剧了土壤内在结构的不平衡，仅靠增加施用化肥数量来提高作物产量是有限度的。

作物所需要的营养元素主要是依靠土壤中生活的微生物的作用。微生物肥料已经成为植物营养与肥料中的重要组成部分，在提高养分转化利用率、维护植物健康成长、增产提质和保障可持续生产能力等方面具有不可替代的作用。随着人民生活水平的不断提高，尤其是人们对生活质量提高的要求，市场对绿色无公害食品的需求不断提升。在生产绿色食品的过程中，要求不用或尽量少用或尽量限用化肥、农药等化学物质。中国三大灌区之一河套平原的农民企业家杨兆麟，流转了 2 万亩土地。只种植了 6 000 亩小麦，其余种植大豆。种植的大豆在收获之后，大豆留下的根瘤菌就变成了来年小麦的天然生态肥料，既节约了生产成本，又提升了小麦的品质。2013 年，他的小麦面粉通过了欧盟有机产品认证，同年中南海将它选为国宴用品。现在该品种面粉是每千克 30～260 元，做成面条更贵，每斤 460 元，并且还供不应求，提前 3 个月订货都订不到。微生物肥料既能保护和促进农作物生长和提高品质，又不会产生和积累有害物质，符合绿色食品和绿色农业的发展要求，也是推动农业供给侧改革、深化种植结构调整及提高资源要素使用效率的应有之义。

目前，我国基本形成了微生物肥料产业，全国约有 500 个企业，年产量达到 400 万吨，微生物肥料已逐渐成为肥料家族中的重要成员，获得农业部临时登记证的产品近 500 个，其中已有 200 多个产品转为正式登记。在农业部登记的产品种类有 12 个，包括固氮菌剂、硅酸盐菌剂、溶磷菌剂、光合菌剂、有机物料腐熟剂、复合菌剂、微生物产气剂、农药残留降解菌剂、水体净化菌剂和土壤生物改良剂（或称生物修复剂）、复合生物肥和生物有机肥类产品。微生物肥料使用菌种种类不断扩大，所使用的菌种早已不限于根瘤菌，即使是根瘤菌种类也达10多种。其他的诸如各种自生、联合固氮微生物，纤维素分解菌，PGPR菌株等，据统计，目前使用的菌种已达100多种。微生物肥料的应用效果不仅表现在产量增加上，而且表现在产品品质的改善、减少化肥的使用、降低病虫害的发生、保护农田生态环境等方面，应用面积不断扩大，累计达2 000多万公顷。

2. 微生物饲料。健康动物肠道内生长着各种各样的微生物群落，各种微生物群落之间相互依存、相互制约，构成畜禽肠道内微生态系统的平衡，建立一个正常且平衡良好的肠道微生物区系对抵御病原性微生物感染具有十分重要的意义。多年来，禽畜饲养中所用的饲料中，长期添加化学促长剂和抗生素药品，形成对禽畜体内有益细菌的大量损害，给禽畜体内的病毒细菌造成了大量的繁殖空间，迫使禽畜免疫力下降，进而又使得消费者对禽畜抱有恐惧感。不间断地在配合饲料中添加抗生素等化学物质，如此形成了恶性循环，进一步导致禽畜免疫力下降。饲料原材料价格居高不下，饲料价格随之节节攀升，饲料转化率低等因素使得养殖户利润得不到保障。

微生物饲料包括青贮饲料、糖化发酵饲料、单细胞蛋白和氨基酸添加剂饲料等。大量的研究结果表明，微生物饲料添加剂作为一种"绿色"添加剂，在促进动物生长发育，提高免疫力、防病治病，改善饲料适口性和转化率等方面具有显著效果。通过微生物技术，饲料发酵剂发酵之后可以转化为动物爱吃的饲料，不仅保护了环境，还节省了饲料，这样一举两得。该技术的最大功绩在于，它可以逐渐替代农用化学物质，取代激素和抗生素，生产出绿色食品。

国家饲料工业工程技术研究中心成功开发出了一种生产工艺简单、使用效果显著的微生物发酵浓缩饲料，生产成本在每吨3 000元左右。在生长育肥猪配合饲料中添加15%～20%的发酵浓缩饲料就可以实现从20千克到出栏的全程无抗生素饲养。经过北京地区6个猪场的饲养试验证明，在饲料成本相同的情况下，每头猪可以节省饲养成本20～

38元，经济效益极其显著。目前北京地区已经有20多家规模化猪场使用本产品，生猪总存栏数超过3万头。经国家抗生素残留权威检测部门分析，通过饲用该产品获得的猪肉中抗生素的残留量极低，远远低于欧盟安全肉中抗生素残留的限量要求。

国内微生物饲料添加剂产业仍处于起步阶段，从事活性微生物饲料添加剂开发应用的企业大约有400家，获得农业部生产批文的约有140家。国内微生物饲料添加剂年销售额大约在20亿元，销售额在1亿元以上的不足5家，产品年销售额在3 000万元以上的不过几十家，大多数企业的年销售额在1 000万元以下。根据目前国内饲料年生产总量和猪、禽、反刍和水产动物的养殖总量来计算，国内微生物饲料添加剂的市场容量在180亿～200亿元，目前市场推广普及率约为10%，市场空间极大，产业发展前景十分广阔。

3. 微生物能源。能源是人类社会进步与经济发展的重要物质基础。近年来的能源危机和环境恶化引起世界各国的高度重视，生物能源作为石油的替代能源已成为众多国家能源发展的必然趋势。自生物能源出现以来，微生物就与之产生了千丝万缕的联系，无论是生物乙醇、生物柴油还是生物制氢，微生物都是生物反应的参与者。而该项研究为实现能源的可再生提供了又一种新的可能——微生物可直接合成燃料分子。

人们对生物能源并不陌生，早在19世纪，就出现了现代生物能源乙醇。1902年，Deutz可燃气发动机工厂特意将1/3的重型机车利用纯乙醇作为燃料，随后的1925年至1945年间，乙醇被加入汽油里作为抗暴剂。可以说安全、清洁是乙醇的主要优势。随着现代技术的发展，利用微生物对生物质加工制备生产生物能源已成为开发可再生能源的主要方向之一。例如，巴西用乙醇产生菌生产的乙醇1990年已达到1.6×10^7立方米，足够供应200万辆汽车的驱动能源之需要。2012年，美国加利福尼亚州一家公司生产出基因改良的细菌，能够从3千克干海藻中生产出1千克乙醇。为了不影响粮食产量，纤维素乙醇应运而生，并迅速成为研究热点。2000年以后，以藻类燃料为代表的生物柴油一度受到了格外的关注，也成为第三代生物能源的代表。

欧盟委员会积极推进生物燃料发展，制定了2015年生物燃料占运输燃料消费总量8%的目标。2011年8月16日，美国白宫宣布推出一项总额为5.1亿美元的计划，由农业部、能源部和海军共同投资推动美国生物燃料产业的发展，此外美国还通过法律手段强制在运输燃料中添加生物燃料，具体比例是柴油中添加2%的生物柴油，汽油中添加5%的燃料乙醇。英国政府从2006年起要求生产运输燃油的能源企业必须有3%的原料来自可再生资源，并且比例将逐年提高。据国际能源机构（IEA）的数据，2010年全球生物燃料日产量为182.2万桶，2011年降至181.9万桶。

受工业经济迅猛发展和中产阶级膨胀推动，中国能源消费已经占全球能源消费的21%。尽管中国大力投资可再生能源，煤炭仍是中国最主要的能源。中国工业占GDP将近50%，使用了近70%的能源。中国近50%的原油依靠进口，能源安全和外交政策受到重大影响。石油进口主要来自中东，但安哥拉日益成为主要进口国。天然气在中国能源构成中占比很小，但2007年中国成为天然气净进口国。按照目前以煤炭为主导的能源结构，2020年中国将面临至少10亿吨标准煤的能源缺口。而根据中国工程院的研究，2050年中国人均装机容量要达到美国2002年的人均装机容量的一半水平，就得需要电力装机24亿千瓦，而常规能源发电即使发挥到最大能力也只能提供17亿千瓦的装机容量，距24亿千瓦至少有30%的缺口。中国水电开发潜能巨大，但也容易导致生态链的断裂。中国政府一直大力投资可再生能源，竭力降低对煤炭的依赖。2011年中国成为可再生能源规模最大的国家，装机容量达到133吉瓦，美国只有94吉瓦。

4. 微生物食品。微生物都是核酸和蛋白质的实体，大多是单细胞，用发酵法生产这些单细胞微生物就可以得到极为丰富的单细胞蛋白。微生物的繁殖速度惊人，一头体重500千克的牛，每天只能合成0.5千克的蛋白质。而500千克的活菌体，只要有合适的条件，在24小时内能够生产1 250千克的单细胞蛋白质。单细胞微生物制造出来的蛋白质可以制造人造肉、人造鱼、人造面粉等食品。发酵食品是人类巧妙地利用有益微生物加工制造的一类食品，具有独特的风味，丰富了我们的饮食生活，如酸奶、干酪、酒酿、泡菜、酱油、食醋、豆豉、乳腐、黄酒、啤酒、葡萄酒，甚至还可包括臭豆腐和臭冬瓜，这些都是颇具魅力而长期为人们喜爱的食品。现在中国的食用菌产业已经成为农业产业中的第五大产业，产量超过了 3 280 万吨，产值超过了 2 400 万元。其中药用菌占有重要的份额。仅灵芝一项，2015 年的净出口量就超过了 20 个亿。中国的食用菌产业在供给侧改革，国民经济进入新常态，特别是在 2015 年开始的精准扶贫中，食用菌产业都发挥着不可替代的作用。正是因为食用菌具有不与人争粮，不与粮争地，不与地争肥，不与农争时，不与农产品争市场，不与其他争资源的优势，发挥着推进循环经济不可替代的作用。在供给侧改革中，产业结构的调整，很多地方都把食药用菌作为首选。在精准扶贫中，很多省区都把食药用菌，特别是药用菌的栽培作为脱贫致富的重要选择之一。因此，我们全国的药用菌产业的企业家、科学家，特别是战斗在第一线的工作人员，都有着重要的历史责任。当前，食药用菌产业面临着很多问题，亟待解决。譬如，我们的品种，我们的规模化栽培，我们的深加工。还有市场如何创新、如何规范、如何发展等亟待解决的问题。

5. 微生物药物。人类认识微生物的历史源远流长，但有目的地从微生物次级代谢产物中发现新药的历史，至今不到 70 年。法国微生物学家路易·巴斯德曾经尝试将狂犬患者的唾液注射到兔子体中，并进一步从中提取和制成可供免疫用的弱化疫苗，1885 年在一个 9 岁的患狂犬病的孩子身上试用，获得成功。这一研究成果当时被誉为"科学纪录中最杰出的一项"，开创了药物微生物技术的新时代。英国细菌学家亚历大·弗莱明，首先发现青霉素。后英国病理学家弗劳雷、德国生物化学家钱恩进一步研究改进，并成功地用于医治人的疾病。青霉素的发现，是人类找到了一种具有强大杀菌作用的药物，结束了传染病几乎无法治疗的时代；从此出现了寻找抗生素新药的高潮，人类进入了合成新药的新时代。微生物制药技术作为一项新兴的技术，在世界各国卫生医疗、环境保护等领域已经取得了卓越的成绩。欧美日等国已不同程度地制定了今后几十年内用生物过程取代化学过程的战略计划，可以看出工业微生物技术在未来社会发展过程中的重要地位。如胰岛素、氨基酸、牛痘等均为微生物制药技术成熟发展的产物。有关报道称，武汉大学生命科学研究所已成功将人的基因移植到水稻，进而从稻谷中提取过去只能从人的血液中才能提取的人体血清白蛋白，一亩水稻可提取 2 千克。该技术一旦面市，将像人工合成胰岛素一样，大大提升了人的健康水平。胰岛素过去只能从牛或猪身上提取，一头牛或猪只够一个糖尿病人一周的用药。人工合成技术成功后，完全满足了市场需求。我们目前人体血清白蛋白缺口甚大，年需求量为 110～120 吨，缺口高达 60～80 吨，该项技术将彻底结束供不应求的局面。

农药的残留是一个恶性循环。农作物用了农药之后，人吃了种子产生抗药性，根茎叶喂了牲畜，牲畜的粪便流到土壤里面，使土壤里面含有农药残留。动物的肉，人吃了，同样在人体里面残留，带来一个恶性循环。人和动物的抗药性越来越强。中国每年生产的抗生素是 21 万吨，人均消费 138 克，美国是 13 克，我们是人家的 10 倍还多。在以高产为唯一目的农业生产中过量使用化学农药，是造成当前农业生态环境日趋恶化以及农业生产效率低下的一个重要因素。特别是在进入 WTO 以后我国农业还面对日趋激烈的国际竞争，绿色农业逐渐引起人们的重视，生物农药的研究和应用在 21 世纪之初迎来前所未有的历史机遇和技术挑战，产业发展前景十分广阔。

微生物农药包括农用抗生素和活体微生物农药。利用微生物或其代谢产物来防治危害农作物的病、虫、草、鼠害及促进作物生长，包括以菌治虫、以菌治菌、以菌除草等。这类农药具有选择性强，对人、畜、农作物和自然环境安全，不伤害天敌，不易产生抗性等特点。随着人们对环境保护越来越高的要求，微生物农药无疑是今后农药的发展方向之一。目前，我国生物农药类型包括微生物农药、农用抗生素、植物源农药、生物化学农药和天敌昆虫农药、植物生长调节剂类农药等 6 大类型，已有多个生物农药产品获得广泛应用，其中包括井冈霉素、苏云金杆菌、赤霉素、阿维菌素、春雷霉素、白僵菌、绿僵菌。虽然我国微生物农药产业有了一定的发展，但市场空间极大，产业发展前景仍然十分广阔。截至 2015 年 12 月 31 日，全国农药生产企业 2 232 家，抗生素农药生产厂家 709 家，其他生物农药生产厂家 428 家；农药进出口首现"双降"。生物农药前景好，但目前仍有难题需要破解。我国生物农药企业存在着企业规模小、竞争力弱、自主创新能力弱、技术装备水平低、产品结构单一、难以满足系统解决方案的需求、销售渠道不通畅、资金紧张等痛点，而农民应用生物农药的意识淡薄，对生物农药缺乏信心、怀疑其效果。

6. 微生物清洁剂。据 2015 年《全国土壤污染状况调查公报》显示，我国至少有近 3 000 万公顷的受污染土地，其中严重土壤污染区高达 320 个，占地约 538 万公顷。此外，镉、汞、铅等重金属含量也严重超标，尤其是镉污染，在全国范围内普遍增加，在西南地区和沿海地区增幅一度超过 50%，情况不容乐观。水污染则更严重，据有关方面调查，我国只有 3% 的城市水源基本清洁，97% 的城市水源受到污染，其中严重污染的占 64%，有专家研究，有效治理深层污染需要上千年的时间。乡村田野流淌的大小河沟，污染程度更是触目惊心，臭气熏天、鱼虾绝迹的现象为数不少。有关研究认为，我国目前废水排放量已成为世界之最，每天废水排放量比美国、俄罗斯、德国、印度尼西亚、泰国、法国、乌克兰、越南和意大利九个国家的总和还多。中国 60 万个行政村每年生产 90 亿吨污水、2.8 亿吨垃圾，基本处于"污水靠蒸发，垃圾靠风化"状态。每年年产 1.5 亿吨的城市垃圾中，被丢弃的"可再生资源"价值高达 250 亿元。北京市现日产垃圾 13 000 吨，全年生产 495 万吨，而且每年将以 8% 的速度递增。

有关资料统计表明，截至 2016 年，国际上启动了 9 个环境微生物组相关的研究计划。20 世纪初，中国科学院有关专家开始推动"微生物地球"研究计划。最早利用微生物作为清洁剂主要是用于处理生活垃圾上。经过微生物的发酵，将作为燃料的碳、氢和作为植物营养元素的氯、磷、钾等分离开，制成沼气。随着工农业生产的发展，有机残体及废弃物不断增加，对环境造成严重污染，给生产生活带来不良后果。以沼气为纽带可促进物质和能量在系统内部多重循环利用。如我国北方开发的"四位一体"高效种养结合发展模式，即太阳能温室→沼气池→猪圈→厕所和南方的"猪圈→沼气池→果园"模式，可使一切有机残体和废弃物无害化和资源化，是一条适合我国国情的农村发展之路。微生物燃料电池（Microbial Fuel Cell，MFC）可以将污水作为底物进行发电，将其中蕴含的能量回收，可解决污水处理厂的电耗问题。MFC 既可用于处理废水有机物，也可用于废水脱氮除硫，甚至可用于处理难降解有毒化合物。利用遗传工程让大肠杆菌具备分解塑胶废液的功能。利用农业废弃的秸秆、枝叶等生物质转化成生物能源，纤维素中的糖和玉米淀粉中含有的葡萄糖一样，可以用传统的酵母发酵制成乙醇。纤维素存在于几乎所有的植物生命体中，用纤维素获取乙醇不但无须担心原料来源，还能解决农作物废料燃烧污染空气的问题。

微生物开发战略与对策

微生物资源的开发利用无非是利用微生物菌体本身，或者其代谢产物，或者其某种特性和活性。微生物资源开发的基本思路，一般来说，是先从自然界找到目的菌，然后进行改良，最后进入量产。也就是说，使用生物技术培育出来的新微生物产品进入商业化生产要经历三个阶段，第一阶段是，收集微生物资源，并借此搜寻具有商业潜力的目的菌。第二阶段是，一旦搜集来的微生物资源是可利用的，可以用现代生物技术分离出具有商业潜力的目的菌。第三阶段是，利用具有商业潜力的目的菌进行实验室检验。如果实验成功，就批准上市。微生物产业发展战略应该围绕这几个环节优先实施以下科技战略措施，推动微生物产业快速和健康的发展。

1. 加强微生物资源的保护、开发和利用。微生物菌种资源与动植物一样，是国家重要的战略性生物资源，这是微生物产业的基础和前提。

（1）强化政府的主导作用，加大资金投入力度，建立起高水平的国家级微生物资源库与共享体系。我国虽然已经建立起了微生物菌种保存体系，但是其规模、机制、功能尚不能适应当今科学研发的需求。因此，需要装备、重建高水平的国家微生物菌种资源保存与管理体系，以及信息共享系统。微生物资源的收集基本上都是天然材料，本身具有公共产品的特点，它们是非竞争性的。在一种微生物产品中使用某一菌种并不排除另一种产品对它的使用。另外，它们也很难完全排他——阻止被人使用是困难的且代价巨大。大部分的菌种广泛分布在各区域，很难被个别地区独享，尤其是现代生物技术只需要微量的菌种，这使得微生物资源的"走私"几乎不可能被阻止。微生物菌种资源搜集和保护具有很强的公益性，政府应该发挥主导作用，加大资金的投入，并建立起相应的高质量管理机制。当前的主要工作可以从三个大的方面着手：一是加大对原始生态环境的保护力度。原始生态环境是巨大的微生物基因库、种源库，保护了原始生态环境就同时保护了微生物资源。因此，有必要划定一些具有代表性的原始生态环境、极端环境和独一无二的特殊环境作为保护区，使其尽量保持原始状态，作为研究微生物资源的基地。二是加快对我国微生物资源的清查和评价。特别是有应用前景的微生物资源，并加强对现有微生物资源的功能评价，充分发挥现有资源的应用潜力，尤其是极端环境微生物功能基因的挖掘及菌种的功能性研究。三是建立微生物资源基因库。2016 年 9 月 22 日，我国建成世界最大的国家基因库在深圳投入运行，分样品库、数据库、活体库三类，它的使命就是"留存现在，缔造未来"。它还建有数字化平台和合成编辑平台。对于未培养的微生物资源，可采取提取 DNA，分离和克隆不同的基因片段，以保护微生物基因资源。

（2）对部分公共研究机构和民营公司微生物资源收集和保存活动给予一定的补贴，加强对其生产菌种和专利菌种的保护。微生物资源的搜集和保护具有公益性，但是缘于一种"时尚"，世界各国已采取行动赋予国家对部分微生物资源来源的所有权。长期以来，许多国家对微生物学方法和微生物产品授予专利，而对微生物资源本身并不保护。1980年美国法院关于微生物资源专利纠纷的判决，开启了微生物本身也可以作为专利保护对象的先例。对部分菌种的专利保护有一定的合理性。微生物资源的开发面临着巨大的风险，比如要开发一种新的微生物药物，大约需要 10 亿美元的投资，10 年以上的时间，大量的人力物力，还有非常高的失败率。因此，一旦证明某个新菌种产生某种新物质，授予其专利对于促进微生物资源的搜寻、保护和开发有着重要的作用。更重要的是，专利菌种的保护有利于纠正全球微生物研发活动收入分配的不平衡。在很多情况下，发达国家跨国公司获得了研发成果的大部分收入，我们从研发活动中仅得到非常少的全球利润。授予微生物资源专利权，将有助于我们分享一部分研发利润，使得全球的研发收入分配更为平等。专利菌种完全排除其他人的使用是有一定难度的，为了鼓励和促进微生物资源的收集和保存，政府应该对部分公共研究机构和民营公司给予一定的补贴是非常有必要的。

2. 加强微生物产业的技术基础研究。全球生物安全顶级实验室 P4 实验室总计 56 个，其中美国 14 个、印度 4 个、日本 2 个，我国仅 3 个。2016 年 5 月 13 日，奥巴马宣布启动"国家微生物组计划"，主要针对不同生态系统的微生物进行比较研究，以寻求微生物的塑造方式，为人类改变微生物朝着有益方向发展提供可靠必要的路径。它设定三大目标，一是支持跨学科研究，回答多样化生态系统中微生物组的基本问题，如什么是健康的微生物组；二是开发检测分析微生物组的工具，如随时检测空气、水、土壤或人体微生物数量的手持传感器；三是科普培训相关微生物组工作人员。美国已将这一计划上升到国家战略层面，我国尚未设计这种技术基础研究的制度构架。基础性技术的研究知识密集度高，涵盖面大，涉及面宽，需要国家层面从战略高度总体设计。例如，仅微生物菌种的分离、筛选和选育就十分复杂，这是一门需要很多知识和经验的学问。不同的微生物类群使得他们的分离方法也各不相同，很难设计出对所有产品都好的分离方法。在一些企业，分离方法是核心机密，绝不外泄。目的菌种的分离、筛选和选育在相当程度上也具有公共产品的性质。在一种微生物制品中使用的一个被识别的菌种不能排除在另一种微生物制品对它的使用，而当基因的逆向操纵相当简单时，排除其他产品的使用也是非常困难的。微生物产业的发展需要国家强有力的技术支撑。在今后的科技计划中把微生物产业技术创新作为一项战略并给予适当倾斜，在各类科研计划中安排一定的资金和项目，开展微生物产业的技术研究。在设立国家农业应用微生物等重点实验室、微生物工程菌构建技术平台、微生物发酵技术与酶工程应用技术平台等方面，加大资金和项目的倾斜，通过基础条件建设，提高我国农业微生物应用水平。特别要针对我国创新药物严重不足的情况，尤其应该加大投入、加快微生物资源的收集，结合化学、药理等高通筛选技术，提高发现新先导物质的概率，缩短研发周期，降低研发成本，从已有的微生物资源库中筛选出新药，从微生物新资源中研发新药，利用组合生物合成技术构建工程菌株生产新药。

3. 设置独立的微生物开发管理部门。鉴于我国微生物开发涉及农业、科技、林业、环保、食药、国土、财政、发改等诸多部门，中央和省级政府应按照精简、高效、透明的原则，设立专门的微生物发展领导小组或微生物产业发展局，制定国家层面的发展战略，整合归并性质相近、用途相同、使用分散的相关资金。同时，理顺各部门之间的工作关系，建立统一互通的微生物政策创设平台和动态调整机制，提高微生物开发政策的精准性、有效性和执行力。根据中国目前年产 9 亿吨农作物秸秆及 9 亿农村人口生产废弃物的现实，应专门建立国家级微生物农业科学院，加大微生物农业新产品、新技术和新模式的研究和开发力度，重点开发食用菌新技术、乡村废弃物管理技术和农业废弃物的资源化技术等；在省级农业科学院中设立微生物农业研究所（室），在省级农业科研院所和农业高校内设立微生物农业专业，以加强微生物农业的基础理论和科学技术的研究工作；建立促进微生物农业高新技术、增效技术转化为生产力的考核体系和激励机制，加速微生物农业技术创新。

4. 打造具有国际竞争实力的微生物产业。在商业化的量产阶段，市场应该起决定性作用，但是我们也不能完全"无为而治"，而是因势利导，实施农业微生物产业发展策略，努力打造具有国际竞争实力的高科技产业。一是要投入资金，建造一批能够诱导产业发展的产业基础设施和中试熟化基地，支持企业努力开发农业微生物产业新产品，打造一批国际知名的科技型企业，抢占国际市场。二是要完善科技产业政策，营造推进农业微生物产业发展的良好环境和产业氛围，把农业微生物产业技术发展纳入国家中长期发展规划，设立国家专项基金，以扶持处于国际领先领域的农业微生物产业技术继续发展，并带动农业微生物产业其他领域产业化水平的提高。

5. 加大宣传力度，增强需求侧对微生物开发重要性的认识。一是大众媒体应该加强微生物资源开发利用和保护方面的宣传报道，普及知识，促进消费者对微生物制品的需求。在很长一段时间内，人们对微生物的认识往往同疾病联系在一起，认为它对人类有害无益，而对微生物有益方面的认识比较少，不了解微生物资源在医药、食品、农业、轻工、环保和冶金等行业的广泛运用，特别是微生物对人类健康保障事业的伟大贡献。这显然不利于大众对微生物制品消费需求的增加。有必要大力普及微生物知识，宣传微生物资源的重要性，特别是微生物对人类健康的重要性，以及保护微生物资源的必要性。二是加强政策的引导作用，促进企业的投资需求。当今世界，微生物资源的开发利用已经涉及各个产业部门，取得了巨大的经济效益和社会效益。但是，由于长期政策的引导和宣传不到位，企业界对微生物制品的投资还很有限，整个微生物资源的开发利用还处于较低的层次，零星、分散、不成体系，原始创新少，还没闯出一条路来，在国民经济发展中的作用也不明显。有必要加强对企业界的政策指导和宣传引导，强化工商界对微生物制品的产品认识和市场认识，大力推进微生物制品的投资需求，促进生物农业、微生物肥料、微生态制剂、生物医药、微生物能源、微生物食品以及微生物新材料等方面涌现出更多的高技术、高效益企业，推动我国国民经济更快更好更健康地发展。尤其在农业领域，一定要牢固树立"三维资源结构"的发展理念，变"植物、动物"的"二物思维"为"植物、动物、微生物"的"三物思维"，把"三物思维"作为农业发展的"新型产业结构"，把微生物开发作为农业发展的主要增长极、主流价值观和主导产业链，这是实现"减肥增绿"目标的关键，也是生态循环农业的自然规律。它必将成长为一个战略性新兴产业，也必将成为农业发展的新动能。

（本文原载于《中国发展观察》2016 年第 24 期、2017 年第 2～3 期）

人间烟火气，最抚百姓心

——亟待开发的乡村夜市

观察一个地方的繁荣程度，主要看两大要件：一是从内涵上看物质和精神，二是从时间上看白天和夜晚。在我国古代，宋朝以前所有城市一律实行宵禁，只在几个节日开市。自宋朝开始取消宵禁制度后，催生了繁华的夜市，北宋东京（今开封）城是当时世界上史无前例的"不夜城"。《东京梦华录》记载："夜市直至三更尽，才五更又复开张。如要闹去处，通晓不绝。"自此，"夜市千灯照碧云"便成了文人笔下形容一个地方热闹兴旺、发达繁盛的代名词。

美国布朗大学教授戴维·威尔曾研究提出，"一个地区夜晚的灯光亮度与它的 GDP 成正比。"据商务部城市居民消费习惯调查报告显示，中国 60％的消费发生在夜间，大型购物中心每天 18 至 22 时消费额占比超过全天的 1/2，预计到 2022 年全国夜间经济的规模将达到 42 万亿元。特别是在疫情防控背景下，夜间经济成为全国多地提振消费的"热引擎"和拉动经济增长的"新动力"。比如在上海，夜间商业销售额占白天的 50％；重庆 2/3 以上的餐饮营业额是在夜间实现的。

从宏观层面看，根据万得数据，中国的最终消费只占 GDP 的 56％，不仅远低于美国（82％），日本（77％），德国（75％）等发达国家，也低于印度尼西亚、越南、泰国、菲律宾等与中国有着相近消费习惯的新兴经济体。如按最终消费占 GDP 60％的世界平均水平计算，中国 100 万亿 GDP 也将有 40 万亿"未消费市场"等待开发。从消费结构看，中低消费仍是我国的主力消费群体，而未消费群体之所以未产生消费，并非这个群体不想消费，而是消费产品、消费环境、消费场景等无法契合他们的需求，导致消费潜力不能释放。激活基数庞大的乡村中低收入群体消费潜能是开发巨量未消费市场的关键。

人间烟火气，最抚百姓心。相比"越夜越精彩"的城市，作为中国巨大消费市场的农村，夜市发展却一直处于"星星之火、未曾燎原"状态。如何把握"夜间经济"的新风口，给农民一个繁荣的夜生活，给乡村一个繁荣的新空间，是推进乡村振兴的新课题。

改革开放以来，中国农民的生活已经发生了剧烈而深刻的变化，农民从物质到精神，生活需求日益多元，像城里人一样夜间消费休闲的渴望也与日俱增。在一些规模较大、人口集聚较多的村庄发展"乡村夜市"，条件已经具备，时机已经成熟。

其一，生活水平的提高为发展乡村夜市提供了物质基础。近些年特别是党的十八大以来，农民收入持续增长，提前一年实现较 2010 年翻番目标，脱贫攻坚使乡村贫困人口全部摆脱绝对贫困。广大农民前所未有的衣食无忧、前所未有的居有所安、前所未有的无徭无役、前所未有的手有余钱。2020 年，我国农村居民人均可支配收入 17 131 元，人均消费支出 13 713 元，收支比 1.26∶1。这些在中国历史上不曾有过的生活飞跃，为乡村夜市的兴起奠定了坚实的物质基础。在温饱线上挣扎的年代，白市尚且萧条，夜市更无从谈起。

其二，闲暇空间的增多为发展乡村夜市提供了时间保证。在节日不放假、晚上接着干的大锅饭年代，人们无暇休闲。而随着近年来的机械化普及和社会化服务的发展，"机器换人"把农民从繁重的体力劳动中逐步解放出来，农民有了"一个月过年，三个月种田，八个月空闲"的时间自由。有关调查显示，农民农闲时的日平均闲暇时间达到 476.7 分钟。日益增多的闲暇时间特别是农忙后的漫漫长夜，那些夫妻放了单飞外出打工、另一方留在家中的中青年人，那些身体尚健的留守老人，都十分渴盼有一个丰富多彩的夜生活。

其三，消费需求的提升为发展乡村夜市提供了潜力空间。一方面，农村消费市场潜力巨大。2019 年全国农村社会消费品零售总额增长

9％，增速快于城镇的 7.9％。随着美丽乡村建设的推进，一些村落呈现集聚化的趋势，村庄规模扩大、集聚人口增多，出现不少超 5 000 人甚至超万人的村庄，集聚的人口成为农村消费的巨大潜力所在。据中部某省调查显示，2018 年农民人均消费支出近 2 万元，一个 5 000 人的村庄，年消费即可高达上亿元。另一方面，夜间消费的活力正逐步释放。日益富裕的农民特别是返乡的一代农民工，见识了城市的多彩世界，对文化生活的需求日益多元，白天劳作、夜间消费休闲的需求逐步释放，一天劳作之余，选择去夜市来顿"深夜食堂"，或任性地来次"消费血拼"，或大汗淋漓地来场"舞蹈风暴"，在一些农村已经成为一种习惯。

其四，基础设施的改善为发展乡村夜市提供了便利条件。随着近年各级对"三农"投入力度的不断加大，农村基础设施和公共服务条件得到显著改善，全国农村标准公路已有 4 万多公里，通硬化路的乡镇和建制村分别达到 99.64％ 和 99.47％，建制村通客车率达到 98％，摩托车、电动车在乡村全面普及，小汽车也随处可见，农民出行只靠两条腿的时代彻底结束。交通和通信的改善，为农民生活半径扩大带来便利，为乡村夜市运营集聚了人气。农村路灯、广场等硬件设施不断完善，也为发展乡村夜市提供了场景条件。

一些超前探索、成功实践的典型范例已经证明，乡村夜市是繁荣乡村的新空间、新领域、新途径、新举措，对于拉动经济增长、促进农民就业、完善乡村治理具有重大意义；特别是在农民精神文化生活缺失的情况下，也是为农民呈上的一道精神大餐，具有浓郁的九大"烟火气"。

一是构建了一张一弛的生活节律。传统农民日出而作，日落而息，日复一日，自守一片天地。在繁重的劳作之后，农民往往没有放松身心的方式，一直处于麻木或紧张的生产生活状态。孔子也曾说，"百日之劳，一日之乐。"一张一弛，文武之道，生活需要节奏感。在结束一段时间的辛苦劳作之后，到集市上休闲，即使不做物质消费，亦可看看热闹，尽兴而归。村庄夜市恰恰创造了这样一种生活方式，它不仅提供了购物消费场所，也提供了休闲观光健身的场地，让人们获得紧张劳作之后的放松。像新疆和田地区，因地制宜发展带有乡土气息的夜市，有的建在村委会门口，有的建在文化广场旁，经营户白天可以拾掇庭院和做家务，傍晚开张营业，劳作一天的人们，来此吃一盘拌面，或撸几串烤肉、喝几杯啤酒，白天的疲惫一扫而尽。

二是营造了精神需求的释放空间。按照马斯洛需求层次理论，人在满足了基本的生存需求之后，会有精神需求。乡村夜市有琳琅满目的商品、物产，有丰富多彩的戏曲、杂耍、说书、魔术、游乐等娱乐活动，也有广场舞、健步走等自娱自乐的休闲活动，不同群体在夜市找到了各自的精神寄托。有人形象地说，夜市是一个纯粹的地方，包容着来自各地的人，治愈了很多无助的灵魂，擦干了许多"眼空蓄泪泪空垂、暗洒闲抛更向谁"的眼睛，蕴藏着浓郁的人间烟火气。

三是创设了社会交往的良好环境。人是群居的动物。夜市是人们交流情感、畅叙友情的最佳场所。尤其是青年男女密约幽会、谈情说爱，追求的就是"月上柳梢头，人约黄昏后"的朦胧意境美。美国学者施坚雅也曾说，一个农民到50岁时，到基层市场上已经去过了不止3 000次，平均至少有1 000次。新中国成立后的互助组、初级社、高级社、人民公社，使人们通过集体劳动来创造社交环境，而现在人们四处外出打工，面对面交往的机会越来越少。村庄夜市不仅为本村村民交往提供了条件和机会，左邻右舍、周围村庄，甚至城市居民也都赶来凑热闹，或买卖、或娱乐、或闲逛、或海聊、或对饮，呼朋唤友、携亲寻故，人际关系在交往中重建，在互动中升温。

四是消除了留守人员"月光下的孤独"。长期以来，留守在村的老弱妇孺群体，家人外出打工，最怕夜晚孤独，他们说：一到晚上除了看电视，就是听狗叫。夜市里丰富多彩的文化活动，把这部分人聚到一起，唱歌跳舞，闲谈聊天，使难挨的寂寞、长夜的无眠得到消解。安徽省阜南县段郢乡蒲庄村，地处沿淮行蓄洪区深处，村里5 000多人中有2 000多人在外务工。针对留守人员文化生活空虚的实际，该村利用废弃的砖窑场建设文化广场，引导发展夜市经济，在拉动消费的同时，也带来文化的兴盛。该村组建了广场舞队，在短短1年多时间内，广场舞队员从几个发展到100多个，广场舞队从1支发展到4支，跳广场舞变成全村的时尚运动；同时组建民间艺术团，定期在文化舞台上公益演出，不少群众既是演员，又是观众，都在其中找到了精神慰藉。

五是搭建了实现自我的发展平台。夜市带动群众在家门口摆地摊、开农家乐、办民宿，实现创业增收。还有不少草根群体加入直播队伍，现场直播地方戏曲表演、农民原创剧目、农村广场舞、农特产品等，利用直播拉近电商发展的差距。有的地方鼓励群众参与自治活动，设立了夜市执行官，成立了综合文化理事会，会长和成员均由既有威望又有热心的志愿者担任，负责夜市的管理，让各类人群找到了存在感、价值感和归属感。安徽阜南县地城镇利用沿淮低洼地建设荷花观光景区，引导乡村旅游和夜市经济发展，景区内乡村夜市经营户近 150 户，日均人流量可达 2 万人，户均月增收 1 650 元，带动了周边群众 500 余人就业。

六是唤醒了沉睡的乡村文化。乡村文化是中华民族文明史的主体，村庄是这种文明的载体。乡村不缺优秀传统文化，但缺少唤醒这些文化的平台。在乡村夜市上，除了古色古香的仿旧建筑、仿古商摊、大红灯笼，还能发现极具地域特色的一些文化符号，像踩高跷、舞狮、舞龙、跑旱船、背阁、抬阁、武术表演、美食、招幌、牌匾、叫卖声等，都是当地历史上具有特点的文化符号碎片。通过再次挖掘重塑，打造成为独具风格的文化旅游景观。这些文化遗产的发掘，尤其对年轻人、城里人具有极强的冲击感，他们在游玩中感受乡村文化的魅力，有的情不自禁加入表演队伍，学习演艺，使传统文化得以普及和传承。

七是拓展了乡村旅游的时空。根据中国旅游研究院发布的《夜间旅游市场数据报告 2019》显示，仅 2019 年春节期间，夜间消费占消费总额的比重就接近三成，而夜游消费又占了夜间消费的三成。点亮乡村的夜晚，成为越来越多乡村旅游景区的选择。通过乡村夜市，丰富夜游、夜娱、夜秀、夜市、夜购等多元业态，无缝对接白天的休闲旅游项目，延长了游客游玩时间，拓展了游客游玩空间，实现了乡村旅游经济从白天向夜间的延伸和拓展，营造了全天候、全时段、全领域消费氛围。像浙江省出台了《关于加快发展美丽乡村夜经济的指导意见》，提出到2022 年底，培育 100 个美丽乡村夜经济精品村、100 条美丽乡村夜经济精品线路。该省永嘉县利用楠溪江流域的历史文化村落，打造乡村演艺产品，创新打造丽水街 2.0 版、楠溪江滩地音乐公园等夜间经济集聚地。2020 年第二季度，乡村过夜游客 31 万人次，环比增长 92%；带动旅游总收入 36.4 亿元，环比增长 202%，开启了美丽乡村的"夜时代"。

八是延伸了乡村的经济活动。与一些地多人少的现代化国家不同，他们的农民必须专业化、职业化，而我国绝大多数农民在相当长的一个历史时期必须兼业，在从事农业生产的同时，利用农闲化身行脚小贩，走街串巷售卖自己的商品。特别是疫情防控期间，外出务工受阻返乡的农民在乡村夜市找到就业创业的场所和门路。把自家生产的农产品经过初加工直接摆到市场销售，或经过现场烹调变成美食，不仅实现了在家门口就业，而且大大提升了农产品的附加值。有的农民说，比出去打工强多了。乡村夜市带起一二三产融合联动，推动了经济活动向纵深延伸。

九是推动了城乡互动融合。乡村夜市加快了城乡融合发展步伐。首先，生产要素在城乡之间的双向配置与互动增强。夜市的兴起使城乡往来频次增加，农民到城里进货，城镇居民到乡村夜市上购买自己所需的农特产品，部分劳动力、资本开始往农村回流。其次，城乡文明共融共生加快。在城乡二元化背景下，人们对城市文明和乡村文明产生误解，总认为城市文明更先进。实际上，随着乡村的发展，越来越多的城市人开始返璞归真，追求乡村生活，夜市上的农家乐、民宿、土特产等都成了城市居民热衷的产品。最后，以城带乡、以工促农提速。夜市的繁荣，使城市把一些工厂、人力、资本开始向乡下转移，企望借夜市寻求发展商机，这将直接助推乡村经济发展。

饱含烟火气的乡村夜市是时代的产物，是乡村繁荣的标志，也是繁荣乡村的动力，具有强大的经济社会效应。实践证明，推动乡村夜市发展是大势所趋、民生所盼，应引起足够重视，多举措全方位加以推进。

一是强化顶层设计。把发展乡村夜市作为全面推进乡村振兴的重要抓手，纳入各级农业农村现代化"十四五"规划。在布点规划上，可在全国 59 万个行政村中，选择一批人口规模较大、聚集程度较高的行政村，培植发展乡村夜市。目前看，乡村人口在 5 000 人以上的行政村，基本具备集聚人口、拉动需求、建设村庄夜市的潜力，可重点加以规划。在建设规划上，注重打造特色、错位发展，因地制宜地科学规划一批布局合理、业态丰富、特色鲜明的夜市。同时，把必要的场地硬化、亮化作为重点，完善相关休闲娱乐设施和场所，打造一体化、多功能、便利化的综合性夜间消费载体。

二是强化工作保障。可以借鉴城市发展夜间经济的做法，配套设置专项资金或以奖代补，支持地方发展乡村夜市。在水、电、摊位等费用方面给予市场主体免租金优惠和经营补贴，在夜市发展前期吸引商家入驻；在创业资金方面协调金融部门推出相应的金融扶持政策，解决小本经营贷款难问题；在消费支持方面，推出夜间消费券等消费倾斜政策，激发夜间经济的消费需求。此外，引导在供需两端紧跟"新基建"宏观政策，鼓励直播等新销售模式，促进新业态、新产业、新服务发展。

三是强化监督管理。伴随乡村夜市而来的夜市治理，是对常态化政府行政的延伸，有其特殊性。建议将传统监管和新兴监管方式相结合，既加强整合既有监管方式，构建卫生、交通、物价等部门的协同联动机制，又能探索创新治理模式，发挥群防群治的力量，利用大数据监管的优势，有效发挥新兴监管的作用。比如，借鉴荷兰阿姆斯特丹和上海的经验，很多城市设立了"夜间区长""夜生活首席执行官"等类似头衔，专职解决夜间经营过程中发生的各种问题。这些做法同样适用于村庄夜市治理。还有建立夜市经济负面清单制度，加强夜市经营信用体系建设，建立健全售后评价体系等，打造规范有序、充满活力的夜间营商环境。

（本文原载于《中国发展观察》2021 年第 8 期）

产业变革：农业的新挑战

  产业兴旺是乡村振兴的物质基础，而乡村产业要兴旺，就当下的情势看，必须大力实施以构建绿色安全、优质高效的产业体系为导向，以为农民持续增收提供坚实产业支撑为目标的产业变革。随着人们认识的演进，"产业"一词的概念已经由物质部门扩展到非物质部门，它是指从事物质生产和非物质生产的部门或行业。产业变革是指产业的经营管理者主动对产业原有状态进行改变，以适应产业内外环境的变化，并以某一目标或者某一愿景为导向的一系列活动的总称、中国农业正处于一二三产全面融合，产业体系全面创新的历史阶段，亟须跨界互渗，重塑结构，再造动能，提升价值，变革产业。产业变革是一项涉及多主体、多维度、多内容的系统工程，结合乡村产业的特点，其内涵大体可以概括为六条链的变革。

  变革产业链。农业产业包括农、林、牧、渔等，涉及国民经济行业的第一产业、第二产业、第三产业多个产业部门，而且农业产业链链条长、覆盖范围广。当前在我国农业由传统农业向现代农业转型过程中，只重视第一产业，以生产环节为主，为市场提供初级农业产品的传统农业思维尚未打破，"东西少了办法多，东西多了办法少"的格局套路在长期与"不足"作斗争中形成定势，缺乏像发达国家那样长期与"过剩"作斗争的经验。农业的第二产业和第三产业发展严重滞后，农业产业链存在发展水平低、产业链环链简单、发展布局不平衡以及可持续能力薄弱等问题。在向农业现代化转型过程中，变革产业链是农业产业转型升级的关键举措。从农业产业链延长的方向上看，分为向前延长，如种子的研发、生产资料的提供等;增加中间环节,如生产过程的社会化服务、农机的智能化等;向后延长,如加工、设计、储藏、包装、运输、销售等。主要目标就在于优化产业结构、提高农产品加工程度。从产业链的结构上看,应将农业产业链中各个环链有机结合,跨界叠加,互融互渗,加强各个生产环节的合作与衔接,整合物流、信息、价值等产业链形态要素,整合经营主体,尤其应在一定区域内着力打造能左右一个产业的产业链链主,以其为龙头,培植能够带动一方经济的主导产业。从产业链的品质上看,增加科技含量是根本。以农产品精深加工为例,其不仅仅是劳动密集型产业,更是技术密集型产业,而我国同世界先进水平在此方面的差距还十分显著。一些食品加工技术与我们中华民族传统风味的体现还有较大差距,如中餐烹调、手工水饺等,机器尚无法做到人工水平。中国工程院院士罗锡文认为,我国农机装备水平与国外比还相差 30 年,智能化高端农机在农机总规模中占比不足 10%,且主要依靠进口。要增加农业产业链科技含量,整体提升现代化水平和科技水平,提高农业生产效率、提升农产品竞争力,农业科技的创新和应用任重道远。

变革生态链。农业供给侧结构性改革对农产品的绿色有机程度提出了更高的要求,而农业生产活动中对开发对象的利用是变革生态链的主要方式。农业产业发展中的生态问题主要表现为忽视微生物的作用,农业生产活动开发对象只重视植物动物。被美国农民视为农业"圣经"的《四千年农夫》一书,讲述的就是东亚中国、日本、朝鲜三国可持续农业的经验。生态循环可持续的发展模式被美国农民奉为农业"圣经",而当下中国却要坚持学习连美国农民都认为过时了的所谓现代农业生产模式。这种理念已经泛滥到学术界、政策界等主流社会。自 100 多年前石油农业诞生以来,世界农业正遭遇生态环境恶化和食品安全失控的"双重负外部性"侵袭。石油农业的最大危害就是斩断了传统农业植物、动物、微生物三物构建的生态循环链条,让微生物无处栖身,导致动植物残渣废料包括人畜粪便不能分解还原为下一次循环生产的能量。

变革农业生态链，关键就在于改变只重开发植物、动物的"二物思维"，树立"植物、动物、微生物"共同开发的"三物思维"。通过微生物分解还原，从根本上改变土壤性状，从而生产出绿色生态的有机产品。利用现代高新科技开发微生物已经形成六大领域，即微生物饲料、微生物肥料、微生物能源燃料、微生物食品、微生物药品和微生物清洁剂等。当前这些领域的产品技术研发较为成熟，但是其被社会应用的广度却较低，究其原因这和公众对微生物开发利用的认知度较低有关。因此，农业生态链变革首先需要公众实现农业"二物"思维向"三物"思维认知的转变，这一转变必须坚持不懈，持之以恒地在全社会营造浓厚氛围，让社会成员形成共识。其次应充分发挥制度优势，大力推广六大领域的技术应用。靠石油农业发达的美国农业，今天生物肥的施用量已占50%多，而我国仅占10%左右。再次要进一步处理好农业产业发展和环境的关系，解决农业污染问题，让放错地方的废弃物变成循环农业的新能量。

变革供应链。农业供应链是指以农业生产资料供应为始点，以农产品最终消费为终点的物流有效配置和科学流动，使产、加、供、储、运、销等环节有机衔接，并与市场之间形成符合需要的系统优化运转状态。它能够缩短需求响应时间和市场变化时间，大大降低需求预测偏差，改善送货可靠性和客户服务，有效降低成本，增加库存周转率，强化竞争优势。它既关注上游流入要素的最佳配置，又关注下游流出要素的最佳配置，是将物质流动过程综合化、系统化、整体化进行统筹谋划、协调运作的量化管理模式，具有科学利用资源、维护自然生态平衡等特征。

我国农业供应链尚处于起步阶段，环链之间衔接松散，流通环节过多过滥，物流不畅，流通成本过高，基础设施不配套，标准化水平低，信息化、智能化建设滞后等诸多问题，均需要下大功夫解决。从宏观战略层面看，新冠疫情在短短两个月里蔓延到世界200多个国家和地区，实现"全球化"的速度比人类经济全球化速度不知道快多少倍，给全球经济带来的冲击无可估量。例如，全球有超过120万海员在65 000艘船舶上完成世界贸易总量 80％～90％ 的运输，一旦海运中断，世界上将有一半人挨饿、一半人受冻。这次疫情使数万艘船舶长时间滞留海上不能靠岸，全球供应链大受影响。因此，像中国这样的人口大国，必须重新考虑供应链的战略布局，走国内国际双循环的路子。不然一张包装纸断货，就有可能逼停一条生产线；一个集装箱迟到，就可能使一个企业破产。就国际层面而言，应建立多源头、多渠道的海外农产品供应体系，通过直接投资、并购、共同开发或援建等方式，在重点国家和地区布局生产、加工、储运等供应链体系建设，提高进口农产品的稳定性、可靠性，提升国家对全球农产品供应链的掌控能力和重要节点的主动权。就国内层面看，农业供应链变革应以规模化、区域化、本地化、城乡一体化为发展导向。农业供应链规模化发展要求农产品产地化、地标性产品结构规模化，"小生产大市场"的趋势逐步通过并购或更大规模的产业企业合并，形成更大产量更大规模的供应系统产业。

农业供应链区域化发展是区域经济一体化的一个方面，它要求农业产业重视区域内自身供应链的完整性和自主可控性。农业供应链的本地化是节本增效的一个重要方面，对于人口稠密的东中部地区尤其适用。日本自 2000 年前后政府就推广以"食育"为核心的农产品"地产地销"理念。美国一些地方市民在疫情防控期间遭遇供应链断裂购物难后，自发联络农民开展农产品本地化运动，这些都说明本地化正在普遍兴起。农业供应链的城乡一体化是城乡融合发展的重要环节，应通过城乡市场一体整合、产业合理分工、要素自由流动等方式，克服城乡"两张皮"的顽疾。应推广山西建设成熟商圈，培育带动性强的品牌连锁便利企业，实施"邮政在乡"，升级"快递下乡"等做法和经验。

变革组织链。以何种方式提高农民的组织化程度是引领农民实现现代化的关键。从全球视野看，比较成功的路子有两条，一条是以美国为代表的人少地多的西方"大农"，主要以各种专业协会、专业合作社的形式实现农民的组织化。早在 100 多年前的 1815 年和 1841 年，美国就分别在纽约州和威斯康星州建立了两个奶牛合作社。1922 年美国国会通过被誉为"合作化大宪章"的《帕尔·沃尔斯太德法》，促进农业合作社飞速发展。目前，美国230多万个农场主基本参加多个各类专业合作组织。在众多专业合作组织的引领下，西方"大农"得以互惠互助、适应市场、紧跟现代化的步伐。另一条是以日本、韩国为代表的人多地少的东亚"小农"，主要以综合性的农协实现农民的组织化。

1947年日本就制定了《农协法》，然后成立日本农协，包揽农民从摇篮到坟墓的一切事务。到20世纪70年代，日本农协已经发展成可以影响国家政治走向的"压力团体"，为农民争取了很多优惠政策，日本农业也在这一组织的作用下，成为"小农"实现现代化的典范。但是这两条道路都不适合中国的国情，西方大农耕种着几千上万甚至几万亩土地，实力雄厚，有条件参加各类专业合作组织，而中国是小农户经营，一家耕种着十来亩土地，需要从事土地之外的兼业才能发展，如参加众多的农业专业组织，代价太大，影响兼业，不划算。由于政治制度、历史背景、发展阶段等方面的差异，东亚的农协道路目前在我国也难以走通。因此，中国必须立足国情，探索具有中国特色的组织农民步入现代化的第三条道路，即充分发挥制度优势，大力培育政府、市场、社会三位一体的组织体系，带领农民实现农业现代化。当下被边缘化了的供销合作社就是这样一个组织架构，具有这样的功能。与国家同时成长的供销合作社，计划经济时代在农村曾经一统天下，只是在市场经济的冲击下没能与时俱进，才开始萎缩凋零。就供销合作社的功能看，它可以代替政府实施有关农村政策；它可代替市场，构建一个覆盖全国、通达世界的市场体系，有些产品独家经营；它可以代替社会组织，帮助农民互助合作并实现与政府、与市场的合作。

变革组织链，就是彻底变革供销合作社的"异化现象"，恢复其引领农民合作的本质属性，充分发挥其政府、市场、社会三位一体的功能优势。这是2.3亿小农户与农业现代化有机衔接的关键点，是深化农村改革的重头戏，也是市场经济背景下农村公有制实现形式的大文章。农村集体经济有纵横两条线，即以村镇为单位的社区型横向系统和以乡镇、县区、市、省、国家为单位的层级型纵向系统，中央设立纵向系统的集体经济组织的初衷就在于能让其利用自身的市场、资金、人才等方面的优势，带起横向系统的集体经济组织和千家万户的小农户。计划经济背景下供销合作社这一作用的发挥比较充分，市场经济背景下，则需要重塑理念、创新思维，抓住农村集体产权制度改革的契机，积极投身经营制度改革，利用自身得天独厚的市场、资金、人才等优势，下沉到村到户，与各类经济主体合作，与专业大户、家庭农场合作，与农村集体经济组织和乡村基层组织合作，探索出一条符合中国国情的农户与集体共同步入农业现代化的新途径。

变革知识链。这是一个知识爆炸、技术爆炸、信息爆炸的时代。自给自足背景下的传统农民只要掌握种植养殖方面的知识，即可当好农民，而今天的农民，只懂种养技术，远远不能适应农业已经成为一种产业的现代农业需要，他们必须具备多方面综合知识。"士农工商"是传统的社会职业分类，现代农民必须做到四种职业全能。但是统计数据显示，农村劳动力中，小学、初中文化程度占农村劳动力70%以上，而且随着农民外出就业规模不断扩大，务农劳动力整体素质还在不断下降。农村留守劳力主要以"3899部队"（妇女、老人）为主，因而，农业要走向现代化必须全面提高新型农民的综合素质。正所谓"70后不愿种地，80后不会种地，90后不提种地，00后不知种地"，而人类社会的文化传承已经由前喻时代、并喻时代转化为后喻时代，回家问问儿子、问问孙子的事情经常发生。因此，"大云移物智"时代背景下的现代农民，必须掌握现代化水平的农业生产、经营、管理等方面的全息知识。首先要充当"士"的角色，了解领导层需要掌握的一系列农村改革政策。其次要充当"工"的角色，一是农产品加工业知识，农民不仅要了解初级农产品加工销售的知识，还要掌握以农产品加工为主的增加产品附加值方面的知识；二是指务工方面的知识，在相当长的一个历史阶段，中国农民还需要兼业才能发展，外出务工的农民扮演农民和市民双重角色，农民需要掌握如何当好农民和市民的相关知识。最后要充当"商"的角色。"商"指的是服务业、农产品贸易等方面的知识，即农民需要具备农产品商业化方面的知识，包括产品的竞争力、销售的渠道平台、销售的模式等信息，懂得如何经营管理，具有农产品品牌营销的意识。此外，还要改变传统线下销售渠道的观念，单靠传统的线下销售已经不能适应现代农业发展，农民需要结合线上线下销售，想方设法挤进农业产业链后续环节，进而提高农业产业附加值。总之，农业产业化背景下的现代农民，变革传统的知识链，充分发挥劳动力要素的主观能动性是他们生存与发展的基础依托，也是提高农业劳动力对农业增产增效贡献率的根本途径。

变革价值链。实现产业变革的最后关键点在于变革价值链。农业产业价值链是指其在整体系统中一系列相互关联的上下游主体构成的增值链，这包括农产品生产者驱动、农产品消费者驱动、农产品协调组织推动的价值链板块及其一体化的价值链集成等多种形式。农业产业价值链从构成上看包括三个维度：基本链、辅助链、可拓展链。基本链指从种子研发到销售整个农业生产环节的价值总和，辅助链是指辅助各个农业生产环节而形成的配套产品或服务的价值总和，可拓展链指在基本生产环节和配套生产环节之外的、影响农业生产的其他产品和提供服务的价值总和。从价值链内涵上看，价值链变革包括两个层面的内容，一方面是提升农业产业链各个环节的价值，即农业产业价值链要在纵向延伸、横向拓宽、厚度加深的各个链环上发力，重点关注农产品加工环节。农产品加工处于农业产业链的中游，起着承前启后作用，其产业附加值增值空间巨大，增值保值效益较高。另一方面，要在区域范围内培植价值链链主，下大功夫提升链主对整条产业链把握、整合、调控的能力。价值链链主的培育要整合农业一二三产业，把握产业转型方向，以带动产业链各环节提升价值。农业价值链的变革应"以低端传统产业对接高端现代需求"为导向，开发市场潜力，适应现代消费，提升农产品价值。今天，人类的物质幸福时代渐行渐远，奢侈消费追求悄然淡化，健康消费理念正在成势。

有关研究认为人类的财富积累已经进入第五阶段，前四阶段分别为土地、机器、金融、教育，第五阶段是康养，消费绿色健康的农产品已成为社会的普遍追求，这一现象为农产品增值提供了难得的契机。从生产环节看，按照高端消费者需求养殖一万元一头的土猪、五千元一头的山羊、五百元一只的土鸡、五元钱一个的鸡蛋，种出 50 元一斤*的大米、白面，30 元一斤的蔬菜水果是不难做到的。从加工环节看，创意设计、深度研发、精准料理，让产品适应人们不断变化的消费胃口。如方便面的开发，已经由 20 世纪 80 年代的一个味变成数十种味道，年销量几百亿碗的势头经久不衰。从服务环节看，应瞄准从大众型、分众型、小众型到个性化的不同层面，做细做精；充分利用线上线下双轨运行的市场形态，做足做活；深度开发品牌效应、规模效应、集群效应，做实做透；大力发掘物质丰裕时代的消费潜能，组织集团消费、合作消费，引导时尚消费、前卫消费，培养潜在消费、健康消费。总之，通过价值链的变革，旨在引领传统农业生产方式的变革和人们生活方式的变革，从而反作用于农业产业链生态的系统变革，全面推进农业的高质高效发展。

（本文原载于《中国发展观察》2020 年第 22 期）

---

* 1 斤＝500 克。

把社建到村上

——供销合作社应在农村改革中担重任

供销合作社从 1949 年酝酿成立至今已走过 70 年的历程，70 年几多风雨，几多沉浮。在市场经济浪潮冲击下，这艘曾经是中国经济领域中体量最大的航空母舰，一扫计划经济年代统率乡村流通、妇孺皆知的辉煌，20 世纪 90 年代以来，墙倾楫摧、网破线断人散、残局零落，全系统退守农资、再生资源和棉茶等领域，经营几座"经济孤岛"，自娱自乐式地从事经营活动，在社会上知名度渐弱，在乡村中影响力渐无，边缘化现象使其面临巨大的生存危机。

近期，我们对安徽、贵州、甘肃、山东等供销合作社开展调研发现，面对如此险象环生的生存压力，一些基层社不甘沉沦、大胆探索、奋力开拓，闯出了一条创新发展之路。他们由旁观走向投身，由配角走向主角，由边缘走向前沿，使供销合作社成为深化农村改革、参与乡村振兴的主力军。他们的主要做法就是"伸腿"到村，与村级集体经济组织合作、与村"两委"合作、与各类新型农业经营主体合作、与小农户合作，建立村级供销合作社，进而与当地产业有机衔接、与城乡市场有机衔接、与互联网现代物流有机衔接，找回初心，服务"三农"，彰显流通主渠道，下活农村一盘棋。这一"现象级"举措，在深化农村改革和乡村振兴中释放的巨大能量及其价值、意义不可低估。

这是由分到合农村改革再出发的探索实践，是供销合作社回归初心的探索实践。40 年前小岗村的"分"产生了裂变效应，40 年后大趋势是"合"，将产生聚变效应。习近平总书记"构建人类命运共同体"的倡议在世界引起强烈反响，人类命运共同体的核心要义就是搞好合作。"合"在中国乡村中的突出表现就是如何组织农民问题。改革开放后，中国农民组织化程度提升一直是个"老大难"问题，欧美国家私有制背景下人少地多的大农业走的是专业合作的路子，这条路对中国小农而言代价太大。东亚国家和地区人多地少的小农走的是综合农协的路子，这条路在目前走起来有诸多瓶颈。因此，我们必须探索符合我国现实国情的第三条道路，即政府、市场、社会有机协作的"三位一体"的农民合作道路。自上而下的供销合作社就有承担这个任务的优势，它是不像政府的政府、不像市场的市场、不像社会的社会，它既能发挥政府部门协调各方、建立农村流通主渠道的主导作用，又能充分利用市场经济的规律从事经营活动，还能发挥社会组织的效应把农民组织起来。

这是市场经济背景下公有制实现形式的探索实践。马克思创立了社会主义公有制理论，把马克思主义中国化，走中国特色社会主义道路，是我们必须坚持的大方向。传统观念认为，公有制就是计划经济，私有制就是市场经济，邓小平同志说，市场经济是人类共同的文明，社会主义也可以使用，由此提出建设中国特色的社会主义市场经济体制。我们要做的就是在这种体制下探索、寻找公有制的实现形式。在人类社会发展进程中，公有制由来已久，国有企业创始人管仲，他的盐铁专营就是公有制的一种实现形式。王莽改制，把所有土地收为国有，然后按人分配，也是公有制的一种实现形式。再到后来的巴黎公社、以色列的基布兹，都是在探讨公有制的实现形式。中国特色的社会主义公有制与上述公有制有着诸多本质上的区别，其中在国有之外还有一个庞大的集体所有制。一般认为，农村集体经济就是村级集体经济组织，实际上，农村集体经济有两大体系，一种是横向的社区型集体经济（以自然村为单位的约占 75%，以行政村为单位的约占 23%，以镇乡为单位的约占 2%），一种是纵向的层级型供销合作社（国家、省、市、县联社和乡镇基层社）。但是它也有优势，跟国有企业相比，它没有许多政策约束和限制，也不需上缴利润。跟私有经济比，它有规模优势，容易获取贷款等政策支持。两种类型的集体经济在村一级交汇、融合，就能够解决长期以来层级型与社区型纵横分离，且悬在半空、远离农户的问题。以村为枢纽，既能使村级集体经济实现保值增值，又能紧贴小农户，提升组织力。以村为枢纽，合纵连横，上下通达，左右逢源，是公有制在乡村实现的好形式，是中国特色社会主义在乡村建设的好路径。

这是小农户与现代农业有机衔接的探索实践。中国特色社会主义道路一是要回答市场经济背景下公有制的实现形式问题，二是要回答小农户与现代农业有机衔接的问题，这是由中国的国情农情所决定的中国特色。中国有2.6亿小农户，其中有2.3亿承包地小农户，就农业的经营主体而言，是美国的100倍，是英国的1 000倍。中国的农业现代化必须是小农户的现代化，中国的乡村振兴实质上就是小农户的振兴，而这么庞大的小农户群体实现现代化是个复杂的系统工程。小农户对接现代农业会普遍面临市场、资金、技术等难题，单纯依靠村级集体经济组织、新型经营主体的带动，在短期内很难达到理想效果。供销合作社以其庞大的网络和雄厚的积淀，通过组织到村、多方合作，可以显著增强农民的市场谈判地位，降低农民的生产经营成本，提高农民的资金、技术的获得能力，实现小农户与现代农业的有机衔接。安徽黄山市通过建立村级供销合作组织开展资金互助、土地及农机、购销等全产业链合作，使现代农业化元素集束注入，入社农民坐享农业现代文明的成果。该市黟县供销合作社与农业产业化龙头企业有农公司合作，在黟县建立了13个村级社，通过统种、统管、统销等经营模式，全方位带动几万农户走上现代农业之路，并通过土地股份合作，带动1 000多农户人均年增收610元，同时使286户贫困户脱贫。

这是开拓农村市场的探索实践。农村市场潜力巨大，中国在世界上最大的战略储备就是有8亿多农村人口的消费潜能，这是没有哪个国家能比的。以安徽省为例，2018年，安徽省乡村常住人口人均生活消费12 748元，生产性消费3 525元，固定资产等非经营性消费投资3 516元。按此推算，中国农村有8亿多人口，每年的消费性和生产性支出就是10多万亿元。供销合作社利用品牌效应、规模效应和网络效应，还可以大大改变农村市场假货充斥、价格虚高的现状。一是在价格上有谈判地位，二是在产品质量上有保证。据安徽省工商联在某市农村调查，该市农村销售的 30 多个牌子奶粉无一在城市市场上有售，由此可见农村假冒伪劣商品之多。通过最大程度地开发、拓展农村消费市场，找回过去妇孺皆知、村村有点的辉煌，提振农村消费市场，是供销合作社最具竞争力的优势。

这是强化农村基层组织的探索实践。供销合作社与农村集体经济组织、村"两委"、新型农业经营主体和小农户合作，各方力量汇聚，使农村基础组织得到强化。特别是供销合作社有经营功能，通过与村"两委"合作，村干部不仅有工资性收入，还有一定的经营性收入，这对稳定农村基层组织队伍和强化农村基层组织大有裨益。贵州省贵阳市白云区供销合作社与小山村"两委"主动对接，与周边农业企业合作，成立社、村、企共建的小山村供销合作社，村党支部被市县两级评为先进党组织。通过与新型农业经营主体合作，新型农业经营主体增多了业务，扩大了覆盖，提升了品牌，增强了影响，赚取了利润，也提升了积极性。甘肃省天水市供销合作社和新型农业经营主体合作，广泛吸纳农民参与，依托当地资源，兴建振兴示范点 7 个，新建标准化果园 1 000 亩，完成 3 000 亩果园提质增效，建成 6 000 吨和 400 吨果品贮藏库各 1 座。因为从体制外走入了体制内，有了"靠山"，新型农业经营主体发展产业的能力和积极性大为提高，对农户的吸引力、凝聚力也大为增强。

这是推进城乡融合发展的探索实践。通过供销合作社的主渠道整合传统的为农服务功能，实现资源共享和功能叠加，推进城市商品、服务下行和农村产品、服务上行，甚至实现测土配肥、病虫害防治、手机充值、票务代购、小额贷款、家电维修、农业保险等多方位服务功能整合，大大夯实了为农服务基础，提高了为农服务能力。安徽省铜陵市已在 10 多家村级社实施电子商务惠农工程，构建起了上下贯通、左右联结的电商运营网络，在与淘宝、京东的竞争中，做到"三分天下有其一"。2018 年，该平台交易商户达到 177 家，交易品种 700 多个，完成平台交易额 5 487 万元，线下交易额 6 000 余万元，实现了把供销合作社建在网上，搭建了为农服务、沟通城乡的新平台，同时在城市开设众多农产品实体店，让城里人随时享受到鲜活农产品。

乡村振兴为供销合作社找回初心提供了大舞台，深化改革又为供销社为农服务提供了大空间。供销合作社应在新一轮深化农村改革中担重任、成主力、唱主角，以带起小农户为宗旨，以建立健全村级组织为核心，以示范试验为路径，以搭建资源整合大平台为重点，牢记为农服务使命，创新发展思维，两眼向下，点上提升，面上推广，与农村产权制度改革相结合，与农村集体经济发展相融合，与小农户发展相契合，尤其要抓住农村集体产权制度改革后，各地正在寻找有能力有实力的经营者合作这一历史机遇，主动介入，积极探索农村经济的多维发展方式。

"把社建到村上"是基层供销合作社的创新创造，正成为供销合作社推进农村改革、参与乡村振兴的有力抓手。全国供销合作系统应以此为契机，闻鸡起舞，对标形势，重新认识自身：生存危机、发展维艰；重新解释自身：供销是手段、合作是本质；重新发现自身：地位独特、优势突出；重新谋划自身：组织到村、扎根"三农"；重新成就自身：找回初心、实现涅槃。

"把社建到村上"是一项前无先例的新事物，在探索开拓中需要注意以下几个问题：一是不可一刀切，不能"村村冒烟"，要因时因地因阶段制宜，鼓励有条件的村自办村级社，也可几个村联办、合办。二是引导农户参与，鼓励农户入社。供销合作社意在通过供销实现合作，其本质在于"合作"，即使实现了组织到村，如果还是不能联结小农户、融入小农户、振兴小农户，供销合作社仍然会偏离为农服务的初心。三是拓宽合作领域。村级社由于更加"接地气""得民心"，可以延长合作链条，从生产层面的供销合作延长到土地合作、大型农机具合作、资金互助、保险互助等，拓展为农服务新领域，锻造为农服务新本领。四是国家及省市县应成立村级社发展基金。发挥村级社发展基金的引导作用，整合财政资源，拓宽融资途径，鼓励社会资本投入，推进村级社的兴建兴办、改造升级和发展壮大，使村级社成为经营与服务兼具的综合服务平台。五是做好风险防范。供销合作社组织到村、合作到户，与各类农村组织联合、合作，会形成较为复杂的治理结构，在"伸腿"到村的过程中，有的地方供销合作社还可能会进行企业化改制，这会导致治理风险和市场风险叠加，各级供销合作社应主动应对，积极作为，做好顶层设计和制度建设，强化监管，提高风险防范能力，防止各类资产流失贬值。（本文是清华大学中国农村研究院研究课题（CIRS2019－3）研究的阶段性成果）

（本文原载于《中国发展观察》2020年第1～2期）

应对非洲猪瘟需要创新思维

非洲猪瘟自 1912 年赞比亚奇帕塔地区有暴发记载以来，已有百余年历史，其在全球流行曾出现三次高潮。第一次高潮主要局限于撒哈拉沙漠以南的非洲地区，一直持续至今。第二次高潮于 1957 年跨洲蔓延到欧洲，1978 年传入南美洲的巴西。第三次高潮从 2007 年至今跨洲传入欧洲及亚洲。2018 年 8 月 1 日，我国在辽宁省首次发现非洲猪瘟疫情，至今已蔓延到除台湾、澳门外的所有省级行政区，其发病速度之快，扩散范围之广，死亡数量之多，前所未有。尽管自 20 世纪 60 年代世界已开展研制防治非洲猪瘟的疫苗及药物，但至今尚无结果，未来何时找到、能否找到有效良方还未可知。非洲猪瘟可谓猪的"癌症"，中国的养猪业遭此劫难，如临生死存亡的紧要关头。防控非洲猪瘟，既是战术性的阵地战，又是战略性的全域战；既是当机立断的速决战，又是步步为营的持久战；既是稳扎稳打的攻守战，又是迅如闪电的运动战。能否保住中国养猪业成败在此一举。

与"小国寡民"不同，中国是猪的饲养和消费第一大国，"粮猪安天下"是中国的古训，"猪多肥多粮多，粮多猪多肥多"的绕口令对联是中国生态循环农业生产的警句格言。粮多是吃得饱的问题，猪多则是吃得好的问题，粮与猪对于中国人的生活是量与质的关系。中国人养猪从家庭的起源开始，汉字"家"的造字结构就是房屋里面一头猪，无猪不成家。中国人肉食以猪肉为主，世界年消费猪肉约 1.1 万吨，而中国目前年消费总量约 5 500 万吨，占世界五分之一的人口，消费猪肉却占二分之一。如此巨大的消费量，国际市场猪肉可贸易量不足 1 000 万吨，依靠进口显然是杯水车薪，只能立足现实自己解决。据农业农村部官网 2019 年 6 月 12 日发布的"400 个监测县生猪存栏信息"显示，5 月份存栏比上年同期下降 22.9％，能繁母猪存栏更同比下降 23.9％。中国肉类协会会长李水龙根据公开数据估算称，"2019 年，中国猪肉总产可能下降 15％～20％，即猪肉总产将减少 800 万～1 000 万吨"，而有的专家则认为总产下降可能还要比这个数大很多。2019 年 3 月 26 日，山东省畜牧兽医局发布的《生猪产业监测预警报告》（2019 年 3 月）显示，"全省 33 家一级以上纯种猪扩繁场种猪存栏比 2018 年 7 月下降 41.2％。"作为全国排名屠宰加工第二、出栏量第四位的养猪大省山东，种猪如此锐减，后患可想而知。猪瘟突袭，猖獗蔓延，重创中国这个世界上最大的生猪养殖和消费大国的养殖业，深涉民生，广及社会，养猪受挫，肉价飙升，影响民生，进而导致社会心理恐慌，是经济问题，也是政治问题、文化问题。

疫情仍在继续，各地高度重视，国家及有关部门和各地都采取一系列措施严防死守，成效积极。但由于疫情突如其来，又前无先例，更无药可控，为防局面恶化，确保产业安全，保障民生需求，减少社会震荡，应在政策层面探索更开阔的思路，更切实的措施，更有效的手段，更科学的方法予以应对。

一应最大限度减少"追责"带来的负效应。非洲猪瘟是一种如同农业的洪涝台风、林业的松毛线虫一样的自然灾害，其造成流行有人为因素，也有自然因素。如感染猪在 48 小时前就已开始排毒，等到人发现疫情时，疫区就已存在大量传染源，在这个时间差里，运出的生猪或粪便就有可能携带传染源向外扩散。这种先于疫情发现的传染是人力难以企及的。而政策的要求是"在疫情报告或者疫情瞒报问题上是坚决做到零容忍，疫情瞒报发现一起查处一起，依法依规，严惩不贷"，"瞒报"与"不知"难以界定。一些地方在具体执行时又提出具体要求，"不允许新的非洲猪瘟案例""确保不再次发生疫情"，并上升为"政治任务"。这样的政策导向，使一些地方有疫情也不敢再报，或者将猪瘟变为疑似猪瘟自行处理。如此导致的严重后果是决策层对于疫情发生现状无法得知真相，更无法把控全局，以致对整个生猪生产情况也云遮雾罩，不明就里。采取高压措施围追堵截疫情，无疑是正确的选择。但是，对于非人力所及造成的新生疫情，不仅不应追责，还应给上报者表扬鼓励，这样基层才不会在"追究责任"和"政治前途"的压力下不报或瞒报，从而让真相浮出水面，以利把控全局。

二应扑杀与试治并用。由于非洲猪瘟为烈性传染，一座几百几千乃至上万头的猪场，发现一头感染必须全部扑杀，在疫情多发高发的态势下，如此被动地杀下去，猪肉供应势必难保。眼下，一些地方活猪已经涨到八九元一斤。当务之急不可坐以待毙，需要一面继续组织力量，加大投入，加强疫苗和药物的研发攻关，一面划出若干特定区域范围，试验开展中草药的治疗。中草药是中华民族的国粹国宝，不仅适用于人，也适用于家畜家禽，我国古代已经积累了丰富的治疗动物疫病的成方验方，尤其对于防控病毒性动物疫病优势突出。近现代以来，一批兽医工作者像屠呦呦那样运用现代科技致力于兽用中药的研发，卓有成效。值此紧要关头，应充分发挥他们的作用，鼓励支持帮助他们在特定区域范围开展试验治疗。

三应补贴及时足额到位。财政部、农业农村部于2018年9月13日发布的《关于做好非洲猪瘟强制扑杀补助工作的通知》中要求，强制扑杀补助标准暂按照1 200元/头掌握，中央财政对东中西部地区的补贴比例分别为40%、60%、80%，其余部分由地方财政解决，各地可根据生猪大小、品种等因素细化补贴标准。不论东中西地区，这笔补贴无疑对地方财政都是一种压力。中国农科院哈尔滨兽医研究所猪传染病研究室主任仇华吉曾与一位西班牙非洲猪瘟专家交流，该专家认为，防控非洲猪瘟就是钱的事，把钱补贴到位，所有的防控措施才能真正落实。而眼下，补贴不能及时到位的现象在各地多有发生，造成大批养殖户心理恐慌，尤其在疫区或疑似地区，养殖户低价抛售生猪，猪贩子铤而走险违禁偷运，导致疫情在无法察觉中暗地传播。只有下大功夫，让各级补贴及时足额到位，才能让本来就损失惨重的养殖户安心放心，不致因抛售扩大传染，更不致因损失而弃养弃场。这是当下抢救中国养猪业必须付出的成本代价，各级各地绝不可以掉以轻心。一旦有着多年各种积累的养殖户改弦易辙，旧业不操，将给中国养猪业带来灭顶之灾。

四应借鉴他山之石。凡有疫情处，猪场全扑杀，我国猪肉总产将大幅下跌，市场供应紧张已成定局。俄罗斯于2007年发生非洲猪瘟，但猪肉产量一直持续上扬，从2017年的193万吨增加到2018年的371万吨，2019年，预计总产可达390万吨，进入全球前五位。猪肉自给率由2010年的66%猛增到2018年的100%，2019年将转为猪肉净出口国。2007年至2019年，俄罗斯共发生非洲猪瘟1400起，在疫情不止的状态下，俄罗斯如何保持生猪生产一路上扬，值得我们借鉴。据中国畜牧业协会赴俄罗斯考察团介绍，他们除建立一个自上而下强有力的兽医体系，确保顶层设计的相关政策执行到位外，最关键最重要的是建立养猪场生物安全等级制。第一等级，是所有散养的家庭养殖户，生物安全级别最低；第二等级，是圈养方式的家庭养殖户，不能饲喂泔水，和第一个等级的散户没有任何联系；第三等级，是圈养方式的猪场，饲养员只在一个场工作，不能到另一个猪场工作，除了饲养员可以接触动物，其他人员都不能接触。外面人员也不得与猪场人员在场内接触。猪场与其他场距离超过500米。猪场人员进入猪场需要换衣服和鞋子。猪场过去一段时间内没有规定的病，不同的猪病有不同的时间规定；第四等级，在满足第三等级要求情况下，猪场的所有资源全部来源于自己的一体化公司，不与外界发生任何联系。所有饲料均是高温处理过的颗粒料。所有工作人员进入猪场换一次性服装和鞋，消毒、洗澡、洗手。猪场人员和运输物料、运猪等车辆不能混用，专门服务于该猪场。俄罗斯90%一体化企业的养殖场都达到了四级生物安全等级，一体化企业因为非洲猪瘟影响产量下降不到1%。

五应在一些疫情不易传到的偏远地区，鼓励农民自养自食。猪周期是一种经济现象，一般表现为肉价上涨-母猪存栏量大增-生猪供应增加-肉价下跌-大量淘汰母猪-生猪供应减少-肉价上涨，由此周而复始，一般一个周期至少2到3年。由这次非洲猪瘟导致的猪周期内，如何尽快找到解决民生需求的路径是眼下必须面对的问题，依赖进口已不现实，只能立足自身。因此，在一些交通不便，大型运输车辆无法出入的山区丘陵，实行封闭管理，鼓励帮助农民自养自食，不失为一条救急举措。

国家已经明确要求，支持农户养猪，地方要立即取消超出法律法规的生猪禁养限养规定。一些长期致力乡村建设的有志者如安徽农道等，探索总结出了一套干净整洁、卫生便利的小农户家庭养猪模式，应予推广。

（本文原载于《中国发展观察》2019 年第 16 期）

如沐春风小农户

　　现代农业发展有机衔接问题，中共中央办公厅、国务院办公厅近日下发的《关于促进小农户和现代农业发展有机衔接的意见》（下称《意见》）首次从中央和国家层面全面部署这项战略任务。中国农业现代化的实现，关键看 2.3 亿承包耕地的小农户能不能融入现代化，中国的乡村振兴，重点在于 2.6 亿小农户能不能振兴。《意见》立足国情，立足现实，高瞻远瞩，提出具有综合性、整体性、前瞻性的方针政策和实施措施，具有很强的指导性、针对性和可操作性。《意见》要求各级党委和政府要把贯彻落实扶持引导小农户政策和培育新型农业经营主体政策共同作为农村基层工作的重要方面，在政策制定、工作部署、财力投放等各个方面加大工作力度，齐头并进，确保各项政策落到实处。并要求各地各有关部门要加强协作配合，完善工作机制，形成工作合力。这无疑是"服务小农户、提高小农户、富裕小农户"，"促进传统小农户向现代小农户转变"的福音。

　　把马克思主义中国化，走中国特色社会主义道路，就农村而言，必须做好两篇大文章，一是市场经济背景下公有制的实现形式。马克思创立了社会主义公有制理论，在传统观念里，公有制就是计划经济，私有制就是市场经济。邓小平同志说，市场经济是人类共同的文明，社会主义也可以使用，我们由此建立了社会主义市场经济体制。在这样的背景下，乡村里的公有制实现形式的道路该怎么走，各地涌现出多方法多路径多形式的集体产权制度改革探索。二是公有制背景下小农户与农业现代化的有机衔接。中国是一个小农户大国，在人类长达几千年的农业文明时代，中华民族一直是人类文明的引领者，靠的就是小农户这个经营主体。今天，2亿多小农户保障着占世界五分之一人口的农产品供给。未来一个相当长的历史时期，小农户还将依然是我国农业生产的组织形式，是中国特殊的基本国情。

我国与西方私有制背景下人少地多的大农不同，经营成千上万亩土地的家庭农场，靠的是广泛建立各类专业合作组织实现与农业现代化的对接。我国与日本等亚洲一些国家和地区私有制背景下人多地少的小农也不同，一家一户不足百亩的小农，靠的是发展从摇篮到坟墓全程包揽的综合性服务组织实现与农业现代化的对接。社会主义公有制是中国共产党执政的理论基础，在这一理论基础上，要实现小农户与农业现代化的有效对接、有机衔接，需要探索第三条道路，这个第三条道路的核心应该是政府、市场、社会三方力量有机协作、各尽其能、共同发力。社会主义公有制的制度优势就在于能够集中力量办大事，再加上党的领导，小农户与农业现代化衔接只要摆上各级党委政府的重要议事日程，问题就不难解决。但需要注意把握的是，政府、市场、社会必须各司其职、各负其责，互相配合，又相互制衡，政府绝不能包打天下。小农户种什么、养什么由市场决定；小农户需要服务，分清哪些该政府做、哪些该社会做、哪些该自己做，越俎代庖，会适得其反。

农业现代化是一个庞大复杂的系统工程，它包括现代意识、现代思维、现代技术、现代管理、现代设施、现代金融、现代人才、现代服务、现代装备等一系列现代元素，以及这些元素之间的关系。同时，对于农业现代化来说，农业是本体，农民是主体，农村是载体，农业要实现现代化，必须让农业经营的主体农民和农业生产的载体农村同时现代化。要使小农户这么一个微观群体与如此庞大复杂的系统实现有效对接，其困难程度可想而知。更何况我国有2.3亿承包农户，美国约230万个家庭农场，英国约23万个家庭农场，就农业经营主体而言，我们是美国的100倍，是英国的1 000倍。我们与这两个已经实现现代化的国家相比，在衔接的客观条件和能力水平等方面也还有很多差距。有机衔接，任重道远。

农业现代化是一个动态的概念。今天之于昨天是现代，明天之于今天是现代。在高新科技发展"时新分异"甚至"分新秒异"的当今时代，需要不断与时俱进，吸收最新科技营养。40 年前，有人告诉我们40 年后每个家庭都将拥有可以挂在墙上的彩电，我们会认为那是神话故事。30 年前，有人告诉农民 30 年后可以用一部巴掌大的手机种田，手机就是农具，浇水施肥、耕种收割一键搞定，而且还能面对面地视频聊天，农民会认为那是科幻故事。这些今天都已成为现实。农业现代化是与时代发展相同步的，需要不断充实人类发明创造的最新成果。但值得高度关注的是，2018 年有关调查显示，我国尚有 5.88 亿人从不上网，这个群体主要集中在乡村，现代与传统在乡村出现断崖式落差，新挑战正在眼前。

公有制背景下，小农户与农业现代化的有机衔接是一项前无古人的实践，无成规可循，无成例可鉴，需要不断开拓、深入探索。这其中，小农户既是直接受益者，又是亲自实践者；既是被动接受者，又是主动创造者，充分激发小农户的积极性，激励小农户的主动性，激活小农户的创造性尤其重要。

（本文原载于《中国发展观察》2019 年第 6 期）

农村三产融合：如何融，怎样合

农村三产融合发展，就是通过对农村三次产业之间的优化重组、整合集成、交叉互渗，使产业链条不断延伸，产业范围不断拓展，产业功能不断增多，产业层次不断提升，从而实现发展方式的创新，不断生成新业态、新技术、新商业模式、新空间布局等。当前我国农村三产融合在多方发力的作用下，势头正劲，呈现出许多新特征、新态势。

一是多主体参与。就所有制而言，既有国有企业、外资企业、混合所有制企业、股份制企业，又有集体企业、民营企业、个体私营企业。就空间格局而言，既有乡村各类经营主体，又有城市各类工商资本；既有实体经营，又有虚拟经济，阿里、百度、网易等几大网络巨头无不涉猎其中。参与主体多元，各有定位、各具专长、各显功能，形成一个优势互补的局面。但应把握让农民尽可能多地分享产业增值收益这个关，绝不能富了老板而穷了老乡。在各类主体竞争中，小农户处于明显的弱势地位，以适当的方式，控制资本的不当得利，引导各类主体与农户建立紧密的利益联结关系和合理的利益联结机制，形成利益共享、风险共担的命运共同体是当下摆在各级决策层面前的重大课题。三产融合是产业兴旺的关键，产业兴旺是乡村振兴的关键，而2.3亿小农户的振兴则是乡村振兴的关键。

二是多向度融合。既有以农业为基础，乘势发展农产品加工业、为农业农村服务的服务业的顺向融合；又有以农村服务业为基础，借机发展农产品加工业，反向带动农业生产的逆向融合；也有以农产品加工业为基础，襟带左右，向两端延伸，托起农业生产和为农服务业的双向融合。农村处处有三产，如烧窑制砖瓦、编织工艺品是二产，开个商店饭店是三产，但农业与这两个产业之间互无关联，谈不上融合。因此，农村产业兴旺，互动融合是关键。不论哪种向度的融合，都必须能够"融进去、合得来"，从而生发出丰富的业态形式和多元的产业主体，使更大范围更高层次的社会产业大循环在乡村实现资源的优化配置和生产要素的重新组合。

三是多资源勾兑。土地、资金、技术、人才、设备、信息、生态环境、设施装备、劳动力、企业家、线上与线下、实体与虚拟，各类资源、各种要素不分城乡，不分产业，不分行业，不分区域，跨界、迭代、互渗，按照市场规律各寻其位，各尽其力，各得其所。到农场看走秀、到商店取汇款、到书店吃夜宵、到农家品美食、到鱼塘去休闲、到车间去旅游、到酒店听戏曲已成常态。构建人类命运共同体是这个时代人类社会的最强音，构建人类命运共同体的核心就在于地球上 75 亿人的互相合作。随着社会分工越来越细，每个人所从事的工作在整个价值链中的比重会越来越小，只有与各方跨界合作，个人的工作才有价值，不然将会被社会集体抛弃。多资源勾兑亦同此理，只有勾兑才能彼此借力，产生集群效应。但资源勾兑，要素重组，不能只产生一加一等于二的简单物理效应，而应在勾兑中发酵、裂变、重组、聚合，产生一加一大于二的复杂化学效应。

四是多功能开发。就农业自身而言，具有六大功能：日益强化的食物保障功能，前景广阔的原料供给功能，不断拓展的就业收入功能，正在崛起的旅游休闲功能，修复环境的生态保育功能，承先启后的文化传承功能。当下的农业，生产过程已经成了旅游观光的好去处，生产方式已经成了科普体验的强磁场，生产环境已经成了养生养老的理想地，人们不再仅以农产品的产量和质量论英雄，已经把视野拓展到更广阔更深远的空间去寻找价值。一些农产品加工企业不仅把车间开放为旅游观光的场所，而且产品展销和围绕产品的文化推介都做得引人入胜。饼干的来历，世界饼干的演进史；酱菜的源起，中国酱菜的流派分野；调味品的发展历程，香稻米的分布特点等，许多企业都以此展示其文化内涵。

不少旅游企业更把景点打造成宣传地方特产和地域文化的精彩平台，让人过目不忘。多功能开发是延长产业链、提升价值链的关键，但应忌重复，突出特色；忌一般，打造品牌；忌孤立，串点成线；忌陈旧，创新业态。

五是多价值追求。经济社会发展的驱动力分为四个层面：要素驱动、效率驱动、创新驱动、价值驱动。我国经济社会发展已经过两次动力转型，第一次是 1978—1997 年靠廉价要素供给，第二次是 1998—2012 年靠扩张消费、扩张投资、扩张出口需求，2013 年以来，进入以创新和价值为动力的时代。乡村三产融合发展，必须树立"绿色化"的新理念，遵循生态学原理，通过各产业自身及产业之间物质循环、能量流动和信息交换，构建一个符合经济、政治、社会、文化、生态五位一体文明发展的价值体系，五大领域是一个有机的统一体，不可偏废。那种只单纯就经济论经济的直线思维必须调整，三产融合发展需要在五位一体价值观的引领下推进。砍树毁林、大炼钢铁是教训；围湖造田，毁山开荒，毁草种地，以粮为纲是教训；村村点火、户户冒烟的大办乡企也有教训。前车之鉴警示我们，多元统一的复合性价值追求才符合经济社会发展的基本规律。

（本文原载于《中国发展观察》2019 年第 5 期）

乡村振兴的本质是小农户的振兴

　　乡村振兴作为建设现代化强国，实现中华民族伟大复兴的重大战略已深入人心。对于如何振兴，研究文章可谓汗牛充栋，但为谁振兴，却少有论及，偶有篇亦语焉不详。在各类经营主体大举进入乡村参与建设的背景下，弄清楚谁是最重要的利益主体，尤其关键。做大蛋糕是方法论、技术论问题，分好蛋糕则是认识论、价值论问题。"为了谁"的问题应是我们一切工作必须把准的核心目标。那种"富了老板、穷了老乡"的振兴绝不是我们的追求，当然各类参与者都应在参与过程中获益，这是参与动力，但小农户作为乡村社会群体最大、涉及最广、最基层的利益单元，理应是最重要的利益主体、价值主体。简言之，乡村振兴本质上就是小农户的振兴。

　　人多地少的资源约束、精耕细作的生产方式、城市化工业化的滞后发展，以及文化、制度、经济要素等诸多方面的影响，长期形成了中国以小农户为主体的乡村社会结构。目前参与耕地承包的农户高达 2.3 亿户，就农业的经营主体而言，美国是 230 万户，英国是 23 万户，我国恰是美国的 100 倍，英国的 1 000 倍。改革开放 40 年来，尽管我们采取各类措施，大力度地推进土地流转，但时至今日，只有 30% 的农户参与了流转，且不少农户不是全部而是部分流转，仍有 70% 的农户耕种着自己的承包地。随着城市就业压力增大，一些农民返乡或创业或重操旧业已屡见不鲜。小农户数量众多且长期存在是中国的基本国情。乡村要振兴，作为社会主体结构的小农户无疑是重中之重。没有小农户的振兴，便没有乡村的振兴。解决好小农户与现代化的衔接、与大市场的衔接、与产业链的衔接、与社会组织的衔接、与龙头企业的衔接以及与城镇化的衔接等诸多方面的突出矛盾，是乡村振兴在制度建设方面必须面对的课题、必须回答的问题。

十九大报告在党的历史上首提"小农户"问题，要落实好中央提出的"产业振兴、人才振兴、文化振兴、生态振兴、组织振兴"战略部署，紧紧围绕小农户做文章是关键。乡村产业的振兴，农民就业充分不充分是一个重要衡量标准，那种没有农民参与的产业振兴不是我们所要的振兴。一户七八亩承包地只有兼业才能增收的现实，需要我们为小农户广开就地就近从事二三产业的第三就业空间。在城市就业趋于饱和的背景下，只有乡村一二三产融合发展，农民足不出乡即可充分就业的产业振兴，才是真正的产业兴旺。乡村人才的振兴，需要培养两支队伍，一个是"一懂两爱"的干部队伍，另一个就是"一懂一爱"的农民队伍。而要懂农业爱农村可能得依靠农村生农村长，从小在乡土环境中摸爬滚打、真正有乡土情结的农村走出去又走回来的青年。要把一个在城里生城里长的人培养成懂农业爱农村的新型农民，可能比较困难。

乡村文化振兴，应重点抓好家与乡两个层面：家训家风与乡规民约的建构。乡风文明的基础在于家风文明，家训是有言之教，家风是无言之教，良好的家教是乡村文化的基因，是乡风文明的基础。柴米油盐酱醋茶是物质需求，琴棋书画诗文花是精神需求，这些多以家户为传承单元。乡村生态振兴，生态环境的保护关键在村户，只有生于斯、长于斯，以本土为生存依托的人才会对生态环境保护真正做到有效监督，调动小农户的积极性比任何古今中外最严厉的惩戒措施都管用。乡村组织振兴，小农户不论与现代化、与产业链，还是与大市场衔接，都必须组织起来。否则，一盘散沙，任何衔接都难以实现。

"为了谁"的问题是核心问题。这个问题模糊，我们的制度供给很可能南辕北辙。只有明白需求方与供给方有着不一样的思维，我们的政策目标才能使二者统一。一位女士花大价钱买了一套某品牌服装，穿了几次洗一下却掉色了，找客服询问，客服回答我们设计时就没有考虑过这个问题，一般买这种衣服穿几次就扔了。还有一位女士花几千元买了一双高档皮鞋，穿几天鞋子就坏了，怒找客服，客服悠悠地解释，我们设计的这鞋不是走路的，地摊上 50 元一双就可以走几百上千里。这与乡村发展中一些现象异曲同工，农户需要一个可放置简单农具、房前屋后种瓜种菜的小院，却让他搬上高层建筑。农户需要旱涝保收的农田水利设施，却把钱集中去建高科技农业园，结果大田仍旧怕旱涝，园区一直都亏损。在乡村振兴从理论到实践难以估量的方法论中，正应了赫拉利《今日简史》中的名言："你可能感受对了困境，但你可能关心错了问题。"我们由此延伸思维：你可能找对了方法，但你可能瞄错了对象。小农户是乡村社会最庞大的利益群体，是乡村振兴的主力、主体，也是最直接的受益者。在各类利益主体参与乡村建设的角逐中，小农户势单力薄，他们的积极性不能挫伤，他们的利益必须保障，这是乡村振兴的原动力，也是乡村振兴的出发点和落脚点，应成为我们一切政策设计的初心。小农户也是国与家、官与民、公与私实现最佳利益平衡的关键点，只有把握好这个关键点，探索出切实可行的平衡术，建立起公开公平公正的合理利益平衡机制，乡村振兴才得以顺利推进、可持续发展。

（本文原载于《中国发展观察》2018 年第 19～20 期）

开辟农民就业增收的第三空间

  "产业兴旺、生态宜居、乡风文明、治理有效、生活富裕"是党的十九大对实施乡村振兴战略提出的五大要求，其中两项事关农民的就业与增收。没有产业的兴旺，农民便不可能充分就业；不能充分就业，农民便无法增收；增收门路狭窄，生活富裕也就无从谈起。乡村振兴，农民生活富裕是根本，这是我们一切农村工作的出发点和落脚点。

  我国农民就业增收主要来自三重空间，第一重空间是不离土不离乡的土地，但人均一亩多耕地的先天资源禀赋使农民无法充分就业。"一个月种田，三个月过年，八个月空闲"的时间配置是绝大多数农民的生活标配，空有一身力气而无处用武。我们比美国多十亿人口，而美国差不多比我们多十亿亩耕地，人多地少的矛盾是我国农民在第一空间就业增收无法化解的死结。第二重空间是离土又离乡的城市。2.8亿农民工抛家别亲，走南闯北，收入大幅提高，但居无定所，业无定行，更令人无奈的是"一万打工钱，三代离别泪"，上不能赡养父母，下无法抚养孩子，夫妻也天各一方。家庭这个社会的基础细胞破裂，整个社会肌体就会发生病变。因此，第二重空间在二元制度壁垒下是不可持续的。第三重空间是离土不离乡的二三产业。打破农村只能搞一产，农民只能干农业的产业和职业壁垒，20世纪80年代已经有过乡镇企业异军突起的很好尝试，但由于前无古人，缺乏经验，再加上发达的城市经济的巨大引力，乡镇企业逐渐偃旗息鼓，空留一"法"（乡镇企业法）。与一些地多人少的现代化国家不同，他们的农民必须专业化、职业化，而我国绝大多数农民在相当长的一个历史时期必须兼业。改革开放40年来，我们大力推进土地流转，至今 2.3 亿承包农户中仍有 70％的农户没有参与流转，耕种着自己的承包地。在这方面与我们国情相似的日本，农民就一直走兼业的路子，并且按农与非农收入占比分为第一兼业农、第二兼业农。因此，大力发展农村二三产业，让农民就地就近就业是符合中国国情的、实现生活富裕的最佳途径。

一是把一产和二产融合起来，发展好农产品加工业，尤其是精深加工业。美国的玉米可以加工成 3 500 多种产品，我们相距甚远。但我们也有很多优势，老祖宗给我们留下了宝贵的饮食文化，每县每市每乡每村，甚至家家户户都有自己的特色饮食，这些特色饮食需要大力开发。继天津煎饼馃子在美国上架成为火爆快餐后，河南的"辣条"又走向海外火暴起来，老北京糖葫芦在俄罗斯也十分畅销，一个煎饼馃子 8 美元，一包"辣条"12 美元，在国内只售 2.5 元。美国的面粉 100 多种，中国只有十几种，日本食用油 400 多种，中国只有几十种，德国面包注册了 300 多种品类，而中国做面食的水平应该最高，但少有注册品牌。我国农产品加工业发展空间巨大，市场前景广阔。沙县小吃、兰州拉面就给我们提供了很好的样板，目前，全国有 3 万多家沙县小吃，每年营业额接近 100 亿元，而兰州拉面每年营业额更是超过了 600 亿元，青海化隆县政府派出近 90 人的队伍到全国 50 多个城市设立办事处为兰州拉面馆做服务。终端为王，农产品的消费终端在餐桌，把农产品加工的经念好，把饮食文化的牌打好，是农民就业、增收、致富的关键举措。中国美食已经在许多国家享有盛誉，但开发远远不足，毫不夸张地说，中国每天向世界推出一种美食，一百年都推介不完。更具独特优势的是中国有"药食同源、药补食疗"的中医传统。国家卫计委 2014 年公布的"按照传统既是食品又是中药材的物质目录"中，有 101 种具有这两种功能。目前中医药已经走进 183 个国家，充分利用药食同源理论，大力开发走向世界的保健食品，应是中国农产品加工业重要的主攻方向。

二是把一产、二产和三产融合起来，发展好现代农业服务业。现代农业服务业是一个一二三产联通、上中下游一体、产供销加互促的产业体系。美国农民占总人口的 1％多一点，但为农民服务的人口占总人口的 17％～20％。也就是说，一个农民种田后面跟着十多个人为他服务。为农服务的企业完全可以做大做强，从美国种业发展历史也可见一斑，全美涉及种子业务的企业有 700 多家，其中种子公司 500 多家，既有孟山都、杜邦先锋、先正达、陶氏等跨国公司，也有从事专业化经营的小公司或家庭企业，还有种子包衣、加工机械等关联产业企业 200 多家。他们的业务遍及全球。2016 年全球销量前十的种业企业，美国拿了一、二、七、九名四席。当前我国亟待培育各类社会化服务组织、各类农业共享经济。一个最典型的事例就是农业部出台了几项政策，几十万农民就自动购买五十多万台收割机一举解决了我国农作物机械化收割问题，这些农民也都在服务中实现增收致富。大力发展现代农业服务业，既提高了农业生产经营效益，又降低了农业生产经营成本，更能使我国长期存在的小农户与现代化衔接问题得以妥善解决，农民既可以参与就业，也能够增收致富。我国为农业服务的服务业蕴藏着巨大的潜力，我们必须下大功夫挖掘这一潜力，加快构建连通农村第一二三产业的现代农业服务体系。

三是把一产和三产融合起来，大力发展乡村旅游。坊间戏言：眼下是穷人进城，富人下乡；忙人进城，闲人下乡；为生存的人进城，为生活的人下乡。在人民日益增长的美好生活需要和不平衡不充分的发展已成为新的社会主要矛盾的今天，美丽乡村已是人们寻求"诗意的栖居"的理想之地、健康养生的归宿之所。乡村旅游的核心是原汁原味的乡村文化，以农村自然环境、农业生产活动、农民生活方式为旅游的吸引物，不光具有旅游、观光、休闲、养生等多重功能，还具有传统"耕读文化""天人合一"的哲学意蕴，结合传统民居如福建土楼、广东碉楼等乡村物质文化遗产，以及剪纸、演艺等非物质文化遗产，共同组成了极具美学价值和灵性的乡间大美图画。英国有一项调查显示，约 25％的人每年多次或经常访问乡村，约 50％的人偶尔访问乡村，84％的人每年进行一次以上乡村游，英国有一句妇孺皆知的箴言："英国就是乡村，乡村就是英国"。逆城市化已经成为世界潮流，德国有 40％多的人口工作在城市，居住在乡村。有关研究显示，2007—2016 年，中国已有 84 座城市人口连年减少，成为"收缩城市"。大力发展以观光、体验、休闲、养生、养老为特色的乡村旅游，可以使农业生产方式更加吸引人，农村生活环境更加陶冶人，在乡村旅游发展过程中，农民通过餐饮、民宿、民俗产品加工、手工艺品生产和相关的旅游服务增收致富。我国农民收入一般来自四个方面，转移性收入、财产性收入、工资性收入和经营性收入，而乡村旅游的开发可以让农民同时增加四个方面的收入。未来几年，无人驾驶汽车一旦推向市场，乡村旅游更会呈井喷状态。

乡村振兴首要在于产业兴旺，而产业兴旺不仅仅是一产的兴旺，更需要繁荣发达的二三产业。发展农村二三产业，推进一二三产融合，是为农民开辟第三就业增收空间的不二选择。

（本文原载于《中国发展观察》2018 年第 8 期）

走进农业大数据

人们刚刚适应数字化生存不过几年时间，科学界又传来利用数字可以"传真"生命的技术，即把一台数字序列收集器送入其他星球，可获取任何生命形态或近生命形态的遗传代码，然后将遗传代码传给地球上的数字转换器，即可打印出外星生命体。同理，将人类基因代码写入细菌送入外星，再将基因数据重新组装，地球人即可殖民外星。这种数字转换器在2013年中国发生H7N9禽流感病毒时美国SGI公司即纯凭数字序列就将病毒的DNA合成出来。由此观之，大数据不仅关乎人类生存，更关乎人类的发展，乃至人类的繁衍和殖民外星。

大数据农业就是把各类农业数据进行采集、汇总、存储和关联分析，从中整合新要素、发掘新资源、发现新知识、创造新价值、培育新动能的一种农业新技术和新业态。这是一场发生在农业领域里的技术革命和产业革命，同时也是一场要素革命——新知识新技术代替资本成为经济发展的主导，从而改变了资本主导的传统要素格局；一场资源配置革命——大数据本身就是新资源，它同时又以精准量化、动态优化的方式重构各类资源的配置。大数据农业已经在发达国家大量应用，我国目前刚刚起步，2017年初，农业部办公厅发布数字农业建设试点的通知应是官方启动的信号。虽然此前全国不少地方也在探索试验，但多属零星分散的小打小闹。一国之大数据农业建设需要有系统性、整体性的顶层设计。眼下应重点从以下诸方面下功夫：

一是强化大数据意识。大数据亲精英、大数据亲城市、大数据亲高新技术产业、大数据亲富人，对于互联网普及率只有百分之三十多的我国广大农村、农业、农民，大数据还像天外来客，他们很少有人知道它是一种价值堪比石油、黄金的新资源，而且是一种潜力不可估量的战略性资源，他们更看不到数据流会引起信息流、人才流、资金流、物资流等可在瞬间加快流速，加大流量，从而颠覆性地改变传统生产方式和经济运行机制，使生产要素以全新的配置方式实现集约化整合、协作化开发、高效化利用、网络化共享。他们更不懂得，大数据资源占有、大数据计算能力、大数据思维方式将是未来一个地方或一个企业最重要的核心竞争力，是全球经济价值链的最高端。因此，在"三农"领域普及大数据农业知识，强化大数据农业意识是当务之急。

二是采集大数据资源。农业大数据较之其他行业更具来源分散、数量巨大、格式多样、类型复杂、结构无序的特点。它需要直接面对 2.3 亿个承包农户和不断涌现的新型经营主体，直接面对正在实施的所有权、承包权、经营权的三权分离，更不要说随时都可能发生的旱涝灾害、病虫疫情、风霜冰雹等各种自然灾害，数据采集之难无法预测。因此，应有国家统一组织、层层建立机构专司此项工作，在做好采集的同时，抓好汇总和储存，并对数据进行价值提纯，集中力量，打牢基础。

三是开发大数据资产。目前，全国自称大数据企业的达 400 多家，农业方面寥寥无几。如何把那些像深埋地下的矿藏一样的数据资源变成资产，是一门新兴学问。同时变成资产后又会带来产权归属问题和产权保护问题，以及资产的定价问题，这些都需要组织专门人才进行及早研究。中国标准化研究院、清华大学、德勤华永等五家联合建立的贵阳大数据资产评估实验室已建立，农业领域可与之开展专业合作。

四是构建大数据思维。大数据是一种智力资源和知识服务能力。大数据思维是一种全新的思维方式，它考验的不仅仅是计算能力、计算方法，它更多的是运用十大原理综合分析，让数字发出声音。大数据思维的核心体现是大数据分析处理能力、知识发现能力和科学决策能力。人类社会的能力建设，正朝着三个层面迈进，一是基础能力，二是品质能力，三是思维能力。基础能力是人人必备的，品质能力是金字塔的塔尖，思维能力则是人与人拉开差距的关键，未来社会将属于掌握大数据思维的人或企业。

五是推广大数据应用。农业部办公厅试点通知中列举的大田种植、设施园艺、家禽养殖、水产养殖四类项目已基本涵盖农业领域的方方面面，应在试点的基础上成熟一个推广一个，让成果早日普及。

六是保障大数据安全。在大数据农业推广应用中必然出现数据的开放共享与资产权属及涉密保护的矛盾，构建适应发展的法规体系应提上议事日程，同时要加强防攻击、防盗取、防泄露的技术能力建设和预警监控及应急处置能力建设。

在我们头顶的天空中，到处飘飞着各行各业发布的密密麻麻的数字，它们互不干扰，各行其道，随时呼应需求者的召唤，农业应早日加入这场数字聚会的狂欢。

（本文原载于《中国发展观察》2017 年第 22 期）

关注农业的地理群落

农业的地理群落即农业物种经过漫长的时光磨洗，在垂直结构的演进过程中，形成的水平结构的空间稳定状态。所谓垂直结构的演进过程，即由于自然因素或人类活动以及物种繁衍进化等原因，造成群落优胜劣汰的进化过程。所谓水平结构的空间稳定状态，即已经在地理空间上形成稳定的物种群落生态。在这个群落中，物种对所处环境有着高度的适应性，同时其量度、密度、盖度、精度、稳度、质度等大都高于其他。

五千年薪火相传，中华民族是世界上唯一没有中断农业文明的国家。世代积累的实践，世代积累的探索，世代积累的经验，折射在农业地理群落上就是农业文明的汇聚。"橘生淮南则为橘，生于淮北则为枳"，这不知是经历了多少代多少人的摸索总结。应该说，一个农业地理群落从生成到延续至今，都是世代农民智慧的叠加。从东北的玉米大豆到黄淮海平原的小麦再到江南的水稻；从一省一市数百年形成的规模特色，到一县一乡固有的地理标志产品，再到一村一户世代传承的个性种养，在960多万平方公里的土地上，大小群落交织错杂，构成一幅中国农业生态多样性的七彩图。

但是随着多年人定胜天、改造自然错误观念的指导，随着工业化城镇化的飞速发展，随着片面追求经济效益思潮的泛滥，农业地理群落正像人们居住的自然村落一样快速消亡，联合国粮食及农业组织称地球上农业物种有75％已经灭绝。物种的灭绝，无疑是地理群落消亡带来的恶果。

一面对于世代生成的农业地理群落这笔宝贵遗产视而不见，一面却又以军事化的思维打造新的物种群落，不经科学论证，对那里的光热水土、传统习俗、市场需求等不甚了解，为赶时髦、造政绩、抢投资，动辄大造诸如数万亩葡萄群落、百里猕猴桃长廊、百万山羊群落、百万亩蔬菜群落。仅以蔬菜为例，中国已经是世界蔬菜第一生产大国和消费大国，人均日消费达900多克。美国人均日消费仅300多克，我们已经是他们的3倍了，还在盲目上马，只能是劳民伤财。某省原有茶园68万亩，近几年一下子猛增到680万亩，那里农民没有种茶的习惯，很多茶园里草比茶茂。这些脱离实际造出来的群落，时日不长，只能注定"群体衰落"。

　　农业地理群落演替是自然规律的遵循，人为地强力干预，必须建立在充分论证、科学把握的基础之上，否则就会陷入"王夫之定律"。王夫之在《读〈通鉴〉论》中发感慨："若农，则无不志于得粟者矣，其窳者，既劝之而固不加勤；而劝之也，还以伤农。"农民最知道该种什么不该种什么，那些州县父母官只凭自己喜好奔走劝农，实际上是添乱、扰民，给正常农业生产带来干扰，父母官积极性越高，干扰就越大，带来的伤害就越深。

　　保护性开发、规范性发展农业的地理群落应提上重要议事日程。一是全面普查。在全国范围内广泛开展一次省市县乡农业物种地理群落普查，不同层面设定不同规模标准作为普查对象，据此建立数据库。二是加强保护。对上千数百年形成的重要农产品和特色农产品地理群落制定分级保护制度，并建立生产保护区，这也是2017年中央1号文件关于"三区三园"建设的重要内容。三是深度开发。对于较大规模的地理群落，应借助农业生产活动的地理集聚特性，打破行政区划界限，实现纵向的专业化分工，以优化生产体系、产业体系和经营体系。同时利用地理群落知识信息的外溢性、基础设施的共享性、产业链之间的联系性，广泛开展横向的经济协作，促进区域市场的一体化，扩大有效制度的覆盖面。四是规范新建。互联网、大数据、云计算闯入人类的生产生活，使物种的迁移变得十分便利，农业地理群落的脆弱性更加突显。新生成的群落不光要做好生产方面的可行性科学论证，使之能服水土，更应做好需求方面的市场预测，不然，一窝蜂上马之后也会一窝蜂下马。一个农业地理群落的形成原因是复杂的，没有消费需求，它可能就是灾难，鲤鱼在美国的泛滥、螃蟹在欧洲的泛滥都是明证。

从经济视角看，农业地理群落是规模经济、范围经济。从文化视角看，一个群落就是一个文化生态系统，中国的稻文化、麦文化、茶文化、蚕桑文化等都是群落的整体升华。从生态视角看，它又是物种繁衍的群居方式。从社会视角看，它名震一方，具有很强的空间外部溢出效应。农业地理群落保护开发和规范发展，当是农业供给侧结构性改革的重要抓手。

（本文原载于《中国发展观察》2017 年第 21 期）

打造"民宿经济"

　　"民宿"是农民打工的伴生物，"民宿经济"是乡村旅游的伴生物。民宿作为乡村非标准住宿的新型业态，已经随着乡村旅游业爆发式激增，迅速从幕后走向前台，成为乡村经济的新产业。2.8亿农民工为乡村留下了几千万套闲置房屋。收入水平的提高，生活方式的改变，休闲时间的增多，交通通信的发达，城市病的加剧，市民家庭机动化水平的提高以及盛世乡愁的呼唤，在这七大推手的作用下，乡村旅游呈"井喷"式发展，有专家预测到2020年可达五六十亿人次。民宿经济正顺应这一大潮扑面而来。

　　据有关媒体报道，目前全国已形成徽文化圈民宿群、客家文化圈民宿群、滇西北民宿群、川藏线民宿群、湘黔桂民宿群、海南岛民宿群、浙南闽北民宿群、京津毗连区民宿群、珠三角毗连区民宿群、长三角毗连区民宿群、浙闽粤海岸民宿带等11个民宿群带。一些知名民宿连锁品牌如花间堂、宛若故里、幸福时光等民宿管理公司正在布局重兵、开疆拓土、攻城略地。如家酒店集团旗下的"云上四季民宿"等一些实力派公司，正在利用人工智能等现代化先进技术，深入探索民宿系统管理模式，提升科学化管理能力和现代化服务水平。"云上四季"雄心勃勃，拟重点在滇、苏、浙、沪、琼、闽、桂等省区展开布局。

　　民宿经济作为乡村经济发展中的一种新产业、新业态，被消费者称为"宿在民居、乐在乡间、游在山水，具有自然味、乡土味、人情味"，是"有温度的住宿、有灵魂的生活、有情感的体验"。民宿经济已成为农业供给侧结构性改革的重要一极，其价值和意义不可低估。一是激活了空置农舍。把农民工留在乡村的房子改建成给城里老板住的别墅,把农民自己使用的生活资料、生产资料转化为经营性资产,产权回报直接、投资少、风险小、效益高。二是激活了自然风光。一棵古树、一块残碑、一座断桥、一条溪流、一处老宅都有说不尽的故事。把资源变资产、把资产变资本、把资本变资金,可立马实现。三是激活了闲散劳力和闲散时间。衣食无忧使农村一部分青年未富先懒、饱食终日、无所事事,放弃了追求更高生活水平的奋斗,自甘沉沦。新的就业机会让他们幸福地参与,快乐地投入,自觉地投身其中。更有价值的是"386199部队"的留守成员都能派上用场,都有用武之地,本来无事可为的劳动力变成了可提供多种服务的高质高价劳动力,"一个月过年、三个月种田、八个月空闲"生活中的剩余时光大都变成了挣钱的黄金时间。四是激活了农家餐饮。家家户户世代传承几千年自给自足中研发出的独特味道,是外地人的最爱,过去是自享,今天可与人分享。五是激活了历史遗存。许多物质、非物质文化遗产正濒临灭绝,民宿的开发,消费者不光是吃住的需求,更需要精神文化的享受,一些传统技艺、乡土文化、民风民俗都得以恢复活化。"传统与传承,发源与发扬"在这里融为一体,生生不息。六是激活了乡村的精气神。改造环境是民宿经济的基础,各种现代元素被引入,乡村活力焕发,生机重现,同时聚集了人气,稳定了乡村的保有量。从2001年到2010年,中国的村庄从360万个骤降到270万个。人们要吃饭就要有农业,有农业就要有农村,工业化城市化再发达的国家都需要拥有一定的村庄保有量,尤其中国。民宿开发,使"乡村让人们更向往"。

由于民宿经济突如其来,各项准备严重不足,加上布局零星分散的客观条件,这项产业尚处于初级阶段。从总体上看,各地法律界定不统一,监管制度不完善,食宿标准、卫生条件、消防措施等硬件设施跟不上的现象比较突出,现代化、专业化、国际化的理念尚未形成。规模化、特色化、品牌化的经营远远滞后。尤其一些地方的民宿改造求洋求新,殊不知,消费者的需求是"外面五千年,内里五星级",而有些改造正好反过来,"外面五星级,内里五千年"。特别要引起高度关注的是民宿的开发必须让农民成为最大受益者，地方政府应随时引导开发商剥离资本的不当诉求，把民宿开发的利益走向与资本的逐利流向控制在均衡合理的区间，以规范民宿经济向着有序、稳健、可持续的方向发展。

（本文原载于《中国发展观察》2017 年第 15 期）

亟待开发的农业共享经济

　　农民自发购置的 50 多万台收割机和数十万台拖拉机每年按季节有序南下北上、东进西出，悄无声息地解决了我国农作物机械化收割和机械化翻地问题。这种肇始于十多年前的农机共享现象应该是开了我国大规模共享经济的先河。

　　共享经济的概念是 1978 年美国两位教授首先提出的，近几年开始成为热点，尤其 2016 年中国摩拜单车问世，把共享经济推向高潮。有关研究称，2016 年中国共享经济市场规模已达近 4 万亿，用户规模比 2015 年增长 7 倍，已经形成共享交通（网约车）、共享单车、共享房屋、共享餐饮、共享金融、共享充电宝等诸多热门领域。共享经济就是指以获得一定报酬为主要目的，把社会闲置的物品使用权暂时转租，实现动态及时、精准高效的供需对接的一种资源整合经济模式。它体现的是人们公平分享社会资源，以各自不同的方式付出或受益，共同获得经济红利，既实现了资源利用最大化，节约了成本，提高了效率，又带来生活的便捷。其实这种共享现象古已有之，邻里朋友之间租借东西就是一种资源共享，宋代已经出现了大量车、船、轿、畜等交通工具的共享现象，只不过在传统社会受空间、关系及信息传递等方面限制，无法形成规模化的集群。互联网为共享经济搭建了平台，共享开始由无偿分享、信息分享、亲朋邻里分享走向有偿分享、实物分享、社会共同分享。这种最热门的新兴商业模式，带来的是没有一间客房也可开酒店，没有一辆汽车也可以开出租车公司，没有一件商品也可以开商场。我们正在走进一个"无边界社会"，很多事物的边界越来越模糊，个人财产的私有属性越来越弱化，共有共享正在全方位渗入生活。

中国有 2.3 亿个承包土地农户，就经营主体而言是美国的 100 倍（美国 230 万户）、英国的 1 000 倍（英国 23 万户）。这个如此庞大的经营主体，如果让平均不足十亩地的每个农户都要购置全套农业生产工具，其浪费程度可想而知。它不光造成购买产品的浪费，同时也造成使用产品的浪费。因为今天的中国农民已经由过去祖祖辈辈终日在田里劳作，变成一年 12 个月的时间分配为"一个月过年、三个月种田、八个月空闲"，人空闲，农机具当然更是空闲。借助"零边际成本"的互联网平台，对农户的生产和消费需求汇集综合，如农用机具、客栈民宿、产品物流、土地劳力、乡村旅游等，可以让资源持有者和需求者的信息对接、动态分享，从而激活农村现有生产生活资料的利用率，延长产业链，提升价值链，拓展增收链，实现规模化效益。我国农业领域的共享经济虽然起步较早，但发展主要局限于耕地和收割两个方面，如农产品的烘干设备共享是农民非常急需的一项服务，发达地区农产品早就实现了一粒都不要晾晒，全部做到收下来立即烘干入仓；再如无人机植保的共享、农产品仓储、加工、保鲜、物流等方面的共享都亟待开发。共享农业贯穿于整个农业产业链全过程，将成为推进农业农村发展的新动能，农业供给侧结构性改革的新引擎。发展共享农业是当务之急。

当前，如何把分散零碎的消费需求信息集聚起来，形成规模，实现与供给方精准匹配对接，是发展共享农业的关键。首先要在硬件建设上抓好互联网在乡村的普及覆盖，尤其要做好农民手机终端的开发使用。有关研究称，我国目前城镇互联网普及率为 69.1%，农村仅为 33.1%，网络时代"无网而不胜"，尤其人工智能化崛起，哪里没有网络连通，哪里将被孤悬世外。其次，按照共享经济的规律建立一整套制度。政府首先要转变传统的管理农业的思想观念和思维方式，摒弃阻碍共享农业发展的过时的政策法规，在规避风险的同时，大胆引入有经验有实力的企业搭建平台，并在一定程度上允许试错。再者，强化宣传营造舆论氛围。早已形成成熟市场的大农机共享，是摩拜单车的前辈，但至今没有多少人知道。共享农业需要社会的支持，需要舆论的引领，也需要理论的指导，更需要有胆识的资本参与。

共享经济在中国的热度急剧上升，作为一种商业运作模式，并不意味着任何东西都可以拿出来让社会共享。有研究表明，应从使用频率和价值高低两个维度来寻找合适的对象，一般是价值高而使用频率相对低的物品最容易成为共享对象，如客栈民宿、大型农机具；价值高、使用频率高的物品不宜成为共享对象，如自住房；价值低、使用频率高的最不宜成为共享对象，如家用小电器；价值低、使用频率低的较宜成为共享对象，如雨伞、篮球。农业领域的共享资源十分丰富，但选准对象是关键。

（本文原载于《中国发展观察》2017 年第 14 期）

盘活"僵尸资产"是农村集体产权制度改革的当务之急

2017 年的中央 1 号文件强调，要"从实际出发探索发展集体经济的有效途径"。目前，我国农村集体产权经营格局呈现两头小中间大的"纺锤形"结构，所谓"两头小"指资产多、经营好的村集体较少，无资产、无经营的村集体也较少，而"中间大"则指有资产无经营的村集体居多。在城市，国有经济有"僵尸企业"；在农村，集体经济有"僵尸资产"。如何在清产核资、量化股权、确股到人、分配到户的基础上，通过资产重组、优化配置等方式，把"僵尸资产"盘活，转变为可以产生效益的经营性资产，是实现农村集体产权制度改革、城乡要素平等交换、农村社会和谐稳定面临的新任务。

农村集体资产可分为三类：一是资源性资产，二是公益性资产，三是经营性资产。产权制度改革的重点是经营性资产。经营性资产就分布看，占比不高，且 80% 都集中在东部沿海地区。全国行政村共计 58 万多个，而无经营性收入的有 34 万多个，收入达到 10 万～50 万的 8 万个，收入达到 50 万以上的只有 3 万个。一般认为，那些没有经营性收入的村主要是没有经营性资产，但这是一个认识误区。现实情况是，可以直接用以经营的资产可能有限，但部分资源性资产和公益性资产是可以转化为经营性资产的。例如，经过多年实施撤并村、撤并校、撤并卫生所等做法，使得行政村、学校、卫生所及村庄道路等公益性资产大量闲置。据统计，我国行政村最多时达 70 多万个，而现在仅有 58 万个，中间相差十多万个村，这些村的村部、场地及设施等集体资产大多闲置；撤并前学校最多时有 60 多万个，而现在只有 20 多万个，即 30 多万个学校资产闲置；撤并村庄之后，相应也撤并了 10 多万个卫生所，这些卫生所同样存在资产闲置；随着新的居民点形成，村庄格局不断变化，很多道路废弃，道路资产闲置。另外，中国 960 多万平方公里的国土面积，折合为 144 亿亩土地，其中 46% 都属于集体性资产，去掉 2.3 亿农户的承包耕地、林地和宅基地，剩下的荒山、荒地、荒滩、荒坡、荒水等资源性资产，有许多可以被开发利用，但尚未被开发利用，形成经营性资产。因此，农村集体产权制度改革的当务之急是在摸清家底的基础上，盘活大量存在的"僵尸资产"，实现资源性资产、公益性资产、经营性资产合力有效地开发。只有把这一工作做到位，才能解决集体经济"人人有份，人人又无份；人人有责，人人不负责"的尴尬，从而让数万亿的集体资产不再晒太阳，白白浪费流失甚至消亡。目前，学界大多关注的是如何解决未来产权流转问题，这固然重要，但就如当年推行家庭承包经营一样，得先把土地承包问题解决后，再做土地流转的文章。当前如何把 30 多万个村的集体资产产权在落实到户到人的基础上，盘活经营，才是主要矛盾、首要问题和关键所在。

推进农村集体产权制度改革任重而道远，落实困难的因素主要有三：一是村干部层面，呈现不愿干、不想干、不敢干的现象。首先，村干部掌握着集体资产经营的支配权，一些村干部没有经过一系列的公开程序，就以低廉的价格将村里的闲置资产承包给自己的亲朋好友，从中谋取私利。一旦改革，产权分化、经营公开，村干部就无法再私自支配集体资产，因此一些基层干部对推进改革心存抵触。其次，上面千条线，下面一根针，村一级干部日常本就承担着繁重的各项任务，而构建"归属清晰、权责明确、保护严格、流转顺畅"的农村集体经济组织产权制度是一项非常复杂又系统的工作，涉及集体组织内部多方利益的重新调整，耗时费力且不显政绩，导致一些村干部怕麻烦、不想干。最后，由于一些村级领导班子权威不强，改制后集体经济组织成员普遍对股份分红期望过高，甚至出现村与村、乡与乡之间互相攀比，这对基层干部造成了较大压力，影响干部树立威信和日常工作的开展。权威小、工作难、成效低等多方面因素致使村干部对改革产生畏难情绪。二是群众层面，群众对集体不够关心、对村干部不够信任、对集体产权认识模糊，使得农民对集体产权改革不够关心。国家为保障农民生活水平出台多项保护政策，从国家层面直接维护农民利益，使得农民对村集体的依靠程度降低，村集体组织的凝聚力、吸引力、号召力也随之减弱。另外存在一个工作难点就是在场与不在场之间的矛盾，精英外出打工，留在乡下的大多是老弱病残妇幼。农村具备议事能力以及经营才能的人极度匮乏。三是具体操作层面，存在两个核心问题，一方面是认定社区成员权和集体经济组织的成员权，认定成员资格，固化股权配置，稳定分配关系。这个问题在城市郊区最为突出，外来打工人口比当地户籍人口还要多，且外来人口世代长居此地，但他们只是社区成员而并非集体经济组织成员。因此就产生了人在权不在、权在人不在、人在权半在、权在人半在的复杂情况。目前，农村集体经济组织成员身份的认定多数依靠乡村自我管理，受当地乡规民约、传统观念和历史习惯等因素影响较大。在具体实践中，针对成员贡献、参军、获刑、上学等情况都需制定产权量化标准，各种复杂情况使得集体资产如何确股量化，到户到人并兼顾公平有效需要在制度层面予以深入研究。不然，会导致乡村社会高度分化，那些只有社区成员权而享受不到集体经济红利的群体被长期边缘化将心生怨恨。另一方面是盘活经营问题，全体集体经济组织成员直接组建公司，不合《公司法》2 到 50 人的要求，同时，村集体经济组织直接经营易出腐败，也没打破"大锅饭"格局。

推进农村集体产权制度改革，针对目前存在的现实问题，应从以下几个方面着手解决：一是作为政治硬任务交由县乡村三级干部根据各地实际情况探索路子，并发动群众、社会精英、农村精英等群体积极参与。二是精准制定集体产权制度改革的路线图和时间表，精准计划、阶段推进。如流于一般号召，则改革任务很难如期完成。三是全面清理，同时推进。集体资产不仅应包括现有行政村层面，还应包括撤并前的老村及村民组集体资产，应将三个层面集体资产一并清查核准、盘活经营。四是应解决三个法律层面的问题。首先，农村集体产权制度改革是一项政策性、程序性、操作性很强的工作，需要有制度的安排和法律的授权。然而，《民法通则》《公司法》等都没有明确集体经济组织的法律地位，急需从法律的高度承认集体经济组织的法人地位，明确其组织形式、职能定位和管理办法，实现改革和立法的衔接，使得制度改革决策有据。其次，《村民委员会组织法》没有明确集体经济组织、村民委员会与党支部的关系，三者之间的关系需要进一步明晰和界定，否则会模糊集体经济组织的行使权力，而被村民委员会与党支部替代。最后，当以户为单位登记股权时，只有户主股权信息在录，一旦家庭内部成员发生矛盾，股权归属不清晰、权责分割不明确会引发家庭内部诸多纠纷，在实践过程中应尽量避免此类隐患。五是应借鉴安徽旌德县的做法，由自然村或村民组组建合作社，再以合作社名义加入村集体经济组织，这样就合理规避了《公司法》的要求。同时，村集体经济组织不直接从事经营，由其共同组建的二级子公司从事经营，使财产权与经营权分离，裁判员与运动员分离，即可有效杜绝"大锅饭"现象和经营腐败现象。

（本文原载于《中国发展观察》2017 年第 13 期）

发展健康产业应处理好十大关系

"健康中国"已成为国家放在首位的发展战略。健康中国有三层含义：一是国家发展的目标。这个目标就是人的健康和人的寿命要达到世界先进水平，健康指标很复杂，寿命很简单。1949 年的时候，我国人均寿命 45 岁，1980 年的时候 61 岁，今天已经达到 78 岁，赶上不少发达国家了，已有 6 个省超过了美国水平。二是人民的生活方式。就是要有一个健康的理念，要有维护健康的服务体系和保障体系，这就是新的生活方式。我们如今在这个方面发展很快，但是还远远赶不上发达国家，健康意识、健康知识水平很低，据有关方面调查，达到标准的只有 6.8％，差距非常大。健康理念水平需要提高，健康服务和保障体系还未完全建立，还须不断完善。三是国家发展的一种模式。首先把健康摆在首要位置，这是国家发展的一个大战略，放在最高位置，所谓首要位置就是一切都在它之下。其次就是要全方位、全过程、全周期提高服务和提供保障。

健康中国必须围绕这三个方面的内容做文章。而要围绕健康中国发展健康产业，需要处理好以下诸种关系。

一、产业与事业的关系

大健康产业，作为一种产业是市场化的，作为事业在很大程度上又具有公益性的特征，当然产业包含在事业之中。所以我们在发展这个产业的时候，一定不能像发展其他产业，只管市场化而忽视公益性，也就是说不能光顾着赚钱，因为大健康产业要遵循两个规律，一是市场规律，也就是要赚钱；二是要有益于人民的健康，有益于健康的一点都不能打折缩水。就像农民种粮食一样，它必须遵循"两性"，一是市场性，二是公益性。粮食是刚需产品，不论种粮赚钱不赚钱，农民都得种，不赚钱由政府补贴，不能因为不赚钱而放弃种粮。健康产业同样如此。

我国改革开放以来最大的变化就是发展关系的变化，所谓发展关系，就是人与人、人与物、人与自然，这三者之间的关系发生了根本性变化。人与人之间的关系由过去以阶级斗争为纲，关系紧张，转变为以人为本、和谐相处、合作共事。人与物由过去的以穷为荣，谁穷谁光荣，转变为大家都意识到贫穷不是社会主义，应该以富为荣。人与自然由过去的人定胜天、改造自然转变为意识到要与自然和谐相处，不然的话，会受到规律和自然的惩罚。

这三大关系的变化是改革开放以来最大的变化，我们跳出了发展关系的陷阱，我们千万不要掉入发展路径陷阱，片面以GDP为追求的目标、以财政收入为追求的目标、以政绩为追求的目标，都是扭曲的发展观。

今天社会上有许多不正常的现象，敬畏感缺失、羞耻感淡薄、价值观混乱、潜规则盛行，有不少人什么都不怕，法律底线都敢去突破，人如果什么都不怕，那就会什么坏事都敢做。羞耻感淡薄，有些人没有羞耻感，做了坏事不以为耻反以为荣。核心价值观在有些地方不能起到引领作用。价值观多元是对的，但是必须以核心价值观为引领。潜规则盛行，潜规则一出来，明规则就不起作用。这样一个背景下，人生的"三观"——人生观、世界观、价值观就会发生偏斜。不少人把一生浓缩成两个数，上学是为了分数，长大是为了钱数，一生就用两个数来衡量，上学时考得分数高他就牛；工作后，挣得钱多他就牛。如果我们学习数学只为了数钱，学习语文只为了识字，那么人类的文明就是个大倒退。

这样的背景下，我们发展大健康产业，一定要守住初心，守住良心，守住底线，不能乱来。时刻不忘，大健康产业是产业，更是事业，既要遵循市场规律，更要遵循健康规律，不能光为了挣钱。

二、健康与小康的关系

党中央明确提出"两个一百年"奋斗目标，第一个百年还有 4 年的时间，全面建成小康社会。我们现在还有 5 000 多万贫困人口，其中因病致贫的占比非常大，有些地方甚至高达 50%～60%，所以健康问题在全面建成小康社会中起的作用非常大，可以说没有健康就没有小康。物质生活再好，身体不健康，谈不上小康。在不少地方，现在看病贵、看病难的问题依然没有解决，特别是大病。虽然有了合作医疗，但是对于偏远地方的农村，看大病要到北京、上海这些大城市，到大城市农民需要付出"四个三"的代价，奔波三千里、挂号三礼拜、排队三小时、看病三分钟，到大医院看病给你三分钟就不错了，我们全国 280 万医生，每年的门诊量是 77 亿人次，这些医生大多分散在县乡，大医院医生一天要看的病人无法计算，特别是大医院、好医院的医生，上了班之后，连续几小时一口水都来不及喝，一直到下班，厕所都不能上，实在辛苦，这是医疗资源分配不均带来的问题。我们在这个问题上要摆正关系，全面建成小康社会，小康最重要的就是健康，要实现现代化，人的素质是第一位的，而人的素质既包括好的智力，也包括好的体力，只有二力的同时提升，才是完整的、全面的素质提升，且体力是基础性的，没有好的身体，智力也无所依托，皮之不存，毛将焉附。

三、生产与生活的关系

健康产业应该是生活型产业，应该重点考虑有利于人们的生活，不光考虑生产。就农业而言，美国是生产型农业，中国的农业是生活型农业，发展方向首先应是满足本国人民的基本生活需求。健康产业是生活型产业，健康产业的发展，主要是为了改善人们的生活质量，提高人们的健康水平，一切都应以此为出发点和落脚点。

这里就有一个怎么看待我们的一些经济行为问题，大家知道哈佛大学的教授桑德尔有一个著名的桑德尔之问，他的一本书——《金钱买不到什么》。现在世界上金钱买不到的东西越来越少了，什么都可以用金钱买，这是文明的倒退。最让他感到不可思议的是，有一次在中国某大学演讲，他提问："如果下雪了，商店里的铲雪工具是不是应该涨价？"有 89％的同学都回答："应该。"桑德尔哭笑不得："这不是乘人之危嘛。"因此，我们在这个问题上不能只用经济学的眼光审视，还要用社会学、政治学的视野把脉。

四、未病与已病的关系

美国著名医生特鲁多的墓志铭传遍世界，"有时治愈、常常帮助、总是安慰"，做医生就是处于这么一个状态，好多病，病倒之后，医生是没有多少回天之力的。"治未病"是中医的基本理念，在没病之前做好预防，用我们的医学知识向大众普及。在这个问题上，日本做得很好。日本 50 人以上的单位都配一名卫生师，随时监督指导职工在健康方面的行为状况，如腰围不能超标，超标必须在三个月内用正确的方式消减，政府通过立法管理人们的健康问题。日本全国 6 万多家药店，80％经营汉方药，自 20 世纪 60 年代用 15 年时间实现了汉方药标准化、规范化。日本在饮食以及有利于健康生活的方式方面，公益性的讲座非常多，家庭主妇、老年人经常听讲座，他们的健康水平、健康理念和健康素养都很高，我们应该很好地学习和借鉴，千方百计提升大众健康素养，普及保健知识，强化保健理念。不能等到有病之后才治，一定要在未病之时做好预防，这是我们中医的核心医道，如今不能让"墙内开花墙外香"。但需要高度关注的，在"伪健康信息"满天飞的背景下，政府、职能部门、媒体必须通力合作，注意消解不良信息引发的社会恐慌。对于"吃了这个你就死定了"，"这个＝癌症"等耸人听闻的说法，误导消费者现象必须随时做好正确引导。

五、需求与供给的关系

我们发展健康产业，不能光在供给上思考问题，一定要开发需求，有些需求是可以开发、可以引导的，比如现在有机农产品，大家都知道有机农产品对身体有好处，我们就应该开发这些产品，引导消费。

河套平原有一个叫杨兆霖的农民企业家，依托河套平原这一中国优质小麦基地，通过多年的试验，研制出一种面粉，2013年被欧盟认定为有机产品，同年被选为国宴招待面粉。我将这面粉的特点概括为"三用三不用"：一是不用地表水浇灌，他认为地表水都有污染，而是打深井用地下水灌溉。河套平原大家知道是自流灌溉，中国有三大灌区：河套、都江堰、安徽的淠史杭工程，但是黄河水那么方便他不用，而用地下水。二是不用农药化肥，豆麦轮作，以大豆根瘤菌做小麦肥料，且使用生物农药防治病虫。三是不用机械钢磨，他发明了一个石磨来磨面。机械钢磨每分钟500～800转，产生高温，使面粉的质量和品味受到影响，石磨就不存在这一问题，一分钟只转33转，磨出来的面粉质量有保证，所以他的面粉30～260元/千克，制成面条920元/千克，供不应求，即便有钱都不能保证能订到货。

现在休闲养生是一个非常值得开发的产业，好多人还没有认识到这一方面。休闲养生对健康是很有好处的。乡村旅游现在已经成为一个产业，乡村旅游是中国农民的第三次创业。第一次创业，发展乡镇企业，离土不离乡；第二次创业，进城打工，离土又离乡；第三次创业，开发乡村旅游，既不离土也不离乡，自己干自己的，为子孙后代造福。我们应该很好地在这方面做文章。因为今天有许多因素使乡村休闲旅游、养生成为大趋势。首先是收入的提高，其次是人们生活方式的改变，第三就是交通通信条件的发达，第四就是休闲时间的增多，第五是城市病的加剧，我们过去城市没有"病"的时候，大家都觉得城市好，现在城市病越来越严重，大家才知道乡村更好。第六是盛世乡愁的呼唤。乡愁一般发生在两个时间，一个是乱世，一个是盛世，我们今天是盛世乡愁，乡村旅游应该成为未来休闲、养生、保健发展的先行产业。

像微生物食品的开发，专家建议每人每天消费250克以上，我们现在全国人均才60克，开发潜力非常大。如果微生物食品按照专家建议的水平开发，那就是一个上万亿的产业。微生物食品是一个非常有前景的产业。人类有史以来的农业活动主要是在动植物上做文章，农业现代化要有三物思维的理念：植物、动物、微生物同时开发。植物是生产者，动物是消费者，而微生物是分解还原者，没有微生物的参与，农业的生态循环链条就建立不起来，石油农业的弊端就无法克服。

微生物现在已经形成六大领域，"三料二品一剂"："三料"是微生物饲料、微生物肥料、微生物能源染料；"二品"是食品和药品；"一剂"是微生物清洁剂，这六大领域的开发潜力非常大。

六、小众与大众的关系

今天的服务业已经由大众向分众、向小众、向个性化发展，所以我们今天在发展健康产业的时候，要用高精尖的技术发展高精尖的产业，但是也要注重大众化的普及。只瞄准高精尖，而忽视大众化的需求不可取。固然高端赚钱，但是服务小众，只能是解决一小部分人的问题，虽然能赚大钱，我们也不能只在那个路子上走，对于广大人民群众的需求一定要解决好，大众化的产品有些虽然不怎么赚钱，该生产还是要生产，当然这需要国家的帮助扶持。日本百年老店有十多万家，千年老店8家，有许多都是不怎么赚钱的，但世世代代坚守着做下来，因为社会需要。当然社会对他们特别尊重，他们有很高的社会地位，这要在制度层面、社会层面、文化层面予以鼓励、支持，从而形成一种社会风气。

七、中医与西医的关系

中医是始终活在我们身边的传统文化。2016年12月25日《中医药法》已经颁布。我国现在有45万中医，到2020年还要增加26万，那就差不多有70万中医师，这个队伍越来越庞大。中医在近百年来的历史上有五次废存之争，民国政府曾经下过文要废除中医。据有关方面统计，我们中医药的销售占整个医药市场三分之一的份额，特别是如今在世界上已经形成"中医热"，中医已经传播到183个国家。我们要很好地发扬这个国粹，当然对中医的概念应该理解清楚，它不光指的是汉医，我们56个民族，哪个民族有好的精华都应该继承、发扬。一句话，要处理好中医和西医的关系。

对于这一问题，有些人可能不是太清楚，特别是非医学专业的人。中医是哲学，西医是自然科学，它们不是一个学科的，所以好多方面不好进行比较。我的想法就是，西医要中国化，中医要科学化。因为中医好多哲学原理我们很难讲清楚，即便讲清楚了，听者也未必能听明白，应该用现代自然科学将其规范一下，比如国家正在做《本草纲目》的分子化，这就是科学化。

有关方面称中药在欧美已经形成 300 亿的市场，但大多是日本、韩国注册的产品，中国只占总量的 5%，中华民族的精华反倒成了别人赚钱的工具。中药的开发，中医的传播大有文章可做。尤其在西医对一些的新的疾病无能为力的背景下，中医更显出神奇之处。比如，世界抗生素研究每十年才能开发出一个新品种，而微生物抗药性只要 2 到 3 年就能生成。20 世纪 60 年代治疗疟疾的奎宁失效，最近英国报道，在缅甸西部又发现抗青蒿素的疟原虫，照这样的变异速度，人类很快就无力招架了，而中药是多种复合成分的混用，对一些单一抗生素解决不了的问题，中药往往显出奇效，这已被许多临床案例证明。

八、吃饭与吃药的关系

今天，我们已经进入"盛糖时代"，有关资料显示，中国糖尿病患者已达 1.15 亿人，糖尿病的根源至今还不太清楚，但医学界普遍认为与三个字有关，即"吃""闲""烦"。营养过剩或营养不均衡，吃的不科学是首恶。药补食疗、药食同源，这是我们中医的基本思想。它的重大实践也在这里，吃饭就等于吃药，所以在这个问题上应该很好地大做文章。从吃饭开始，防止病从口入。吃的不安全，身体就谈不上健康，特别是现在农药、化肥、除草剂、重金属等有害的东西，在农产品里面都有残留，对身体健康是有影响的，这些应该从源头上解决问题，教育农民、引导农民，不要把这些东西再大量地使用到农作物里面去。

现在的新科技正在把吃饭与吃药结合起来研究，例如用生物芯片技术，把芯片植入羊或牛身上，让它产奶。产什么样的奶，治什么样的病，喝了这个奶就不用吃药，这个技术已经成熟，如果普及的话，那就非常有价值。媒体报道，武汉大学生命科学研究所，发明了把人的基因转移到水稻上，可以提取人体血清白蛋白，每亩大约可提取 2 千克，这是一个了不起的突破，人体血清白蛋白过去只能从人血里面提取，我们每年的需求量是 110～120 吨，每年的缺口是 60～80 吨，这么大的缺口没法弄，大多是从国外进口，如果这个成功了，几万亩水稻就可以解决以上问题。就像人工胰岛素。过去胰岛素非常匮乏，只能从猪牛身上提取，一头猪、一头牛提取的胰岛素，只能够一个糖尿病人一个礼拜的用量，人工合成之后，这个问题就没问题了，要多少有多少。如果人体血清白蛋白可以从水稻中解决，那又是个了不起的大事。

九、竞争与合作的关系

人类社会从未如此强大，也从未如此脆弱；从未如此张扬个性，也从未如此互相依存。互联网的诞生使各行各业随时都会发生业界革命，快递让邮政乱了方寸，微信让邮电心惊肉跳，专车让出租汽车公司晕头转向，支付宝让银行如临大敌，电商让商场惊慌失措，慕课让传统课堂目瞪口呆。你不知道一夜醒来会有什么新生事物出现，一些企业可能一夜消亡，一些企业可能一夜崛起，小企业一夜逆袭成巨人的事屡屡发生，裂变、分化、重组、消亡、再生都会在转瞬之间发生，每个行业都随时面临业态的重构；而每个人在这个以分秒为单位的变化过程中，缺乏合作意识就寸步难行。

在物资匮乏的时代，市场的作用就是生存竞争、你死我活，今天我们进入物质丰裕时代，在市场行为里就应该遵循利益合作的规律。今天的社会分工越来越细，每个人所从事的那一件工作，在整个价值链中比例越来越小，也就是说，你离开了别人，你所从事的工作是毫无意义的，所以你必须跟上下前后左右搞好合作，大家共同得利。健康产业尤其要做到这一点，不要恶性竞争。其实我们现代社会，没有哪个时代像今天这样，大家需要相依为命、抱团取暖，不相依为命，那是非常危险的，你要被整个社会抛弃。在大中城市，一旦农民工撤出来，那座城市就会是一个死城，立即瘫痪，臭气熏天、道路堵塞、垃圾遍地、没人收拾，那些又苦又脏又累又危险，报酬又低的工作都是农民工在顶着。今天我们做任何事情都要考虑合作，合作才能水涨船高，共同得利。据《人类简史》一书考证，人类的祖先原来有六大人种，传承延续到今天的只是其中的一种叫智人，其他五个人种都先后灭绝了。就单个人而言，其他人种有的比智人聪明，但因为智人会编造团结合作的故事引领众人协作共事，他就逐渐进化成为地球生物链最高端的我们。

十、"四化"与"五化"的关系

长期以来，我们都在为实现四化而奋斗，党的十八届三中全会又加了一个"化"——绿色化，"四化"就变成了"五化"，这五化里面，农业现代化、新型工业化、城市化，这三化是载体，人类文明，不管是哪种文明，都是依附在这三大基本载体上的。信息化是手段、途径，绿色化则是价值观问题。我们发展健康产业，一定要有绿色化价值观，那就是遵循生态学的原理，按照生态规律、自然规律去做我们的事情，这才是我们应取的正确价值观，才符合中央提出的"创新、协调、绿色、开放、共享"的新发展理念。

谁把绿色发展破坏了？我们在发展过程中都有责任，包括我们每个人都是有原罪的，但是追根溯源，源头在西方，西方的"四唯论"导致今天生态环境的破坏。第一个"唯"是唯人类论。人只是自然中的一员，而不能把自己作为主宰，人和自然界的其他生态物种都是自然中的一员，少了谁都会出问题。第二个"唯"是唯科技论。觉得科技能解决一切问题，其实科技是双刃剑，比如核能可以制造原子弹，也可以发电，就看如何利用。所以不能把科技当成解决一切问题的手段。要把它用好，如果用不好，会带来危害。第三个"唯"是唯速度论，认为发展得越快越好。速度如果超过一定限度就会出现问题。第四个"唯"叫唯对立论。它的基本思想是人与自然是对立的，它没有看到人与自然可以和谐相处的一面。中华民族在 18 世纪之前，一直是人类农业文明的引领者，创造了"天时地利人和"这一放之四海而皆准的人类文明的黄金定律。而西方工业文明的哲学理念则恰恰相反，认为人是自然的主宰，人定胜天，人对自然可以肆意掠夺，地球灾难便从此开始。今天我们应合理引入西方工业文明，不可盲目，尤其涉及影响人类健康的东西，必须慎之又慎。（本文根据作者在健康中国论坛上的演讲录音整理而成）

（本文原载于《中国发展观察》2017 年第 7～8 期）

农业的新动能：四三理念

农业供给侧结构性改革是当前和今后一个时期的首要任务。推进这一改革，需要培育新的动能，而培育新动能则需要创新理念。以"四三（三产融合、三物并重、三域齐抓、三利共谋）思维"重构发展战略，凝聚发展动能当是可为之策。

一、三产融合

三产融合其实就是把与农有关的工商活动内化到乡村地域系统。最关键是要做到五大理念统领，四合结构业态和三驾马车配套，一二三产业融合才能顺利实现。三产融合是农业发展的新业态和新实践，中办、国办文件针对农业三产融合把五大新发展理念具体化，即创新强农、协同惠农、绿色协农、开放助农、共享富农，这是三产融合发展的指导总纲，是严密逻辑结构的结果，也是事物发展经验规律的总结。这个问题，中办、国办文件中已经说得很全面、很具体、很透彻，这里不再赘述。

所谓四合结构业态，即经营主体联合、产业链条组合、成效互动统合和网络平台配合，这是新业态的主要成分，旨在激活市场、激活要素、激活主体。

一是经营主体联合。就我国目前情况而言，有家庭农场、专业大户、农民合作社、社会化服务组织、龙头企业、传统小农户这六大农业经营主体，这六大主体构成了中央提出的构建新型农业经营体系。在三产融合中经营主体之间已经形成"你中有我、我中有你"的联合态势。

一方面，各农业经营主体具有的比较优势不同，即拥有的资本、技术、土地资源数量不同，资本包括物质资本、人力资本和社会资本；另一方面，农业与不同的产业融合所需要的资源的种类和数量也不相同，因此导致各农业经营主体在不同产业融合进程中所处的地位也不相同。龙头企业拥有较为丰裕的资本资源和技术资源、较少的土地资源，农民合作社拥有较少的资本和技术、较少的土地资源，普通农户则拥有最少的资本和技术以及最多的土地资源。各个农业经营主体在三产融合中发挥的作用有所不同。

目前，一种主要的联合模式是，在种养层面上还是以小农为主，但是在加工和销售的层面上，由工厂、公司和地方政府等组织来进行食品的加工，以及运输、销售等以实现规模经济。这是过去 20 年来，我国农业产业化过程中形成的"公司＋合作社＋农户"产业组织形式在产业融合进程中的延续。"公司＋农户"这种模式，是企业在种地，弊端正在显现。这种模式其实是昨天"公社＋社员"的翻版，只不过"公社＋社员"是政府与农民打交道，而"公司＋农户"是企业与农民打交道而已。中国农业必须走"农户＋农户"的路子，才是正途。合作组织是农民自己的组织，所以它更清楚农民的实际需求，并且更容易获得农民的信赖。由农民合作社自己创办该产业的上下游实体，直接与消费者进行联结，有效减少中间环节费用，并把这部分由减少费用转变来的利润合理分摊到生产者和消费者两个环节，使生产者和消费者双方都受益。比如，养殖合作社自己创办饲料加工企业和肉制品、奶制品加工企业等；经济实力较强的农民合作社在城市社区建立直销店直接销售农副产品等。后者是国际上大部分合作社通行的做法，在我国的实践中也表现出了较好的营利性，具有旺盛的生命力，是今后合作社发展的重要方向。经营主体联合的另一个趋势是，龙头企业与专业大户、家庭农场、合作社深度融合发展。农户、家庭农场、合作社以资金、技术等要素入股龙头企业，形成产权联合的利益共同体。还有就是，合作社之间的联合。农民合作社之间的融合与合作是世界的普遍规律，我国农民合作社要做大做强，也必须走向融合与合作之路，要积极促成联合社，尤其是县域联合社的发展。

二是产业链条组合。产业链条组合就是要打造四条循环链条：①粮食及副产品生产加工链条；②畜牧水产生产加工链条；③林业及林产品生产加工链条；④农作物秸秆综合利用链条。这四条链条的打造不但有利于打破传统农业只停留在种、养阶段的局限，促进农民增收，而且有利于充分利用农业自然资源，促进资源节约型、环境友好型农业的建设。例如，我国每年生产6亿吨粮食的同时会产生6亿多吨秸秆，目前基层在秸秆利用方面很头痛，为了防止农民焚烧秸秆，每年都要投入巨资，花很大力气，许多地方每逢收割季节，乡村干部一连十数日在田间日夜蹲守。如果大力发展食草的畜牧业，遵循大自然的分工，农作物的种子让人吃，根茎叶养牲畜，就不会出现牲畜和人抢粮、秸秆无处存放的困局。

　　三是城乡互动统合。二元制度使城乡之间长期隔离。三产融合使城市文明、城市的项目、资金、人才等流向农村。一些人只把乡村视为内需市场的供给者，只想着让农民掏出钱，没想到先让农民挣到钱。事实上，今天的乡村是内需市场的提供者，更是新兴产业的发展地。乡村的特色农产品加工业更是一个前景广阔的巨大产业，其开发利用远远没有满足自身的需求和社会的需求。而传统手工业，可以充分挖掘乡村流传下来的编织、剪纸等传统工艺，加以改造，在浓郁乡村文化的底色中，融入现代理念，从而形成独特的乡村手工业。乡村旅游产业也大有可为，城里人需要到乡村旅游，乡村则应时而动，提供这种需求，城乡之间顺应市场规律，一拍即合，这是乡村再造千载难逢的大好机遇。随着交通、通讯、网络的快速发展，应重新审视乡村的功能定位，抛弃乡村只能发展一产的惯性思维，大力发展三产融合为新农村建设和城镇化发展持续提供源源不断的物质基础，这也是缩小城乡差距的内生性物质基础。

　　四是网络平台配合。互联网为农村三产融合发展不仅提供了技术支撑，也带来了思维方式、思想观念的变革，更创造了穿越时空的可能和便捷，因此，利用互联网平台打造命运共同体，是推进农村三产融合发展的大逻辑。产业融合与互联网结合的一个最大的产物就是网络销售农产品以及其加工的食品。中国人喜欢吃，五千年的饮食文明造就了品种多样、花色繁多的传统主食品，每一个品类都能成长出一个世界级的大企业。康师傅方便面把顶新企业从濒于倒闭做到购买台北 101 大楼。中粮集团公司 2014 年的销售额已突破 3 000 亿元，居世界 500 强前 100 位。利用迅猛发展的互联网平台，食品电商以自己独特的采购模式，为消费者提供安全优质和放心的产品。

根据调查发现，食品电商市场在 2010 年占比仅为 0.08％，经过 5 年的发展 2014 年市场占比提升到 1.02％。消费者网购食品中有机食品占比达到 23％；奶制品达到 21％；健康食品达到 19％；进口食品达到 16％；生鲜食品仅为 12％；地方特产占比 9％。18～38 岁的年轻人群体是食品电商市场的主力消费者，该群体拥有强大的购买能力，并且对于海外采买与生鲜食品较为青睐。2015 年的一个爆款食品就是焦糖瓜子，焦糖瓜子横空出世后，"吃货们"在社交媒体中疯狂刷屏推荐，线下企业迅速跟进生产，在网络形成销售通路，取得了令人咋舌的成绩。据相关调查显示，2015 年 8 月至 10 月，虽还未到瓜子炒货的旺季市场，但焦糖及黑糖味水煮葵花籽产品，仅合肥地区的日出货均量就达到了惊人的三十余吨。从"地上"到"线上"将是一场农业领域的业态革命。中国在未来将经历从乡土中国到电子商务，从下地种田到上线种网，从熟人社会到虚拟空间的逐步转变。培养农民"打掉中介"的互联网思维是当前的重大课题，农民也会因此逐步学会既能用锄头又能敲键盘。

所谓三驾马车配套，2017 年中央 1 号文件明确提出，农业供给侧结构性调整，重点在于调优产品结构，调好生产方式，调顺产业体系。做实"三调"的关键在于配套打造好产业体系、生产体系和经营体系，建设好三区（粮食生产功能区、重要农产品生产保护区、特色农产品优势区）、三园（现代化农业产业园、科技园、创业园）和一体（田园综合体）。

一是打造包括种养加销游五大环链在内的产业体系，实现内部调优、一二三产全面融合。

（1）种植业处于农业产业链的最前端，是下游环链延伸开发的主要依托，种植业应根据现代化多元文明的多种需求着力优化结构。①适应人类生活需求优化结构。一是毫不放松粮棉油糖生产。把饭碗牢牢端在自己手上。二是协调抓好瓜果菜花。瓜果菜花属于劳动和技术密集型农产品，市场竞争优势显著。随着人们生活水平的提高，应大力发展具有营养保健观赏功能的特色瓜果菜花。②适应养殖业需求优化结构。要改变粮比草好的种植观念，加大饲料粮和饲草生产。③适应工业原料需求优化结构。抓好特种作物种植，满足工业原料需求，建立原料生产基地。④适应绿色化发展需求优化结构。实施重大生态修复工程，巩固天然林保护、退耕还林还草等成果，推进荒漠化、石漠化综合治理，保护好湿地。既要适当运用西方现代农业集约、高效、快捷的后发优势，又要充分挖掘我国传统生态农业绿色、有机、循环的先发优势，二者有机结合，才能保证农业发展的可持续。

（2）调整养殖业。调整粮猪农业，优先发展草食性畜牧业；调整种养分离，大力发展农牧结合型农业；调整养殖方式，最大化利用种植业副产品和废弃物；调整养殖视野，大力开发微生物产品。

（3）提升加工业。首先，应做好顶层设计。国家应从战略和全局的高度，把农产品加工业作为潜力巨大的战略性支柱产业和新的经济增长点摆上重要位置，列入重要议事议程。其次，着力推进产业转型升级。应坚持以转变发展方式、调整优化结构、提高质量效益为主线，大力推进初加工、精深加工、综合利用、主食加工、新业态新模式、技术装备、龙头企业、品牌战略、加工园区和主产区加工业等重点领域加快发展，引导和促进农产品加工业从规模扩张向转型升级、要素驱动向创新驱动、分散布局向产业集群转变。再次，大力实施"四品"战略。"四品"即品相、品质、品位、品牌。最后，积极落实和创设扶持政策。

（4）做强销售业。不仅销售自身的种养加产品，还要向内销售化肥、农药、种子等农资产品以及种养业所需的各种技术服务。在网上销售农资不仅可大大降低消费者成本，而且方便快捷，同时消费者还可享受到名牌农资的质量保证。利用网络提供各种农业科技服务，已经在一些地方广泛流行，应运用大数据、云计算技术，把这一服务模式向深度和广度推进。

（5）开发旅游业。旅游业是一项"无中生有"的新产业，尤其在交通通信高度发达的今天，随着人们生活方式的改变，休闲时间的增多，收入的增加，以及城市病的加剧，以别出心裁的创意开发旅游业恰逢其时。

二是打造包括种业、生产资料和技术装备在内的生产体系，提高生产能力和质量安全。

（1）夯实种业。农以种为先。世界种业作为一个产业的兴起，迄今已有将近100年的发展历史。目前全球的种子市场规模约500亿美元，而我们自己的市场就达到1 000亿元人民币左右，世界第二，仅居美国之后。根据全国农业技术推广服务中心对主要农作物种子使用情况调查，2012—2014年这三个年度全国玉米、水稻、小麦、大豆、马铃薯、棉花、油菜7种主要农作物种子市值合计分别为708亿元、784亿元和819亿元。市场大是大，但是我们的种业生产体系却十分的羸弱。少数几家大型的跨国公司垄断了全球的种业市场。前三大公司孟山都、先锋、先正达2012年种子营业额达205亿美元，占全球种子市场份额450亿的45.6%以上。据保守的估计，这3家公司控制着全世界65%的玉米种子市场和50%的大豆种子市场；孟山都一家公司就控制了全球91%的转基因种子市场。外资企业蔬菜种子经营量已控制了我国50%的蔬菜种子市场，占去了80%以上的利润。外资先玉系列、迪卡系列和正大系列的玉米品种在国内居有压倒性的优势。

我们种业企业的研发投入不到销售收入的1%，很多企业甚至都没有研发部门。长期以来，我们种业研发的核心都在科研单位，88%的品种都是出自科研院所。科研院所培养的品种多大程度上被市场所接受是很成问题的，他们的兴趣和激励主要在做基础研究、发论文和项目结题上，品种的市场接受度并非优先被考虑，强人所难，既出不了好的商业品种，也出不了好的研究成果。对于畅销的作物品种，市场和生产一线的激励反而更为重要。我们的种业起步晚，缺乏超大型的国际公司，多数为家族经营的小作坊。资金短缺，研发投资很少。科研正在起步，还没有实质效果。有鉴于此，央企最近才纷纷出手布局种业生产经营，中国化工收购先正达，中粮控股 Nidera，中信集团控股隆平高科。不过这只能是开始，在目前种业发展仍然脆弱的时候，政府政策还应该大力倾斜，对企业创新国家要加大扶持，让一些具有一定规模的种业企业能够在政府的协助下做强做大。

（2）优化肥料结构。经过 60 多年的发展，我们肥料工业已经形成了一整套完整的工业体系，对农业生产和农民增收发挥了很大的作用。目前，我们化肥产业的日子并不好过。据显示，2014 年我国化肥总产能已达到 13 167 万吨，化肥产量达到 8 011.73 万吨，而我国化肥需求量仅为 6 610 万吨，生产过剩量在 1 401.73 万吨，过剩产能近一半。不过这是故事的一方面，有专家指出，目前产能过剩停留在传统大化肥的层面，而科技含量高的高效肥料、专用肥、水溶肥却是短缺的。因此，化肥产业的重点应该是优化、调整产品结构，以提高肥料利用率为主线，发展能增加肥效的相关肥料品种，例如，微生物肥、商品有机肥、土壤调理剂等。液体肥料在很多国家已广泛应用，美国液体肥料占全部肥料的 55%，有 3 000 多家液体配肥厂，英国、澳大利亚、法国、西班牙、罗马尼亚等国也大量用液体肥，以色列田间几乎百分百用液体肥。而微生物肥料在西方发达国家已经被广为使用，而这部分我们才刚刚起步。未来，我们要把很多高科技型肥料列为重点推广项目，特别是加大对高效环保肥料的推广力度。

（3）整合农药产业。根据农业部的统计资料，中国每年要使用农药 140 多万吨，其中主要是化学农药，占世界总施用量的 1/3，中国是世界第一农药消费大国；过量的农药使用已经产生了巨大的环境危害和健康问题。我们出口的大蒜、香梨等都曾因农药残留而被大量退货。农药使用量零增长政策成功与否已经成为我们农业竞争力成败的关键。农药行业数量多、规模小，且行业的产业集中度低，缺乏真正的龙头企业，农药行业的竞争力严重不足。并购整合是今后农药行业的一条出路，应该出台政策鼓励引导。另外，严格的环保措施也是一把利器，它能有效淘汰落后产业、推进产业集约化发展和产品结构调整。应大力支持生物农药的研发、推广和应用。最后一点就是，要鼓励农药企业为农户提供覆盖整体解决方案套餐。植保知识和技能缺乏，是农民在生产中滥用农药的原因之一，农药企业不应只提供产品，更应该着力供给植保服务。在美国约有1万家公司从事植保服务工作，年销售额为70亿美元，服务对象遍及家庭、商业、农业和工业。这方面的经验值得我们借鉴。

（4）提升农机产业。2004年中央出台农业机械购置补贴政策，由最初的7 000万元逐年大幅增加至2015年的237.55亿元，这极大地刺激了农机行业的发展。2005—2014年，这十年间农机行业年均增长率保持在两位数，在机械行业名列前茅，被称为农业行业发展的"黄金十年"。2015年全国规模以上农机企业主营业务收入4 283.68亿元。国产产品基本满足国内90％的市场需求。大马力拖拉机、大型联合收割机、青饲料收获机等主要产品有了很大的进步。不过，在我们产品智能化、可靠性等方面与国外先进水平相比还存在差距，针对于此，2016年的中央1号文件提出要"加快研发高端农机装备及关键核心零部件，提升主要农作物生产全程机械化水平"。这为农机产业的发展指出了方向，未来的重点就是要逐渐解决科研与经济脱节的问题，改变国内农机中高端市场几乎被国外品牌垄断的局面。

三是打造包括经营主体土地适度规模，经营社会化服务在内的经营体系。

（1）促进土地租赁市场的发展，形成"小地主大佃农"。受传统"耕者有其田"观念的影响，许多人对租佃制还是有一些误解，一谈到租佃就色变。事实上，现代经济学发现租佃制度的存在有其经济上的合理性，否则就无法解释这种制度的持久性和普遍性。在目前我们土地如此细碎化的情况下，可以利用租赁的办法，扩大土地的经营规模，实现适度规模经济，提高农业经营效率。目前，全国经营150亩以上的家庭农场已达34万户。小农成为地主，而大农成了佃户，小地主大佃农，这是前所未有的农地经营格局。土地的流转必须保持适度，不能盲目扩大。我们人多地少，过度土地流转，势必剥夺其他人的生存和发展。土地流转不可行政干预强迫，必须尊重农民意愿。租佃关系的纠纷也必须纳入到人人平等和公正严明的法治框架下来解决。

（2）发展专业服务组织，推进农业生产的社会化服务。以往农民从种到收，所有的事情都会自己做，而现代小农引入了社会化服务，产前、产中、产后的各类服务都有专业组织来做。这种外包作业是扩大农业经营规模的重要形式，也大大提高了机械设备的使用率。而这些大型机械设备，利用率越高，平摊下来的成本越低，具有显著的规模经济效应。引入社会化服务的另外一个重要作用就是使得农业劳动变得轻型化。老人、小孩和妇女管理一亩三分地绰绰有余。还要大力推广土地托管服务。由当地一些给农业提供社会化服务的组织来帮农民种地，农民可以进城打工，托管组织只按照农民的要求搞服务，收获的粮食和农产品还是归农民所有。这是规避农业风险，充分发挥作业承担者的企业家才能，提高农业生产经营效率的好形式。

二、三物并重

人类有史以来的农业活动都是在中观世界里展开，就是植物的开发和动物的开发。随着高科技的发展，正在由中观世界向宏观世界和微观世界延伸，太空种子、太空种植、火星地球化都是农业在宏观世界的探索。微观世界的延伸就是微生物的开发，现在已经形成六大领域，三料二品一剂，即微生物饲料、微生物肥料、能源燃料、微生物食品、微生物药品、微生物清洁剂，这些都是已经成熟的技术。

微生物饲料已被广泛应用于畜、禽和水产养殖中，我们发展微生物饲料具有巨大的优势。单酒精、味精及造纸工业废液、皮革脱毛废水等，估计每年总产量达 2 245 万吨以上，如加以利用能年产饲料酵母 10 万吨以上。我们的农作物秸秆产量就达 6 亿～9 亿吨，如果通过微生物的处理，则可大大提高动物的消化利用率。如果每年将 3 亿吨农作物秸秆经微生物发酵处理作饲料，就等于增加了 8 100 万吨燕麦，这几乎相当于目前我国每年所用的全部饲料粮。而我国的包括农作物秸秆在内的纤维素资源高达 50 亿吨左右。但我国微生物饲料产业起步较晚，跟国际先进水平比还存在很大的差距。这需要从政策层面加大对微生物饲料生产技术研发的扶持，对民营企业自主自行的技术研发进行资金补贴和社会激励表彰，加速形成一批在新技术研发上具有国际竞争力的微生物饲料厂商，抢占微生物饲料工业生产的制高点。

微生物农药是当前农作物病虫害防治中具有广阔发展前景的一种农药。从近10年国际上的发展情况来看，市场份额由2000年的0.2%增长到2009年的3.7%，2010年全球生物农药的产值超过20亿美元，市场占有率达到4%左右。我国微生物农药工厂比较大的已发展到60多家，各类县级小型发酵厂近千家，并有日益扩大的趋势。目前，我国应出台更多优惠政策，把微生物农药的研发、推广列入农村科技发展规划。同时，严禁农药残留超标的农副产品进入市场，间接鼓励农业生产者使用绿色、无公害的微生物农药。

微生物肥料作为生态肥料的一种，已成为解决石油农业弊端、发展绿色农业不可或缺的产品。最优质的土壤标准是，每亩16万条蚯蚓、300千克细菌、5%～12%的有机质含量，要达到这一标准，只有施用微生物肥料的土地才能实现。当前我们微生物肥料累计应用面积超2亿亩。美国等西方国家的微生物肥料用量已占肥料总用量近50%，而我国微生物肥料使用量只占到化肥使用量的10%，有专家预计我国微生物肥料的市场容量将达到1400万吨，发展空间和前景广阔。我国微生物肥料产业存在的主要问题是产品质量及应用效果不稳定，生产成本畸高，缺少领军企业和标杆产品以及微生物肥料推广严重不足等问题。国家要加大政策的支持和引导，同时加大宣传引导力度，提高农民使用有机肥料的意识，另外也要强化技术创新与产业整合发展。

微生物食品开发潜力巨大。春秋战国时期，中国人已懂得制作酱和食醋。北魏时代的《齐民要术》中记载有利用微生物制作食品的方法。只是华夏先民当时并不知道这其实是微生物在"作祟"。微生物把糖变成了酒，又把酒变成了糖，在长达数百年的历史过程，我们逐渐形成各种风格的白酒酿造技艺，催生了目前年产值超过5000多亿元的制酒行业。

乳酸菌食品也是一个重要的微生物食品。目前，全球乳酸菌市场已经达到 200 亿美元规模，其中乳酸菌食品占 85％的份额。中国乳酸菌产业产值约 200 亿元人民币。并且还在以每年 22％～25％的速度增长，远远高于整个食品工业 10％的增速。另外，我们吃的蘑菇、木耳也都是微生物食品，营养学家建议，每个人每天应吃 250 克以上的微生物食品，现在是每人消费平均 60 克，如果是药用的食用菌，价值更高，2015 年仅灵芝出口就达 20 亿元，食用菌产业开发前景非常广阔，完全可以形成一个万亿级产业。微生物的食品开发现在主要的问题是还没有引起全社会的足够重视，觉得微生物看不见、摸不着，价值不怎么样。这需要加强舆论的引导和宣传，让生产者意识到存在着的巨大产业利润，让消费者认识到微生物食品消费的安全性和健康性，形成理性的消费预期。同时，也让各级政策制定者了解到微生物食品产业的总体经济价值和社会价值，促成各级政府出台各项优惠政策，引导产业的良序发展。

人类认识微生物的历史源远流长，但有目的地从微生物次级代谢产物中发现新药的历史，至今不到 70 年。近年来，由于耐药菌的大量出现以及微生物药学技术的突破，全球都在加大投入开展新型微生物药物的研发中。微生物药物作为现代药物的重要组成部分，目前已有 100 多个品种，全球市值超过 300 亿美元，约占药物市场份额的 20％以上。微生物的药用研究，特别是肠道微生物的药用研究，目前更是呈现出一派火热的态势。"广州可以捐屎了，每次赚 200 元。"广州市第一人民医院一纸"捐屎"志愿者征集公告，再度引发业内外对粪菌移植和肠道微生物的药用研究热议。粪便治病并不是简单地"吃"，而是指把健康人体的粪便制成合适的制剂递送到患者的肠道，以修复或者重建患者肠道的菌群，治疗病原体感染、代谢等疾病。其实，早在公元 300—400 年间，东晋的葛洪在《肘后备急方》中就有"野葛芋毒、山中毒菌欲死者：并饮粪汁一升，即活"的记录，这也是目前已知的用粪便治疗人类疾病的最早记录。据中华粪菌库官网显示，2013 年，粪菌移植被列入美国医学指南，并入选 2013 年美国时代杂志"世界十大医学突破"。2015 年美国一家新的生物公司投资 4 400 万美元研究肠胃道菌群释放的分子以便开发为新的药物，我国肠道微生物检测公司量化健康 2015 年就完成 2 000 万元的风险融资。微生物药物研发的火热程度可见一斑。我国微生物制药尽管发展迅速，但是核心技术薄弱，少有企业建立合理规范的专利战略体系。微生物制药尖端领域的企业少，小企业众多，缺乏市场竞争力。相关体制机制不完善，在新药注册审批、投融资、产品评价及定价、市场准入等方面没有形成科学体系，难以满足微生物制药大规模产业化。当务之急应改革监管制度和审批流程，建立严谨严格、覆盖全生产过程的监测系统，严厉打击违法的仿制药厂。

微生物清洁剂是黑臭水体治理、城市污水处理效能提升以及污染土壤生物修复的主力军，农药、除草剂、重金属等化学污染品主要是通过土壤微生物菌群降解和转化作用得到消除或者被钝化。自 20 世纪七八十年代开始，发达国家在环保微生物菌剂领域投入了大量人力、物力，获得了巨大的经济、环境和社会效益，进入国内也有七八年时间，在石化、造纸、食品、制药等领域取得了良好成效。目前我们国内市场的环保用菌剂多为进口产品，如丹麦生物技术公司诺维信和日本 EM 研究机构的菌剂，进口菌剂种类多、针对性强、效果好，但价格较高。国家《土壤污染防治行动计划》规定，到 2020 年，受污染耕地安全利用率达到 90％左右，污染地块安全利用率达到 90％以上，实现上述目标，农业生产中广泛应用微生物清洁剂是其中的关键所在。目前，国内许多微生物清洁剂企业的产品多为仿制品，针对性不强；科研院校的基础研究比较深入，但是产品转化率却非常低，科研和产业严重脱节，有竞争力的企业不多。而随意、大量使用进口微生物清洁剂，会引进外来微生物，从而打破我国原有的生态平衡，产生环境生态风险。解决这一问题需要：一是出台政策鼓励和支持新一代环境微生物技术的研发，提升我国微生物清洁的前沿技术。二是加强应用基础研究与成果转化的协同发展，搭建研究机构与环保企业的沟通平台，畅通成果转移转化的渠道。三是规范进口微生物清洁剂的安全使用管理。

在自然生态系统中，植物是生产者，动物是消费者，微生物是分解还原者。要建设生态循环农业，缺了微生物，循环链条就无法建立。现在我们的生存环境越来越恶化，不把微生物开发起来，人类的生存环境将每况愈下。中国农业的未来甚至世界农业的未来，前景都在微生物开发，效益也在微生物的开发，应强力引导社会形成一个共识：改善生存环境，提高生活质量，当从微生物开始。

三、三域齐抓

所谓三域，即陆域、水域、空域。陆地开发利用潜力有限，一是"人增地减"的矛盾加剧。我们近 10 年来增加人口约 7 845 万，可耕地面积却在以较快的速度减少。我们 20 亿亩耕地占世界耕地面积的不足 1/10，但要养活占世界 1/5 的人口。我们人均耕地只是美国的 1/13，加拿大的 1/18，连同是人口大国的印度人均土地都是我们的 1.2 倍。

二是缺水干旱的情况日益严重。水危机已经成为世界性难题，世行专家预测，"未来五年水将像石油一样在世界运转"。地球表面水体面积占 70% 左右，但只有 2.5% 的水是淡水，97.5% 的水是咸水，这么一点点淡水资源却有 70% 都冻结在南北两极，可供人类直接使用的淡水只占地球水体的 0.007%，其余都埋在地下土壤和深层岩石下。现在世界上有 12 亿人口面临中度到高度缺水的困境，20 亿人饮水得不到保证。中国是世界上 13 个贫水国之一，人均淡水资源只占世界平均水平的 27%，且时空分布严重不均。中国又是世界上用水量最多的国家，2014 年全国水资源公报显示，全国总用水量达到 6 095 亿立方米，大约占全球用水量的 12%。其中，农业用水占了 63.5%。据预测，到 2030 年，我国年缺水量可能会达到 4 000 亿～5 000 亿立方米。

三是陆域污染严重。陆域化肥、农药、农膜、重金属污染愈演愈烈。2014 年的环境公报显示，我国地下水水质总体非常差。其中，水质优良占 0.5%、良好的占 14.7%、较差的占 48.9%、极差的占 35.9%。大部分湖泊污染严重，处于富营养状态。水体污染不仅受到农业领域的农药、化肥面源污染和工业领域的废水排放污染，更受到医药领域的污染。我国人均消费抗生素 138 克，是美国的 10 倍以上，居世界第一。2014 年，在 74 个根据空气质量新标准监测的城市之中，仅海口、舟山和拉萨 3 个城市空气质量达标，超标城市比例达 95.9%。

陆地生存是世界更是中国的危机。向海洋要生存，已经成为人类的共同命题。奉行"天人合一"的列祖列宗早就明白"靠海吃海"的道理，河姆渡遗址出土了 7 000 年前的单柄船桨；双王城水库发现了商周时期的古盐业遗址，这说明"渔盐之利"的海洋文化由来已久。秦汉以降，"舟楫之便"又成为海洋文明的核心。海水农业主要包括：一是海水养殖。新中国成立后，面对过度捕捞造成的渔业资源匮乏，中国人率先尝试人工养殖，并一举成为海水养殖大国。我们每年人均消费水产品是 37 千克，而发达国家平均为 26 千克，发展中国家平均为 18 千克。我们喜欢吃海鲜，中国现在是海洋养殖大于海洋捕捞的第一大国，再过几年就没有东西可捕了。海水养殖都局限于近岸浅水区，基本上集中在水深 5～40 米的范围内，存在与环境争海、与旅游争海、与生活争海的问题。海水养殖未来一方面要走向"深远海"，海水养殖离岸远退两公里，逐渐走向 40 米以上的深水区；另一方面，海水养殖"向上走"，向滩涂养殖和海水池塘养殖靠拢，广泛开展滩涂贝类养殖是开发滩涂资源、发展海水农业的一个重要方向。

二是海水种植。现在高科技发展很快，广东有一个农民与袁隆平合作已经开发出用海水浇灌的水稻，据媒体报道，青岛已经在种植，陆地上的粮食、蔬菜、水果、畜产很难做到"无公害"，人们已很难吃到真正的"放心菜""放心肉"了。但相对于陆地来说，海洋食品，特别是来自深海远洋的食品，基本上是"无公害"的健康食品。更重要的是，相对于陆地食品来说，海洋食品的优质蛋白含量高。据科学家估算，就目前我国每年 5 000 万吨左右的水产品来说，其优质蛋白含量基本上能满足 13 亿人口生存需要的 1/3。

三是海底资源。前景较为可观的是，美国已经成功地从海藻中提炼出油料替代柴油等燃料，海藻的产油量非常可观，在世界大洋中，不少冷水海域孕育了大面积的巨型藻类，形成了真正的"海底森林"。按目前的技术，一亩海藻至少可提炼 2～3 吨油，是一亩玉米提取燃料的十多倍。从石油到玉米提取的燃料乙醇再到海藻油，被称为第三代燃料革命。海藻的生长速度惊人，从生长到产油，只需要两周时间，其潜力巨大，可见一斑。未来的海洋文明将以生产为中心，这项技术不是梦。

还有就是空域。空间诱变育种技术，即把种子带入太空，使它产生有益变异。20世纪60年代初，苏联开始对拟南芥进行搭载实验，从此拉开了太空育种的序幕。之后，美国和德国等也陆续开始太空搭载植物的实验，探索太空环境对植物的生长规律和生育衰老等的影响。1987年8月5日，我国首次利用高空气球搭载甜椒品种带入太空，得到了单果重250克以上同时增产120%的新品种。至今我国已利用15颗返回式卫星和7艘神舟飞船，搭载上千种作物种子、试管苗、生物菌种和材料，诱变育成一系列新品种，通过国家和省级鉴定的已超过70个。利用卫星和空间站还可以在太空直接种植农作物。俄罗斯已于1997年成功种出了"月球生菜""宇宙胡萝卜""外太空番茄"和"太空小麦"等。美国、日本联合攻关，将甘薯种在航天器里，不仅可补充仓内氧气，还能让宇航员吃到自己种的新鲜食品。进入21世纪，美、日、西欧已将太空植物的培育作为重点发展项目。美、俄两国已先后培育出百余种太空植物。未来时代，太空及附近的星球将成为人类无菌化生产农产品的主要基地。电影《火星救援》中描述的火星上独创性的土豆种植将不再是科幻。火星土壤中含有丰富的硝酸盐，这是一种很好的肥料。液态水则可以从地表下或空气中提取。事实上，美国宇航局已经在实验室中进行了模拟食物种植，他们所使用的土壤都是模拟真正火星土壤的pH和化学构成。科学家们已经在模拟土壤中种植了数十种作物。火星地球化正在成为现实。

四、三利共谋

所谓三利，即得利、顺利、便利。三利共谋，得利固然要得，但也要让农民办事顺利，不致磕磕碰碰中梗阻，更要便利，无须跑腿找人，申请一经提出，部门就"谁的孩子谁抱走"，办妥交还。有媒体报道，"一位公民要出国旅游，需要填写'紧急联系人'，他写了他母亲的名字，结果有关部门要求他提供材料，证明'你妈是你妈'！"现实中，这样的例子还有很多。据中国经济网报道，辽宁省某县的旅游龙头企业，陷入了与政府的债务危机中，导致企业资金链断裂，经营活动难以为继。2014年3月，这家企业接受了县政府委托的专门机构的专项审计，审计报告出炉后经过县长办公会审议通过。从2013年县委、县政府现场办公会决定解决欠款问题，到审计报告在县长办公会通过，时间过去700多天仍没有任何结论。这些为官不为的案例，不是苦涩的笑话，而是现实的"惰政"，为权力部门制造寻租空间，政府部门推诿责任也是另一种类型的腐败。中国历史上，但凡一个时代的政治比较"简"，让老百姓休养生息，就会被后世称为"盛世"。而在中国历史上的若干次重大改革，其主线都是"删繁就简"。

为了解决办事难、门槛高的问题，国务院三令五申简政放权，取消非行政许可审批类别，把改革推向纵深。但是，不少地方和部门只是由"话难听、脸难看、事难办"变成了"话好听、脸好看、事不办"。

当前，以信息技术为代表的新一轮科技革命方兴未艾，以数字化、网络化、智能化为特征的信息化浪潮蓬勃兴起，为简政放权和解决办事门槛高问题营造了强大势能。

安徽亳州市运用"互联网＋"的新思维，探索出一整套方便群众办事，提供24小时全天候受理、360度全方位服务的"一路通"制度模式。除了法律规定的如结婚登记等几件必须到现场的事情之外，其他要办的事情都可以在网上办，不需要农民跑任何路，办好之后政府拿钱找快递公司7元钱一件件寄过去，通过手机APP，无论远近就可以把事情做好，这就是便利。这一创新实践，摸清了政府权与责的底数，建立了没有扯皮推诿的制度体系，规范了干部行为，走出了群众办事"四难"（门难进、人难见、话难听、事难办）的困境，设置了杜绝滋生腐败的屏障，找到了融洽党群干群关系的良方，重塑了党和政府的威信，重建了乡村社会的秩序。在《信息时代的治理》一书中，英国电子政务专家克里斯汀·贝拉米和约翰·泰勒也认为，信息通信技术"不但降低了公共服务的成本，同时，它还有助于重建政府与公民之间的关系"。当然，亳州市的实践仍有一些需要完善之处，如个别部门仍存在"信息孤岛"现象，整合的信息如何防止泄密等，他们正在寻找逐步完善的措施，这些不足丝毫不影响其应有的推广价值。

北京宇星新语科技公司推出《农民办事不出村》电子政务信息化平台，让老百姓自助查询受理进度，浏览信息、咨询政务、办事流程等。并与政府协同，定期发布惠民政策，结合当地百姓需求，整合银行、电力、通信、供销、商务等业务的服务功能，开通惠农补贴领取、电费收缴、话费充值、网上购物、农资购买、信息咨询等综合服务。企业也将顺应移动互联网发展，上线由宇星新语技术团队专门研发的"农民办事不出村"手机客户端 APP，帮助政府进一步提升政务办事效率，提升服务水平，推动城市掌上智能生活模式的发展，引领我国电子政务新局面。

改革开放以来，我们所有的制度建设都是为了让农民得利，如今农民对补贴的那几个钱已经不太在意，他们的强烈呼声是：给物给钱不如给方便，办事方便才能发展。只有"三利共谋"农民才能创业，农村才能发展，农业才能增收。

（本文原载于《中国发展观察》2017 年第 4～6 期）

中国农民的第三大发明

——乡村旅游再认识

改革开放以来，中国农民有着无数辉煌的发明创造，农村改革的经验无一不是广大农民的首创。但就塑造财富神话的群体伟力而言，最有代表性的莫过于三次大的发明创造，即拓展产业空间创造财富神话、拓展地域空间创造财富神话、拓展思维空间创造财富神话。

中国农民的三大发明："三拓"创富神话

改革开放以来，中国农民的第一大发明是拓展产业空间创造财富，即用卖粮的余钱由一产冲进二产三产创造财富。20 世纪 80 年代中期，中国农民在土地承包后家庭能量得到充分释放，温饱问题很快解决，手里有了余钱，他们就开始经商办厂，"村村点火，户户冒烟"的乡镇企业勃发，形成一个个专业户、专业村、专业片、专业市场，一度占据中国 GDP 的半壁江山。乡镇企业的兴旺发达，推进了城市国企改革，从而确立了我国社会主义市场经济地位，乡镇企业的功绩在特定历史条件下功不可没。这是中国农民的第一大发明，中国农民用这一发明创造了第一个财富神话。20 世纪 80 年代中后期，许多县乡每年都召开大会表彰收入过万元的农户，更有一部分雄心勃勃的农民嘴里喊着"万元户不算富，十万元户刚起步，百万元户才算富"。

第二大发明是拓展地域空间创造财富，即进城务工经商，通过劳动创造财富。20 世纪 80 代中期开始，短短的 20 多年时间，2.5 亿农民用脚踹开了城门，走出土地务工经商，用最低廉的成本高速推进中国的工业化和城市化进程。一个人类历史上规模最大的人群，在最短的时间内，涌入最没有准备的城市，承托起规模最大的制造业，创造出数量最多的廉价商品，以最低廉的成本改写了世界经济版图，这是中国农民的第二大发明。中国农民用这一发明，不仅使自己获取了比在农村高出数倍的劳务收入，而且使中国在全球经济普遍下滑的背景下，一路上扬，高歌猛进，一举摘下世界第二大经济体的桂冠，成就了"中国制造"的世界品牌，可谓盖世奇功。

第三大发明是拓展思维，无中生有创造财富。有人戏称瑞士经济是"三无"经济：无烟工业（军刀、手表）、无本买卖（证券金融）、无中生有（旅游开发），旅游经济被称为是无中生有的经济。近年来，越来越多的农民依托乡村既有资源大力发展乡村旅游产业，不断探索旅游经济的全新模式。乡村旅游的核心是原汁原味的乡村文化，它以农村自然环境、农业生产活动、农民生活方式为旅游的吸引物，不光具有旅游、观光、休闲、养生等多重功能，还具有传统"耕读文化""天人合一"的哲学意蕴，结合传统民居如福建土楼、广东碉楼、浙江诸葛八卦村、安徽宏村、安徽西递、湖南张谷英村等乡村物质文化遗产，以及剪纸、泥塑、木雕、乐器、演奏等非物质文化遗产，共同组成了极具美学价值和灵性的乡间大美图画，是活的、现实版的"清明上河图"。

据有关资料统计，2013年全国各类休闲农业经营主体已经超过180万家，年接待游客9亿多人次，营业收入2 700亿元，带动2 900多万人受益。2014年，国内旅游已达36亿人次，是1984年的18倍多，其中乡村旅游已达12亿人次，增长势头迅猛。2015年底，乡村旅游又猛增到22亿人次。有关方面预测，"十三五"末可能增长到65亿～70亿人次，有如此之众的人主动到乡村消费，市场前景相当看好。在城市未患病时，人们认为城市好，都往城里挤，当城市病愈演愈烈时，人们才发现，原来乡村最宜居，乡村旅游已经成为世界性潮流。

第三大发明：乡村旅游的五大创富手段

一是反弹琵琶，以三产带动二产引领一产创造财富。农民前两次发明只在二三产中打转转，作为第三次发明，乡村旅游则反向思维，以三产带动二产引领一产，使一二三产融为一体，种养加销结成环链，种植业为养殖业提供产品，种养业为加工业提供产品，种植养殖加工业共同为销售业提供产品，种、养、加、销又共同为无中生有的旅游业提供产品，各环节打破单打独斗的格局，互动合作，首尾相接，同舟共济，形成农业产业利益共同体，使产业价值得以整体提升。像安徽省石台县的"聚茶山"，将"农产品＋休闲＋原产地旅游"有机融合在一起，将农产品背后的自然与人文环境展现给消费者，增强消费者的消费体验。在实现消费者放心消费的同时，也提升了其自身的价值水平。

二是无中生有，激活闲置资源生发财富。乡村旅游激活了闲置的劳动力。把老人妇女这个劳动力群体，借助农技、农艺、农谚、农事及风光介绍和民俗表演、风味餐饮等，完成向高价高质的转变。西安兵马俑附近村子的外语热，让村民素质普遍提升，劳动价值普遍得到提高。乡村旅游激活了历史遗存的古迹、面临毁损的物质文化遗产，激活了民间世代传承的技艺、濒于灭绝的非物质文化遗产。一段溪流、一座断桥、一棵古树、一处老宅、一块残碑都有诉说不尽的故事。陕西洋县朱鹮自然保护区，深挖文化内涵，借朱鹮鸟的爱情忠贞，打造年轻人追求的婚姻圣殿，吸引全国各地年轻人到这里举行结婚仪式。乡村旅游还激活了闲散住房。我国有2亿多农民工，农村至少有几千万套闲置房，乡村旅游可以把农民的房子改造成给老板住的别墅。不仅如此，河湖岸畔的沙滩日光浴，日光可以卖钱；深山老林里的负氧离子呼吸，空气可以卖钱；清洁山溪的飞瀑流泉，水也可以卖钱。这些自古以来被认为是取之不尽用之不竭的自然之物都可以用来生财。

三是坐地生财，不需四个"千万"，招引财富。发展乡镇企业农民必须靠自己千山万水地跑、千方百计地销、千辛万苦地找、千言万语地聊。进城务工经商，农民远走他乡，寄人篱下，抛家别亲，妻离子散，鞭长莫及。一万打工钱，三代离别泪。全国现有 6 100 万留守儿童，3 000 多万流动儿童，还有难以计数的流浪儿童。开发乡村旅游，农民稳居自己家中依靠网络展示信息，等客上门，积累职业经验、积累人脉、积累市场、积累技能、积累自己品牌的知名度、美誉度，打造百年老店。同时，尽享家园红利，家园红利是农民最大的无形资产，在应急事务、资源配置、矛盾调处、互帮互助等方面，是农民世世代代取之不尽用之不竭的宝贵财富。家园红利的向心力、归属感使人们不致因外部的福利更优厚而轻易选择离开。浙江湖州市 2014 年接待乡村游客超过 2 300 万人，经营总收入 40 亿元，乡村旅游已覆盖全市 25% 的农村人口，对农民增收贡献率超过 40%，农民足不出户，年人均旅游收入增加 627 元。

四是整体推进，提升文明，全方位凝聚财富。开发乡村旅游不仅有利于物质条件的获取，还有利于精神文明的提升，凡乡村旅游发达的地方，经济社会都显出一片繁荣景象，文明程度与日俱增。首先，乡村旅游激发新农村建设的内生动力，不用劝导，不需动员，农民主动引入各种现代元素。通过开发乡村旅游，把乡村优质资源留住，同时把城市文明引入乡村，今天是城市资本过剩的时代，城市资本到处寻找出口，乡村旅游把城市资本吸引到乡村，为新农村建设培育内生性的物质基础。其次，乡村旅游还激活了群体精神状态。乡村旅游通过幸福的参与、快乐的投入和自觉的创新，改变了农村一部分青年"未富先懒"的恶习，他们饱食终日，无所事事，放弃了追求更高生活水平的奋斗，自甘下沉。日本三浦展著《下流社会》一书曾畅销日本、中国。这是由于物质文明的过快成长超过了精神文明的发展速度而引起的全局失衡。中华民族最优秀的品质就是"二勤"——勤俭、勤劳，如丢了"二勤"，就完了。乡村旅游还激活了奄奄一息的风土民情，旱船、社火、龙灯、婚丧嫁娶、礼仪等特色习俗，使乡村活力焕发，朝气蓬勃，稳定了村庄的保有量和农村人口的保有量。再者，发展乡村旅游还有助于消解盛世的乡愁。乡愁多发生于乱世或盛世，乱世乡愁是一种无法追及的痛苦牵挂，盛世乡愁则是一种可以消解的甜品美味。人们在乡村旅游中即可找到这种感觉。乡村旅游使人们在现代文明中体验着传统文明，在传统文明中享受着现代文明，让两个文明不仅没有"割裂"，而且在互相交融、相互依存中共生共荣，同步发展，创造出极大的精神财富。日本一农民为给外出游子留下当年村庄的记忆，把一座只剩下几十人的空村，用稻草做成出走的每个村民，安放在各家，恢复几百人村落的热闹，供归家的游子欣赏，供留下的村民怀念，也供外地的游人参观村子当年的繁荣。

五是代际传递，为子孙积累财富。发展好乡村旅游，不仅为子孙后代打造了一个聚宝盆，世代受益，也一劳永逸地解决了农村长期的生态环保问题。农村的一些地区，自然资源原本非常丰富，那里的农民本可以尽情享受大自然的恩赐，但由于多种因素制约，长期受社会冷落，长期远离经济增长中心，天涯藐藐，地角悠悠，交通不便，信息闭塞，即使拥有充裕的资源，却无法融入市场，资源难以转换成资本。2009年夏季，四川新闻网的一位记者在某县乡村采访时发现，那里的蜜桃熟了，但由于地处深山，交通不便，无法外销，农民房前屋后的蜜桃只能任由烂在树上或喂猪。在一些自给自足的自然经济状态下，那里的农民生产生活方式极其落后，长期远离现代文明，"不知有汉，无论魏晋"。再加上外部投入开发不足和交通通信、教育卫生、农田水利等公共服务的缺失，"青山绿水"变成了"穷山恶水"的地区，农民的贫困代际相传。开发乡村旅游，城市优质资源在"游"中下乡，过剩的城市资本外溢寻找出路，正好碰上乡村发展的需求。于是，发展乡村旅游最直接最便捷地产生了"四增"成效，即农民增富、农业增效、农村增美、政府增收。原本衰败的农村会迅速变成绿化、美化、亮化、净化、硬化和文化的新农村，农民自觉行动，将使中国乡村发生"五千年未有之变局"，为子孙后代积累下可以长相厮守的物质财富。尤其在城市病越来越重的背景下，乡村让人们更向往。

更重要的是，乡村旅游通过"人"的发展，解决了"口"的问题。在乡村旅游发展中，农民为了营造游客洁净、健康、卫生的旅游环境，养成了"黎明即起、洒扫庭除"的传统文明卫生习惯，并且在从事乡村旅游中无论是经营管理、接待服务、产品加工，农民都获得了必要的技能培训和职业以及市场经验，这些不断提高的自身素质和人力资本，不仅可以有效遏制当代农民的贫困，更能从源头上阻断贫困的代际传递，使当地农民子子孙孙、世世代代彻底远离贫困的循环怪圈。

发展乡村旅游还是保育修复农村生态环境的最佳手段，为子孙后代留下青山绿水。计划经济时代，温饱问题是绝大多数中国人关注的焦点。改革开放的闸门一打开，人们为了解决温饱，不惜一切代价地拼命快发展，尤其不顾一切地招商引资。一些农村地区已经逐渐变成"垃圾满天飞，污水到处流"的骇人景象。乡村环境污染已成为高悬在我们头顶的达摩克利斯之剑。作为服务业的重要组成部分，旅游业向来被誉为是"无烟产业"和低碳产业。乡村旅游用生态文明的理念重新发现乡土文明的自身特点，弯曲的道路、狭窄的街道、错落的土房；乡村旅游以保育自身良好的自然生态资源为天职，并将"绿水青山"转换成"金山银山"，实现乡村生态有机、可持续的发展。农民最懂得旅游景点的两大生命线：生态环境和标准服务，他们对环境珍爱保护的自觉性空前提高，其成效比发布多少法典或政策都要大得多。

老子《道德经》第六十三章："天下难事必作于易，天下大事必作于细"，使亿万农民致富是当今中国的第一等难事，也是第一等大事，农民自己发明了办法、找到了路子，各级政府及从事"三农"研究者应深入下去，引导帮助支持他们从易处着眼，从细处入手，做好乡村旅游这篇大文章，同时强力推进供给侧制度改革，以适应农民发展乡村旅游、创造新一轮财富神话的制度需求。

（本文原载于《中国发展观察》2016 年第 16 期）

农业供给侧结构性改革力发何处

供给侧结构性改革已经成为关心中国经济的海内外各界人士聚焦的热点问题。所谓供给侧结构性改革，用一句话概括，就是需求侧升级了，供给侧没有跟上，需求侧与供给侧的升级不对等，导致市场出现了产能过剩、库存积压的现象，解决的办法就是推动供给侧的结构升级。

作为我国经济供给侧改革的重要组成部分，农业供给侧结构性改革绝不是农业的结构调整，而是农业的制度性改革。中央提出的"三去一降一补"任务，对于农业而言，重在补短板。主要包括以下七个方面：一是水土治理，二是三产融合，三是科技植入，四是经营放活，五是生态保育，六是城乡一体，七是迎接新下乡运动。

一、水土治理

水利是农业的命脉，水土治理是农业的首要问题。中国是世界上13个贫水国之一，淡水资源十分匮乏，人均淡水占有量仅为世界平均水平的27％。中国长江以南36％的耕地拥有全国81％的淡水资源，这意味着北方的农业发展面临着更为严峻的缺水问题。我国的有效灌溉面积刚过50％，更不要说旱涝保收了。眼下最突出的问题就是大力增加有效灌溉面积和旱涝保收面积。就总体而言，应主要抓好四件大事。一是严格控制地下水的开采；二是建设水库，用好地表水，保障生活用水；三是注重发展节水农业；四是净化水资源，严防污染。

除此之外，首先要保护好土地。耕地的红线绝不能突破。粮食产量"十二连增"，特别是好多地方的粮库已经装满了，没地方放了，导致一些人产生了"农业已经过关了，耕地红线不需要再守了"的错误认识。我国与美国相比，人口数量多出 10 亿，但耕地数量却要少将近 10 亿亩，我国 1 公顷土地要养活 10 多个人，而美国 1 公顷土地只需要养活零点几个人，说明我国土地资源还是十分稀缺的。同时，改革开放以来，每年上千万亩耕地都陆续被城市、工业区、开发区蚕食，因此，保住耕地红线任重道远。

其次，要保护并提升粮食生产能力。美国农业追求的是劳动力产出最大化，而我们由于土地资源非常有限，农业追求的目标是土地产出最大化，目标不同，方法、路径、手段等当然也不同。一些人一直在鼓吹学习美国建设现代化大农场，而目前，我国在人少地多地区的农场现代化程度比任何国家都高，如黑龙江农场 16 000 亩水田用激光水平仪做成一个平面。但是在中西部地区，需要适度的规模经营，即家庭农场的规模要适度。中共中央办公厅和国务院办公厅文件说得很清楚，那就是当地承包农户的 10 到 15 倍，即如果一个农户承包 10 亩，那就是 100 亩，如果是 15 亩，那就是 150 亩，这就是目前我们家庭农场最合适的规模经营，并不是越大越好，大规模农场不适合人多地少的中国国情。国家已经陆续出台了"气十条""水十条""土十条"，应把"三个十条"的精神认真落实到位。

二、三产融合

20 世纪 90 年代，日本一位学者就已经提出要把农业建成第六次产业，即一二三产能融合发展的产业。美国的农民只占总人口的百分之一点多，而美国为农业服务的服务业就业人数却占美国总人口的 17%～20%，就是一个农民种田后面跟着十多个人为他服务，所以我们的二产、三产，可做文章的地方很多。

当前，农民增收最快捷、最方便、也最能马上见效的就是乡村旅游，因此，可以把它定位为"中国农民的第三次创业"。中国农民第一次创业是发展乡镇企业，第二次创业是进城打工，发展乡村旅游则是中国农民的第三次创业。第一次创业是离土不离乡，在自己家门口干事，带来了过度消耗资源、污染环境的问题。第二次创业是进城打工，离土又离乡，挣了些许打工钱，荒废了自己的家乡，种了别人的地，却荒了自己的田。第三次创业，开发乡村旅游才是自己干，自己做主，建设自己的家乡，并且为子孙万代谋福。如果自己的家乡成为一个很好的旅游景点，子孙后代都能享受这个福祉。

过去我们城市没有"害病"的时候，大家都朝城里挤。而现在"城市病"越来越重，交通拥堵、噪声充耳、空气污浊，大家回过头来看，最宜居的地方还是农村，这是个世界性的潮流。欧盟现在居住在农村的人口已经占58％，回到农村的人口主要集中在25岁到40岁之间，他们在农村居住，到城里工作。英国的乡村旅游是非常发达的，英国民意调查显示，有25％的人每年经常去乡村旅游，50％的人偶尔去乡村旅游，81％的人一年至少到乡村旅游一次以上，这个市场潜力巨大。调查显示，总人口为6 000多万的法国在乡村住过一夜以上的旅游人次是3 000多万，就是法国有一半以上的人在乡村住过一夜以上。

随着人们收入水平的提高，生活方式的转变，休闲时间的增多，交通通信的发达，乡村旅游已经成为一个世界性的潮流，中国当然也不例外。2014年底，我国到全国乡村旅游的人次为12亿，到2015年底达到22亿，一年之间增长了10亿人次，所以开发潜力非常大。有关方面预测，到2020年可能将达到65亿～70亿人次。从消费层次上看，现在三类群体都去乡村寻找自己的游点。首先就是最富的人，"三名"（名山大川、名人故里、名胜古迹）游完了，他们去国外游，但是文化背景不一样，因此这些有钱人就到乡村去找景点。其次是中产阶层，他们"三名"看了一部分，一边继续看"三名"，一边也在乡村找点，到生态好的地方去游玩。再者是最穷的、社会最底层的人群，也在乡村找地方，因为以现在人们的收入水平出去玩一玩还是没问题的，特别是听说附近哪儿有好吃的或者好的土特产品，就约几个人去品尝或购物，这三个层面的人群都去乡村，乡村旅游的前景越来越好。

开发乡村旅游首先激活了闲置的资源。所谓闲置资源就是原来的、没有效能、不产生价值的东西。一是闲散劳动力，包括留守老人、留守妇女，他们在家里没什么事，但是旅游景点开发后，他们都有事干了，并且从低质、低价的劳动力变成高质、高价的劳动力。最典型的事例就是陕西兵马俑，一开发出来，周围村子里的老头、老太太晚上都到村头上，请各种外语老师来教他们学外语。二是闲散时间。原来村民"一个月种田、三个月过年、八个月空闲"，打牌、闲扯、晒太阳，时间都流失掉了。旅游业一发达，一天到晚忙着挣钱，恨不得一天变成两天用。三是闲散住房。目前，全国有2亿多农民工，农村至少有几千万套闲置房可以开发利用。把那些闲置的房子改造成给老板住的别墅，价值立刻就体现出来。这里有一个问题要特别注意，改造农舍不能用农民的眼光，要用城里人的眼光，外面越古越土越好，里面越现代越好，一句话，要改造成"外面五千年，里面五星级"的标准。四是闲置风景。一座断桥，一条溪流，一处古宅，一棵老树，都可能成为吸引游客的一处风景，都可能留住游客。五是物质文化遗产和非物质文化遗产。每个地方都有自己独特的风土人情，这些本地人不以为然，但在游客眼里就很新鲜，正所谓风景都是外地人的风景。乡村旅游是推进三产融合的重要抓手。因为旅游人群不仅仅是去吃，还要在乡村住，同时还要购物，购物就带动了农产品加工业的发展。农产品本来很便宜，通过包装和加工，价值就增加了，可以卖到贵几倍的价钱。二是推进城乡互动。二元制度使城乡之间长期隔离，旅游使城市文明、城市的项目、资金、人才等流向农村。三是促进农村供给侧结构性改革。城里人需要到乡村旅游，乡村则应时而动，提供这种需求，城乡之间顺应市场规律，一拍即合，这是乡村再造千载难逢的大好机遇。

乡村旅游景点的打造，不论哪种类型，一般都应做到"十有"：第一，就是有景可看。第二，叫有线可连。众多景点像一串珍珠闪耀，连成一串才能留住人。第三，叫有路可通。路要修好，不能还有"三跳路"，即车在路上跳，人在车上跳，心在肚里跳。第四，是有味可品。农家土菜对城里人来说就很新鲜。第五，就是要有室可居。房子要改造好。第六，要有物可购。第七，就是有网可赏。这个包括两个含义，一个就是网上发布行前信息，把景点拍成照片和文字上传到网上。因为现

问道乡村产业……

135

在的流程，游客一般都是来景点前先点击看看网上介绍，所以要把最美的景点展示出来。另一个是通宽带网络，游客所住的地方要有网线，让其可以与世界连通信息。第八，就是有验可体。能够提供体验种植业、养殖业，体验插秧、收割的场所。第九，有文可化。要有一些民风民俗的表演，让人自然融入那种文化氛围中，了解一些当地的民风民俗，包括一些土话等。第十，叫有情可寄。人们常说寄情山水，就是让游客永远忘不了那个地方，经常怀念那个地方，有亲近感，时时思念，是情感寄托之处。

三、科技植入

所谓科技植入就是现代科技要长入农业、农村。当前，我国机器人技术获得突飞猛进发展。2017年机器人就要参加高考，目标为考入重点大学，到2020年其目标就是考上清华北大。所以智慧农业要走入我们的视野，互联网就是一个非常好的平台。今天我们科技对农业的贡献率与发达国家相比还有很大差距，关键就在于农村缺乏掌握现代科技的人才，厌农弃农的社会风气使精英远离"三农"。"三农"的最大问题就是缺乏现代元素，而注入现代元素，固然需要现代设施等硬件建设，但首先要有一个掌握现代知识的接受主体。不然，再先进的设备，再发达的技术，再优秀的管理，都毫无意义。我们的农民一定要跟上这个时代，特别是新时代农民。要解决这个问题，先要把农村教育搞好，把孩子培养好。农村5亿多劳动力，平均受教育时间不足8年，我们给未来留下一群什么样的孩子，这群孩子就会给我们留下一个什么样的未来。因此，抓好孩子的教育是农民的希望、农村的希望、农业的希望。现代元素能够顺畅注入"三农"的根本就在于有一大批能够掌握现代科技的接收主体。

四、经营放活

农业的经营必须放活。第一就是土地要放活。我国目前的土地太零碎，一户十亩承包地分成七八块，甚至十几块，因此要进行土地流转，发展农业现代化。农业现代化首先要规模化，这个规模化当然只能是适度。土地要流转，必须尊重农民的意愿、尊重市场规律。第二就是产权制度改革。产权制度改革一定要抓好，因为只有产权明晰了，它的保值增值才能实现。产权制度改革要分清谁是集体经济组织成员，谁是社区成员。这个问题在发达地区特别突出。一个在当地待了几十年的人，由于不是集体经济组织的成员，导致没有权利享受集体经济的财产。而有的集体经济组织成员二三十年前就不在村里了，但他照样享受集体福利，这种"人在权不在，权在人不在"或者"权在人半在、人在权半在"的情况很普遍，矛盾非常复杂。解决的办法就是充分尊重当地群众的意愿。第三就是组织化问题。从改革开放以来都是放活政策。首先，放活土地，由生产队到家庭承包。其次，放活经营，虽然承包到户，但不是谁想种什么就种什么。取消统购统销以后，农民才有了自主经营权。再次，放活领域，农民只能种地，只能搞种养业，后来才允许发展乡镇企业，使农民拓宽了收入渠道。最后，放活空间。过去农民只能在本乡本土，后来才允许进城，今天还能自由出国。

今天，我们要特别关注农民的组织化问题，必须放活组织，让农民的专业合作社大力发展。目前，全国农民专业合作社有 140 多万个，但是完全跟不上需求。外国的农民一个人要参加许多社会组织，不然以后没法继续发展。在组织农民问题上，今天要把组织农民变成农民组织。虽然是一个词序的颠倒，但是含义完全不一样。组织农民，农民是被动的，让他干什么他就干什么。农民组织则是农民自己起来组织自己，为自己服务，是主动的。现实生活中，许多农民组织要么是龙头企业当领导，要么是退休干部当领导，农民只是被动参与，这种局面必须改变。

五、生态保育

生态保护是为子孙后代着想的大问题。我们都知道杜甫有一句诗叫"国破山河在"，我们今天绝不能让"国在山河破"，特别是有些风景区上亿年才形成，破坏了什么都没了，修复不了。因此，中央特别关注这个问题，实行古今中外可以说是最严厉的一个政策，即生态终身责任追究制。但是这个政策执行难度较大。因为它时长、人众、面广、量大，要分清责任很难，需要在实战中深入探讨，逐步建立一套完备的制度。此外，面源污染问题一定要治理好。我们现在农药、化肥的使用量超过世界平均水平的三倍，面源污染特别严重。这些化肥农药残留在土壤和地表水中，造成水土污染，种出来的农作物就无法保证质量，带来恶性循环。当前还有两个污染一定要注意，一是除草剂，一是农地膜。这两个污染现在越来越严重，其带来的危害也不可低估。习近平总书记关于"绿水青山就是金山银山"的名言就是一个形象的比喻，也是一个深刻的哲学命题，要做好这篇大文章，必须上下勠力，左右协作，前后照应，万众一心，才能实现既定目标。

六、城乡一体

城乡一体化的核心问题就是"两公"问题。所谓"两公"就是公共设施和公共服务，一定要延伸到乡村，特别是两个最基本的公共设施和公共服务，教育和卫生。义务教育有两个基本特征，一个是不要钱，另一个是就近。目前，不要钱已基本实现，但是不能就近。十多年的撤点并校使农村学校由 59 万所减少到目前的 27 万所，有关调查显示，农村小学生家离学校的距离平均 10.86 里[*]，初中生 35 里。从实践上来看，不能就近带来的额外负担比要钱还贵，到镇上借读一年至少要多花八千到一万，到县城借读一般要花一万五到两万。这是额外的花费，还不算照看孩子误工的费用。此外，还有一个问题，就是农民看病贵、看病难的问题还没有解决。因为北京、上海等大城市的医疗资源好，所以现在农村看病都想往大城市挤，出现了"四个三"的现象，即奔波三千里，挂号三星期，排队三小时，看病三分钟。看病难、看病贵，由此带来的负担非常重。因此，这两个公共服务一定要加大改善力度，让农村的孩子智力和体力都能够强起来。

---

[*] 1 里＝500 米。

七、迎接新"下乡运动"

1968 年一场轰轰烈烈的"下乡运动"席卷整个中国，2 000 多万知青被送到农村。今天一场新"下乡运动"又悄然发生。所不同的是，前者是被动的，是靠政治动员和行政干预的结果，而眼下发生的这场新"下乡运动"，则是主动的、自愿自觉自主的。它涵盖十个群体：一是回乡创业的农民工，二是回乡创业的大学生，三是 1977 年、1978 年、1979 年这三届毕业的大中专毕业生，改革开放高考结束之后这三届毕业生有两百多万，这两百多万人里面大概有 80% 以上都是从农村走出的，他们乡情最浓、乡思最重，这些人很大一部分退休后都想回到家乡去生活。四是第一代农民工，20 世纪 80 年代就外出务工，今天城市已经不再需要他们，他们必须回到乡村去。五是我们的"村官"，现在全国有 20 多万人，到 2020 年大概要有 40 万人。六是"三支"人员，即支教、支医、支农"三支"队伍。"三支"队伍是一支力量强大的为农服务队伍。七是扶贫干部。现在全国到 2020 年要全面实现小康，扶贫是头等大事。目前，全国共派了 54 万扶贫干部到村帮扶。八是前面说的旅游，到乡村去的游客带来的信息、项目、资金，包括人才方方面面的资源是非常多的，一定要开发利用好。九是华人华侨，我们有 6 000 万华人华侨，许多人都是在国家不景气时出走的，今天国家强大了，他们也年纪大了，总想落叶归根。十是城市离退休人员，这个群体有一亿多，他们受苦于"城市病"，想到乡村生活。目前这十大群体正向乡村转移，或创业或服务或生活。我们在制度设计方面应提前做好准备，迎接这十大群体的到来。这是前所未有的农村人才大输送，对于解决"三农"问题，是史无先例的历史大机遇。开发利用好这笔宝贵财富，应是"三农"工作的当务之急、重中之重。

（本文原载于《中国发展观察》2016 年第 14 期）

农业供给侧结构性改革
需要关注的几个问题

2015年11月在中央财经领导小组第十一次会议上"供给侧改革"概念首次被提出，到中央经济工作会议上则明确了"三去一降一补"的五大任务。"供给侧改革"短短9天内被国家领导人提到了4次，关于"供给侧改革"的媒体报道更是不可计数，"供给侧改革"可以说已经成为关心中国经济的海内外各界人士聚焦的热点问题。作为我国经济供给侧改革的重要组成部分，农业供给侧结构性改革需要特别关注以下几个问题：

"油画"与"宣纸"

"油画"与"宣纸"是种形象的说法，指的是"供给侧改革"如何选择理论基础和思想基础的问题。最近几年，我国在政策制定上引进了许多概念，比如美国太平洋基金管理公司总裁埃里安提出的"新常态"，里根的供给侧结构性改革以及"互联网＋"、熔断机制等。其中，有些概念非常实用，可以吸收借鉴。但有些概念应该在全面理解的基础上，根据中国经济的实际灵活运用，不能简单地生搬硬套。

关于"供给侧结构性改革"问题的思想渊源，一些专家学者有如下概括：一是"供给学派革命"。供给学派意涵的政策措施主要是通过降低税收来提高投资和增加供给的积极性。大规模减税将会刺激富人投资的增加，这个过程也会通过提供更多的工作机会使得穷人受益，这就是所谓的"涓滴效应"，美国前总统老布什称之为"巫术经济学"。供给经济学应对的核心问题是 20 世纪 70 年代西方国家出现的失业与通胀并存的滞胀问题。今天中国经济并不存在滞涨。中国经济面临的几个大问题集中体现在国际金融危机冲击下的外需下滑，基本增长动力源变化导致的增速下滑，产能过剩以及制度性的扭曲等方面。仅仅依靠供给学派开出的减税与削减福利这些药方，并不能完全解决我国目前存在的复杂的经济问题。

二是萨伊定律。萨伊定律是由 19 世纪初期法国经济学家萨伊提出的。根据这一定律，供给自动创造出等量的需求，市场是完美的，不可能存在超过所有商品需求的过剩供给。政府只需要做好"守夜人"的角色就好，其他方面最佳的策略就是自由放任。这与目前我国大规模的产能过剩并不一致。所以，萨伊定律的政府不干预原则不能用来解决当前我国所存在的经济问题。

三是以保守主义、货币主义以及供给主义为核心的里根经济学和撒切尔主义。里根经济学和撒切尔主义是哈耶克的保守主义、弗里德曼的货币主义以及一些供给主义的混合体和变种。里根经济学和撒切尔主义在当时极具影响力，并从根本上重塑了当时的经济和政治格局，导致了一个全新的、以自由市场理念为主导的政治文化的出现，也催生了一种新的金融文化，而正是这一新的金融文化孕育了 2008 年席卷全球的金融危机。另外，里根经济学和撒切尔主义主张在所有制上完全私有化，在运行上完全市场化，不仅与我国目前主流意识形态不一致，也与促进共同富裕的目标不一致。

四是以发展经济学为核心的各类结构主义。结构主义兴起于 20 世纪 50 年代，主张用国家干预和大规模投资等措施来突破发展中国家的低收入均衡陷阱，它的实质是主张干预主义和非均衡主义，其表现形式是各种"重工业优先发展战略"以及"进口替代战略"。这明显与中国完善市场经济体制，促进均衡发展和进一步扩大开放的目标不相一致。

五是"华盛顿共识"。1989 年，美国学者威廉姆森对拉美国家的经济改革提出了十条改革措施，被称为"华盛顿共识"。"华盛顿共识"以快速私有化、快速自由化以及宏观平衡为内容。"华盛顿共识"的政策太过于迷信市场原教旨主义，以"华盛顿共识"为指导思想的拉美和东欧国家结构性改革的失败，也已经宣告了"华盛顿共识"的破产。

六是以产权理论为核心的新制度经济学。新制度经济学虽然抓住了制度革新这个要点，但是把经济转型简单化为单纯的产权问题，实际上回避了转型本身所内含的复杂性。著名经济学家斯蒂格利茨把这种主张"一分就灵"的私有化改革观念称作为"产权神话"。"产权神话"的倡导者"认为人们需要做的所有事情就是正确地分配产权，如此一来，经济效率就有了保证"，斯蒂格利茨反对这种简单化的观点，他特别强调产权改革与经济发展的复杂关系，例如，他指出，"中国之所以取得了举世瞩目的成功，就是因为中国创立和发展许多新的企业，而不是把原来国有企业私有化"，换言之，中国的经济成就是增量改革和渐进改革所带来的，而不是简单的私有化问题。

总而言之，这些来自西方的关于"供给侧结构性改革"的理论、主义和学说，都是在特定背景下，为了解决当时西方社会存在的某一特定问题的实践而产生。对于我国目前这种复杂背景下的综合性问题，不能用拿来主义的办法，直接套用西方理论来解决我国的经济问题。生搬硬套西方理论无异于"宣纸上画油画"。

中国面临的主要问题其实就是需求侧已经升级，供给侧必须适应消费的升级而升级的问题。

战略与战术

战略与战术涉及的是农业供给侧改革的理念问题。战略追求的是长期目标，战术则强调短期所使用的手段。理顺战略与战术之间的关系是保持政策一致和一贯的必要前提。当前关于我国经济政策的争论，一个很重要的问题就是如何处理战略和战术之间的关系。有一派经济学者认为中国的经济政策应该专注于长期增长问题，调结构、去杠杆。因为短期的刺激方案只会进一步恶化债务问题，鼓励无效率产出，造成更多的产能过剩，短期内应该让市场规律发挥作用，哪怕是牺牲短期的经济增长。另外一派学者则提倡反周期的经济刺激政策。他们并不是反对能够提高长期经济增长的政策，而是认为实体经济或许比想象中的还要脆弱，短期内如果经济发生大幅度下滑，势必会严重打击市场的信心，最终长期目标也无法实现。战略和战术之间的冲突已经明显影响到了我国经济政策的一贯性和一致性。

作为我国经济政策的一个重要组成部分，农业经济政策也必须处理好战略和战术的关系问题，才能临危不乱，运筹帷幄。

2015 年，我国粮食综合生产能力实现了质的飞跃，全国粮食总产量 62 143.5 万吨（12 428.7 亿斤），比 2014 年增加 1 440.8 万吨（288.2 亿斤），增长 2.4％，粮食产量实现"十二连增"。与此同时，粮食库存量不断增长，达到近年高点，玉米等粮食品种积压严重，特别是玉米库存积压达到 2 亿多吨。在该背景下，社会上又刮起来一阵"农业过关论"，认为中国粮食既然已经出现了严重过剩，那么"三农"工作就可以放一放了。

这是一个错误的认识。宋代大诗人林升《题临安邸》一诗中有段著名的诗句，叫"暖风熏得游人醉，直把杭州作汴州"。套用此诗来形容"农业过关论"的论者，那就是"粮风熏得游人醉，直把中国当美国"。在我国四个现代化实现之前，"三农"工作都是一件头等大事。因为农业问题，不仅仅是农业本身的问题，农业的背后实质上是农民和农村问题。农业要实现现代化，首先必须"三体共化"，即作为本体的农业，作为主体的农民和作为载体的农村，都必须同时现代化起来，缺一个都不行。

目前，我国的农民和农村还存在着许多问题亟待解决，"三农"工作还任重道远。就农民而言，我国 5 亿多农村劳动力平均受教育时间还不到 8 年，如此文化程度，要实现现代化是不可能的。其中，受教育问题最为严重的是农村三大儿童群体：6 100 万留守儿童、3 580 万流动儿童和难以计算的流浪儿童。这三大儿童群体是未来农村劳动力的主力，也是城市劳动力的重要来源。但是，他们基本上都得不到良好的教育。6 100 万留守儿童由爷爷奶奶抚养，有的甚至自己在家里生活。流动儿童同样受不到良好的教育，因为父母打工要不断地变换城市，流动儿童

问道乡村产业……

143

往往小学没毕业就换了三四个城市，没有一个稳定的学习环境。流浪儿童更不要说，他们的教育是无从谈起。三大儿童群体的教育问题必须引起高度关注，因为我们给未来一群什么样的孩子，这群孩子就会给我们一个什么样的未来。另外，还有一些农民问题也亟须解决。比如农民的养老问题，城里人有退休制度，农民却没有，对农民而言，直到从病床上爬不起来那才算是退休了。还有农村贫困问题，我国农村还有五六千万贫困人口，这是一个沉重的包袱，这些人首先要解决起码的生存问题，然后才能奔小康，这些都不是在短期内轻而易举能够解决的问题。

就农村而言，它是农业现代化的载体，同样存在着许多需要解决的问题。现在村庄可以分成4种类型，第一种叫社区型村庄，就是在城市周边的农村，现在变成了城市社区。第二种叫文物型村庄，就是那些具有文物价值的村庄被保护下来了。文物型村庄数量很有限，全国现在大概进入国家名单的才一万多个。现在全国大概有250万个自然村庄，20世纪90年代的时候有360万个。如今，每天都有几百个村庄在消失，这是好事，也是坏事。随着农业现代化和城市化的推进，需要把村庄集中起来居住，但是许多历史文化都在这种灭村运动中消失了。在此背景下，怎样保留我们的传统文化？这是一个需要认真对待的问题。第三种就是农庄型村庄，也就是适应生产生活的需求而建设成的新型村庄。第四种是衰落型村庄，这些村庄逐渐空心化了，只有几个老人还住在那儿，逐渐地这个村庄就不存在了。这一类村庄占比最大，再加上现在农村的优质资源都是单向流出，村庄作为农业现代化的载体，衰落似乎已不可避免。

可以说，农业现代化的主体和农业现代化的载体，远远没有适应形势的需要。所以，不能因为目前粮食过剩，就认为"三农"问题解决了。李克强总理在2016年《政府工作报告》中讲到"三农"工作时，头一句就是"继续毫不放松抓好'三农'工作"，这对"三农过关论"无疑是一个振聋发聩的警示。

中央农村工作会议明确指出，农业供给侧结构性改革的重点是去库存、降成本、补短板。去库存具体而言是指加快消化过大的农产品库存量。但是，这并不意味着粮食安全战略不用再坚持。

任何一个国家在任何一个历史时期，解决好吃饭问题始终是农业最重要、最基本的任务，粮食安全始终是关系国计民生和国家战略的重大问题。随着我国人口总量的进一步增加以及城镇化推动的大批农民进城由粮食生产者变为消费者，我国粮食的刚性需求也会增加，未来粮食供需矛盾只会进一步加剧。据国家有关机构研究预测，即使到2020年我国新增500亿千克粮食的目标如期实现并得以保持，我国粮食缺口仍然较大，到2030年，缺口将达到1 220亿～1 700亿千克。保障粮食安全的任务十分艰巨。更重要的是，国际贸易无法保障我国粮食安全。全球粮食供求偏紧，贸易量很小，通过国际市场调剂的空间十分有限。据统计，全球每年粮食的正常贸易总量仅为我国粮食需求量的45％，国际市场大米贸易总量仅相当于我国稻米消费量的15％左右。同时，粮食消费需求弹性小，供求两端任何细小变化都可能产生剧烈的价格反应。从历史经验看，如果我国进口粮食占国际粮食市场贸易量的10％，国际市场粮价则可能上涨100％，所以我国粮食问题必须立足国内解决。短期的去库存并不意味着要放弃长期的粮食安全战略。

短期的粮食去库存也不应是简单的清仓库，粮食的去库存化要与制造业的供给侧改革相联系。随着制造业的去产能化，势必要大幅削减正在拖累中国经济增长的过剩工业产能，这意味着会出现一批失业工人。最近一项研究指出，如果进行裁员，那么未来两年，钢铁、煤炭等行业可能会有逾300万人失业。即使中央财政和地方财政有能力妥善安置这批失业的工人，这部分工人的收入也会下降，他们不得不把家庭收入的主要部分用于购买食品。如果粮食过度去库存，将会打击农民种粮的积极性，推动食品价格的上升并直接导致失业工人生活费用的增加，他们的生活会变得更加困难。因此，粮食的去库存化要与制造业的供给侧改革联系起来，可以考虑从现有的粮食库存里面划拨一部分粮食，作为失业工人的生活基金。

"二物"与"三物"

所谓"二物"指的是植物和动物;"三物"指的是植物、动物和微生物,这是农业供给侧改革的物质结构问题。人类有史以来就是"三物"开发,但是人类主要是依靠动物、植物获取食物,在动物与植物开发利用问题上下了很多功夫,取得了成套经验。微生物虽然也在开发利用,但远远没有受到社会的重视。当前,农业供给侧的突出矛盾可以用三句话来概括,叫"植物缺油,动物缺奶,微生物缺人爱"。"植物缺油"最突出的表现是,我国现在每年需要进口8 000多万吨大豆以加工为食用油。"动物缺奶"这方面的最大缺口就是牛奶,世界人均消费牛奶110千克,中国人均消费牛奶是38千克,现在我国每年大概需求5 000万吨的牛奶,国内只能产3 600万吨,每年还需要1 400万吨进口,奶供给严重不足。所谓"微生物缺人爱",就是微生物的开发远远没有受到应有的重视。未来,微生物的开发潜力巨大,特别是用高科技手段开发微生物。微生物的开发,不仅能解决人类的产品需求,更重要的是,它是生态循环中最重要的一个环节。没有微生物的开发,整个农业的生态循环就不能实现。

微生物的开发是一个无中生有的大产业,利用那些废弃的农作物秸秆及牲畜粪便,点草成金、点粪成金。微生物的开发,概括起来有六大领域,或称之为"三料""二品""一剂"。"三料"就是肥料、饲料和燃料。微生物肥料是替代农药和化肥非常好的一个新肥种。中国现在大概有100多家企业在做。特别是在化肥农业普遍受到诟病的背景下,生物肥料越来越受到重视。第二个就是生物饲料。农作物秸秆通过微生物处理,可以生产各种口味,适应各种动物吃的饲料,有酸有甜。再一个就是生物燃料,通过微生物从秸秆等农林废弃物里提取燃料乙醇。纤维素乙醇是世界公认的燃料乙醇产业发展方向,目前世界上以农林废弃物,如秸秆为原料的纤维素乙醇技术不断取得进展,已有一批建成投产。但是,我国对纤维素乙醇研发和产业发展的支持力度不足,致使我国纤维素乙醇产业化进程落后于国际先进水平。所谓"二品",就是食品和药品。微生物食品有很多，这跟中医有很大的关系。我国古代就有药食同源的说法。传统中医看病，大夫不光让病人吃药，还让病人进补食物，进补的食物就具有药的作用，这是中药的重要传统。所以像虫草、灵芝、猴头这样的寄生菌以及松茸、牛肝菌这些共生菌都是高档营养品，价格非常昂贵，虫草最贵的时候卖150块钱一个，还有像平菇、草菇、金针菇、黑木耳这些腐生菌也都具有很高的营养价值和经济价值。微生物的药品开发前景更为可观。微生物药品分三种，一种人用的，一种兽用的，一种农作物使用的。通过利用新的生物技术，微生物药品的开发成果现在已经十分惊人。"一剂"就是微生物清洁剂。土壤和水污染了，用微生物技术可以把污染的土壤和水净化。这个技术已有很多地方在使用。微生物的开发潜力非常巨大，应该利用财政政策、金融政策、税收政策和价格政策等手段大力扶持。

由"二物开发"向"三物开发"迈进，最关键的一环就是在社会树立起"大食物"的观念。

"大农"与"小农"

"大农"与"小农"是农业供给侧改革的组织结构问题。这些年一再强调要构建新型农业经营体系。新型农业经营体系由六大主体组成，即家庭农场、专业大户、农业合作社、龙头企业、社会化服务组织及小农户，前五个都是新成长起来需要扶持的主体，但扶持新主体，千万不能忽视小农户的利益。纵观人类社会发展，家庭经营才是农业生产经营最符合规律的一种经营方式。这主要是由以下几个基本成因所决定的：

一是农业生产的基本特性。农业生产和工业生产相比有着根本不同的特性：农业生产不能搬移。地在哪儿，庄稼就种在哪儿，不像工业产品可以在不同的地方生产；农业生产不能倒序，比如植物的种植得先播种，然后一步一步到最后的收获，必须按照顺序进行，不能倒过来。工业产品的生产工序灵活多变，可以同时进行，也可以先后进行；农业生产不可间断。工业产品可以间断生产，今天可以不做后天再做，农作物的种植则不行，一天都不能间断；农业生产的对象是活的生命体。所以农产品的生产需要很强的责任心，就像教师教书和医生看病一样，是个良心活，负责任和不负责任效果大不一样；农业生产要遵循两个规律，自然再生产规律和经济再生产规律，农业生产不能光追求经济效益，还要遵循自然规律；农业生产的成果只能最终一次性显现，所有的努力以及付出，只能体现在最终的产品上，它没有中间产品。以上六个不同点就导致了农业生产监督成本非常高，不可能用工业生产的监督方式，否则大田种植都得派人 24 小时监督。所以农业的生产经营就必须有一个最佳利益共同体，谁是最佳利益共同体？就是家庭，所有的成员不讲价钱、不计报酬，该干什么，要不要分工，大家都是心往一处想，劲往一处使，世界上没有哪个组织能像家庭这个利益共同体一样，能够如此紧密地协作。所以选择家庭经营，这是农业自身的特征决定的。

二是人类社会发展的基本规律。人类社会发展的基本规律也表明家庭才是农业生产的最佳利益共同体。奴隶社会是由奴隶主来主宰的，再多的奴隶都是围绕奴隶主的家庭来进行生产，奴隶社会农业生产的基本单元还是家庭；封建时代，地主是家庭经营的核心，再多的佃户都是围绕地主家庭这个核心转的；资本主义社会为了适应工业化的需求，创造了家庭农场，但还是以家庭经营为主体；社会主义国家想打破这个东西，苏联搞集体农庄，中国搞人民公社都失败了。我国改革开放后，农村改革率先在安徽小岗村取得了成功，小岗村的改革核心就是恢复了农业的家庭经营功能。

三是世界各国的基本经验。发达国家的成功经验，也都表明家庭经营才是农业生产经营的核心。美国农业生产家庭经营占 80％多，欧盟也占 80％多，日本基本上全是家庭经营。但是，这并不意味着其他经营主体不能搞，但其他经营主体只能是家庭经营的补充，我们在培养新型经营主体的同时，千万不能忽视小农户这个庞大的利益群体。

四是中国农村的基本经营制度。小农户作为我国农村的基本经营制度，是由我国的资源禀赋结构——地少人多这一基本国情所决定的。现在一些经济学者分析农村经济问题，只采用市场机制的分析方法，忽略了中国相对地少人多的问题，完全无视 20 世纪 30 年代以来，三代美国优秀学者卜凯、何炳棣与珀金斯等所积累的研究成果。中国劳动力相对富余，美国劳动力相对紧缺，中国和美国要素禀赋的差异导致两国农业生产的目标不一样，方法路径也不一样，即我国不能用美国模式来解决中国农业的现实问题，美国农业追求的是劳动力产出最大化，中国追求的目标是土地产出最大化。当然，同样是家庭经营，中国和其他国家面临的问题有着很大的区别。中国现在家庭经营主体有 2.3 亿承包农户。美国的基本经营单元是 230 万户，英国是 23 万户，中国的基本经营单元是美国的 100 倍，是英国的 1 000 倍。所以中国必须适度提高家庭经营的规模。中央"两办"文件说得很清楚，适度规模就是当地承包农户的 10 到 15 倍。一直以来就有一种强大的声音在鼓吹中国农业一定要像美国、澳大利亚和加拿大那样实现规模化，我国黑龙江农场就有 16 000 亩的水稻田，用激光水平仪造出一个水平面的样板，现代化程度世界首屈一指。但是，这种模式只能在特定地方，中西部由于人多地少，广大农村都只能适度规模化。

其实现在中国的小农已经跟过去不一样了，已经不是纯粹的小农经济。一是小农户已经不是自给自足，产品已经非常市场化。二是小农户已经不是单枪匹马的分散的个体，正在结盟，正在组织化，是大农中的小农。三是小农户已经不是传统的耕作方式，现代的理念、现代的技术、现代的设施、现代的管理都已经引入经营中。四是小农户已经不是全部包揽生产的各个环节，社会化分工越来越细，好多生产环节已经让位于社会化服务组织。比如收割，农业部出台了一些政策，激励农民购买了 50 多万台收割机，基本解决了我国农作物的机械化收割问题。五是小农户已经不再封闭保守。现在已经把新理念、新技术都引入经营管理之中，并且实现了"接二连三"的三产融合发展。六是小农户已经不是只种自家的土地，正逐步实现经营的规模化。所有这些特征都说明小农和过去不一样，已发生很大的变化，中国的小农有着旺盛的生命力。在构建新型经营体系、培育新型主体时，一定要认清家庭经营才是主体、主力和主导。

创新与守旧

创新与守旧问题属于农业供给侧改革的技术结构问题。我们正进入一个"大众创业、万众创新"的崭新时代，但是在创新的过程中，优秀的传统要守得住、守得好。"农业＋互联网"就是一个很好的创新。现在互联网已经对各行各业产生了强大的冲击。各行各业的业态都在互联网的作用下进行重新组合，新的业态都在不断变化。互联网经历了从工具渠道、基础、设施，再到产业发展历程，今天已经形成了一个互联网经济体。谁加入这个经济体，就能从中获得丰厚的回报。

互联网既有生产力产生变革的技术革命特征，又有使整体经济结构发生重大变革的产业革命特征。互联网具有这两个复合型的特征，反映在农业领域，就是大大推进了农业产业的转型升级。互联网为农业三产融合搭建了一个很好的平台，可以实现产业价值的整体提升。互联网促进实体经济与虚拟经济的结合，互联网是虚拟经济，它必须是以实体经营为基础。今天人类特别是农业，已经进入一个新的时代，就是后喻文化的新时代。美国人类学家玛格丽特·米德把文化分为三阶段：前喻文化、并喻文化和后喻文化。前喻文化就是农业社会时代，农业文化传承就靠先辈的经验积累，然后向后辈传递。到了工业时代，叫并喻文化，就是技术可以在同代人里传播，不需要那么长时间的经验积累。到了今天的信息时代，叫后喻文化。科技高度发达，年轻人比老年人思维敏捷，接受新事物能力强。既然农业已经进入了后喻文化时代，那就需要年轻人发挥主导作用。这个背景下，农业的生产经营更要把实体经济与虚拟经济结合好。互联网可以实现线上与线下的互动、互联、互通，这是推进农业产业革命的一个关键功能。农业技术的传播过去需要面对面、手把手。如今，农业科技的推广可以利用线上线下的互动超越时空对话，今天网络发达，在北京可以了解美国的技术，跨越时空。互联网搭建了大工业化生产和大商贸化流通的双层结构，世界上所有的工厂都是互联网的工厂，世界上所有的商品都是互联网的商品，这个双层结构连成一体，网罗天下，无所不包，无所不在。农产品生产加工与销售在这个双层结构中融为一体。

除了"农业＋互联网"外，农业还有诸多方面需要创新。比如制作创新，现在许多有名的小吃都是新培育出来的。2015年的网上评比，第一是黄焖鸡米饭；第二是兰州拉面；第三是沙县小吃，这些都是制作创新。创新是说不尽的话题，但是在创新的过程中，优秀的传统要守得住、守得好。中国农业具有先发优势，18世纪之前，中国的农业文明引领人类文明。19世纪到20世纪中国才学习西方的工业文明。18世纪之前，中国一直是走在世界的前面，中国的农业文明有它的合理性，要很好地继承发扬。今天全世界流行的生态农业、绿色农业、循环农业以及立体农业等其实我们老祖先早就创造出来了，只不过今天我们把它转变成了新的名词。像杂交技术，中国农书上早就记载有动物植物的杂交技术。这些技术都需要很好地传承与发展，而其中最核心最需要传承的就是有机农业产品。现代农业的化肥农药对人的健康产生了很大的负面影响，已经受到广泛诟病，传统农业的有机产品在全世界范围内正得到普遍青睐。我国河套平原农业生产条件非常优越，非常适宜硬质小麦的生产。那里有一个叫杨兆霖的企业家，他20年来就追求一个梦想：生产有机面粉。2013年，他的小麦面粉被欧盟认证为有机面粉，同年被选为国宴招待面粉。他生产有机面粉的秘诀就在于"三用三不用"。第一不用化肥农药，他租赁了2万亩地，用豆麦轮作的办法培肥地力。第二不用河水用地下水，因为黄河水有污染，他通过打150米的深井，抽取地下水浇灌。第三不用钢磨用石磨，用钢磨磨面高速高温，会破坏小麦的品质，麦香也没了。由于环保和健康，这种有机面粉能卖到1千克30元到260元，面条卖到1千克920元，还供不应求，经济效益非常好。诸如此类的还有很多，所以发展传统有机农业，不仅不"落伍"，还会大大提高效益。特别是现在，人们不仅要吃好，还要吃出营养和健康，有机农业前景无限广阔。在如何继承和发扬传统上，我们应该向有先进经验的国家学习。比如日本有十几万家百年老店、八家千年老店。德国有十多万种工业标准是国际标准。为什么？因为精工巧匠，就是守住传统，把事情做到极致。

得利与便利

得利与便利是农业供给侧改革的制度结构问题。改革开放以来，各种制度设计都是想尽一切办法让农民得利，今天农民不光要得利，更要办事便利，用他们的话说就是：给物给钱不如给个方便。长期以来，制度设计都重在让农民得利，使农民得到更多的实惠作为追求目标，作为制度政策设计的出发点和落脚点。经过多年的经济发展，现在的农民已经不太重视那些为数不多的农业补贴，需要的是办事便利。虽然近年来各级政府都在一直强调简政放权，但简得远远不够，放得远远不足。就农产品加工来说，有些申请还是很复杂，用农民的话说就是"把一只鸡变成烧鸡需要提供半只鸡重的申报材料"。基础制度设计一定要将得利与便利同时考虑，只有把得利寓于便利之中，才能适应农民的需求。

竞争与合作

竞争与合作是农业供给侧改革运行机制问题。在物资匮乏时代，人们的关系就是生存竞争，现代社会是物质丰裕时代，生存竞争让位于合作互助。特别在科技高度发达的今天，社会化分工越来越细，一个人或者一个企业，在大规模的社会化分工面前，只有合作才能避开风险，那就是要从生存竞争观念转变到利益合作，或者叫伦理合作上，这样才能实现从传统向现代转型。哈耶克说："经济的全部问题就是如何利用高度分散的、个人根本不可能掌握的知识的问题。"因此，农业必须在全产业链条中建立起命运共同体。没有哪一个产业像农业产业之间的关系这么紧密，种植业为养殖业提供原料，种植业和养殖业又为加工业提供原料，种养加又为销售业提供产品，而旅游业则是在前四个产业的基础上，无中生有萌发出的一个产业。农业整个产业链很长很复杂，但"种养加销游"这五大环节则是骨干。这五大骨干环节互相之间有非常紧密的关系，在社会高度分工又高度合作的背景下，五大骨干环节必须打造成农业产业的命运共同体。这个命运共同体可以分四个层面，第一层是利益共同体，没有利益的共同，什么都没有依托。第二层是情感共同体，有了利益共同体，大家要培养共同的情感。第三层是文化共同体，所谓文化共同体，就是要有相同的价值观。合伙办农场，有的人是想"捞一把"就走，但有的人就想将其作为一个事业，价值观不同就很难合作，所以要培养文化共同体。最后在利益共同体、情感共同体和文化共同体的基础上，才能打造成命运共同体，各个环节都必须超越自我，在更深广的时空里，思考共同的利益、共同的价值，寻求与产业链条各个环节最大的公约数，建立相互联系、相互支撑、唇齿相依、休戚与共、和谐共处、平等共生的一种紧密关系。

农业供给侧结构性改革是当前和今后一个时期的重要任务。但不论怎么改，必须守住三条底线：抓"三农"工作的力度不降低，抓粮食生产的力度不减少，农民的利益不受损。（本文根据作者在中国农业大学演讲的录音整理而来）

（本文原载于《中国发展观察》2016 年第 9 期）

关于应对"银发中国"的战略思考

2013 年底，我国 60 岁以上老人总计 2.6 亿人，占总人口的 16.7%，老年人口年净增 800 多万人，超过新增人口量，预计到 2053 年，我国 60 岁以上老人数将达到 4.87 亿人，占总人口的 34.8%，"国未富，人先老"，"银发中国"的提前到来，使养老问题迫在国家的眉睫，迫在民族的眉睫，更迫在每一个家庭的眉睫。"养儿防老""父母在不远游""老吾老以及人之老"的传统理念已经被现实生活颠覆。高新科技的发展，人们对生命质量的追求，养老服务业的滞后，诸多现实对养老问题提出了新的挑战。对此，必须以全新的理念未雨绸缪，应对突如其来的养老问题。

一、重塑新理念

城市化和现代化的快速推进，子女数量减少及家庭规模、家庭结构、家庭功能的变化，加之人口流动的增加和人们价值观念的变化等因素，导致人类社会进入多元养老时代，呈现四大趋势。其一是由家庭养老向社会养老延伸；其二是由道德养老向制度养老延伸；其三是"养儿防老"向"制度养老"延伸；其四是由他养为主向自养为主延伸。传统养老模式已经无法适应今天这个时代的需求，中国尤甚。

一是人口大流动使两亿多游子想尽孝而心有余、力不足，独在异乡为异客，鞭长莫及。全国第六次人口普查 2010 年流动人口已达 2.21 亿人，目前全国农民工有 2.7 亿人，世界超过 1 亿人口的国家仅有 12 个，超过 6 000 万人口的国家仅 23 个，可谓大国中流动着一个大国。农村留守老人超过 5 000 万人，"门口拴着一条狗，家里留下老两口"是不少家庭的写照。远在天涯的子女，为了生活，有的经年不归，有的数年不归，尽孝只能靠电话和邮寄一点打工钱。"一万打工钱，三代离别泪"是农民工心境的真实写照。

二是物欲横流，亲情疏远，一些道德滑坡的人不愿养老。人类的生存与发展需要伦理道德的约束规范，在敬畏感缺失、羞耻感淡漠、价值观混乱、潜规则盛行的当下社会，"金钱一站起来说话，道德就会趴下"。有人为了金钱可以舍弃亲情，赡养老人需要签订协议，父母想得到赡养需要对簿公堂，社会对此现象有的容忍、默认，有的麻木不仁，有的甚至鼓吹应学习西方抛弃亲情，推行契约养老。道德在养老问题上已经失去天然制高点。

三是面对日新月异的高新科技，老人无法跟上时代潮流，适应能力迟滞。传统社会老人是知识和经验的宝库，赡养老人可以获得老人经验和知识的传授、积累的社会关系的支持和抚养孙辈的便利。在网络信息时代，老人的知识与经验已失去价值，老人的威望和信誉及社会关系在市场经济条件下也所剩无几，尤其是面对手机、电脑等各种新技术的应用，老人更是应接不暇，被科技、被社会、被家庭、被子女、被生活边缘化。美国人类学家玛格丽特·米德提出"三喻文化"理论，精准概括了这一变化。三喻文化即农业社会的"前喻文化"，即文化的传承靠先辈的经验积累；工业社会的"并喻文化"，即文化的传承可以在同代人中进行；信息社会的"后喻文化"，即文化的传播由后辈向前辈进行，传递出现反转。面对新知识、新技术，老年人"回家问问孙子"的事经常发生。今天我们正进入这样一个"后喻文化"时代。

四是由于财务支配权和家庭决策权的丧失，老人在家庭中的地位退居次要。随着年轻人收入的提高，经济地位的上升，尤其在农村，农民收入增长要依赖外出务工，传统的主干家庭已经转变为核心家庭，在诸如盖房购房、添置家具及家庭未来发展谋划的决策方面，多是年轻人当家定夺，老人已没有多少发言权。

五是家庭功能小型化带来养老功能弱化。1990 年我国家庭户均人口 3.96 人，2000 年 3.44 人，到 2010 年为 3.10 人，家庭规模越来越小，除核心家庭外，其他非核心化的小家庭式样，如空巢家庭、丁克家庭、单亲家庭等却不断增加，老人数量和比重不断上升。"2、4、8"的家庭结构已经出现，一对夫妇、双方父母及父母的父母，这种养老负担是任何家庭都无法承受的。

六是夫妻关系发生颠覆性变化，使孝道难尽。父系社会长期形成的男主外、女主内的传统已不复存在，夫妻双方同时参与经济社会活动，有的女性收入甚至高于男性。在这种形势下，由过去夫强妻弱变成了妻强夫弱。当儿子在家庭夫妻关系中处于弱势时，父母就很难从儿子那里得到支持。尽孝便成了难题。

全新的时代背景要求我们必须直面现实，重塑理念，调动一切积极因素，培育多元养老主体，打造一个多元互动、多元互补的养老服务体系，这个体系的基本构架是：家庭尽孝、社会尽力、市场尽能、政府尽责。

一是家庭应倡导孝道立家。中国有"二十四孝图"的范例，有"百善孝为先"的古训，有"以孝治天下"的王朝。孝道文化是我国社会的基本伦理，是中华民族的传统美德，居家养老是天经地义的事情，具有广泛的社会心理基础。孝道是传统家庭养老方式的思想与文化依托。今天，家庭养老模式失效的一个重要原因就是孝道观念的淡漠与消失，在家庭价值观中以孝彰显的核心价值中落。要重构家庭养老模式，首先必须重新树立"孝道立家"的道德规范，让孝道文化重新回到家庭道德的制高点上，重新成为家庭价值观的核心价值，让赡养老人是子女应尽的义务成为发自内心的"自律"，而不是来自外力的"他律"。政府在采取多种方式弘扬孝道文化的同时，还可以结合运用减免税费、经济补贴、社区监督、法律约束等多种手段，鼓励发展以家庭为基础的各种养老服务形式，使家庭回归到养老责任第一主体和主要承担载体的位置。

二是社会应引导全员参与。生老病死是人生规律，任何人都有走向老年的那一天，那一天都需要别人的关爱，今天你关爱别人，明天别人才会关爱你。应搭建全国性乃至国际性的舆论平台，以广东清远为基地，把养老服务业高层论坛办成像博鳌论坛、达沃斯论坛那样具有世界影响力的论坛。社会应经常开展"我该怎样安放晚年"的醒世教育，唤起社会关爱老人的良知。"老吾老以及人之老"是中华民族的古训，只有人人尊老、敬老、养老，社会才会和谐，才会健康发展。坚持多措并举，构建全社会共同参与，多元合作的养老保障体系是当务之急。首先，应建立覆盖城乡的社区养老服务中心，主要承担社区托老服务、对居家老人上门服务、中介服务、应急救助服务、健身康复服务、精神慰藉与文化娱乐服务。社区养老服务点是政府居家养老服务网络的最基层组织机构。社区养老服务中心应该以政府投资兴办为主，鼓励社会力量通过与街道（乡镇）合作的形式参与。其次，应组织义工、志愿者做好社区养老服务。主要为那些行动不便、无法进行基本的家务劳动的老人服务，比如买菜、做饭以及一些简单的卫生整理。应动员具有专业优势的学校、医院、机关等事业单位以及一些社会上热衷于公益事业的组织及个人参与社区养老服务活动，做得好的给予奖励。对于做满一定时间的学生，可以从政府得到一定的奖学金，还可以规定必须无偿地为社会服务一定时间才能毕业等。应把尽力挖掘志愿者资源，建立完善的志愿者队伍作为各类群团组织的重要工作任务。再者，应建立老年组织，鼓励支持老人发展自我互助服务。

三是市场应孵化养老产业。养老产业涉及家政服务、医疗康复、饮食服装、食物保健、休闲旅游、金融地产等方方面面，是多产业相互交叉的综合性产业。应鼓励企业在城乡建立若干全产业链基地，发展养老服务业，这样可有效形成老年产业集群效应以及集群之间的互动效应。"全产业链"模式能够实现跨界互补式操作、同界联合运作，搭建起企业联盟优势平台，进而带动整个老年产业链上下游的发展，从而实现老年产业的可持续发展。

发育孵化"全产业链"社会化养老企业，必须以市场机制引导，引入多元投资主体，加大政府扶持和管理。要改变养老机构非营利的体制束缚，允许养老机构差别化经营。可以有偿服务、低偿服务、政府购买服务，经营者自负盈亏，促进善经营会管理的企业迅速成长为"全产业链"大型企业。

要按照政策引导、政府扶持、社会兴办、市场推动的原则,大力推进投资主体、投资方式多元化。要放宽民办养老服务机构准入门槛。允许民办服务机构从小做起,边运作边发展,帮助企业规范管理,拓宽服务内容,或者采用公办民营、民办公助等形式促进养老机构发展。在机构运作中,要做好监管工作,促进其规范化建设,各省市县应尽快成立养老服务行业协会。

四是政府应保底特殊人群。在"养儿防老"已经过渡到"制度养老"的今天,无论养老形式怎么改变,政府的职责只能强化,不能有丝毫削减。特别是在人口老龄化程度急剧加深的情境下,又同时面临着家庭养老功能弱化,社会养老不成体系,机构养老供需紧张、服务水平不高的形势下,政府必须兜底解决家庭、社会不能解决的养老问题。一是失去独生子女或者独生子女一、二级残疾的老年人,他们为我国计划生育国策的实施做出了重大牺牲。有关方面估算,我国未来失独家庭在1 500万左右,不解决好他们的养老问题,将是社会永远的痛。二是城乡"三无"老年人。对于无劳动能力、无生活来源、无赡养人和抚养人,或者其赡养人和抚养人确无赡养能力或者抚养能力的老人应该由政府兜底养老。三是重度残疾老年人。四是重点优抚对象,即县级以上任命政府批准的对社会做出重大贡献的老年人。

二、打造新业态

养老服务业不仅包括为老人提供服务的第三产业,还包括为老人生产用品的第二产业,以及专门为老人提供专用农产品的第一产业。随着老龄化的加速和老年消费需求的跳跃式增长,社会资本纷纷加入养老服务业并不断创新业态。

首先是功能新。新的养老服务业是一项综合性强、功能不断拓展的新产业,重点紧紧围绕"老有所养、老有所医、老有所学、老有所为、老有所游、老有所乐"目标,采取全方位、多角度、多层次的服务方式,不断创新模式、拓展功能,为老年人提供门类众多、丰富多彩、适合个性的服务内容。

一是立足老有所养，从宏观到微观开发服务内容和服务方式。如，在宏观上探索"居家养老、社区照料、义工援助、邻里互助、亲情慰藉、协会维权"六位一体的社会养老服务方式，加强对企业养老保险金征收的监督和管理，多渠道筹集社保基金，确保老年人养老金按时足额发放。在微观上适合老人需求的生活用品不断被市场开发，食物保健产品层出不穷，养生养心养颜产品成了商家争抢研发的黄金领域。与此同时，文化娱乐、精神慰藉等服务也正在走入老年人的生活。"为你订制一个家"的高端个性化服务在一些城市已崭露头角。

二是立足老有所医，保障老年人医疗服务。一些地方正在积极探索社区卫生服务全覆盖，保证老年人"小病不出社区，大病有人救助，康复有人护理"。各医疗站点都建立社区老年人健康档案，为老年人定期进行低费或免费健康检查和咨询。

三是立足老有所学，帮助老年人不断提高自身素质。利用图书室、活动室等文化活动场所，或者开办老年大学，定期组织老年人健康知识讲座、科普讲座、书画、手工技艺、种花、绿化培训等。同时根据老年人专业特长，组织兴趣小组，组织老年人开展经常性学习活动。既丰富了老年知识，开阔老年人视野，也提高老年人素质和生活质量。

四是立足老有所乐，丰富老年人文化生活。引导老年人开展健康、积极、向上的老年文化娱乐活动。如成立老年人体育协会、钓鱼协会、门球协会、歌咏协会、地方戏票友协会、健身舞蹈队等。

五是立足老有所为，帮助老年人发挥余热。如组织具有专业优势的老人开展政策咨询、技术咨询等。对那些身体棒、精力足、热情高的老人，组织他们为社区服务，为他人服务，义务参加社区的环境卫生、计划生育、青少年帮教、纠纷调解、低保核查、治安巡逻、邻里互助等各方面活动。

六是立足老有所游，组织老年人不断变换生活环境。人们常说，旅游就是从自己住腻的地方到别人住腻的地方去看看，风景都是外地人的风景，老人常住一地，势必乏味。老年旅游已形成一大产业。

当前，我国老年服务业主要集中在老年消费品的硬件制造，而老年服务的软件产品市场供给缺口却很大。面对越来越多的老年消费者需求，老年服务的数量和质量都远远不够。养老机构、老年医院、老年住宅、老年服务体系等都严重缺失，尤其是生活照料、健康维护和精神慰藉等。今后，照料服务、家政服务、文化娱乐服务、社区养老服务和紧急援助服务等行业将是需求增长最快的领域，这些产业部门应大梦先觉，及早动作。

其次是载体新。既有实体空间的养老服务，如在一些大城市建立的养老基地、养老园区、养老中心等；在中小城市及农村建立的养老社区服务点；在城市建立的家庭定点项目服务等。也有虚拟空间的养老服务，如利用互联网建立的各种健康检查与咨询，微信、微博聊天群，老年用品购物等。既有综合性的全方位、多功能园区、中心，开展一条龙的高端服务，也有分项目根据需求上门到家的简单专业服务。既有在固定不变的一个场所的服务，也有流动的多点异地服务，如旅游。新业态的载体虚实结合，动静交错，高低互补，繁简相映。

最后是方法新。养老新业态的出现总是伴随着养老方式方法的创新。养老地产就是一种方法创新。养老地产一般是在建设养老项目的同时配建并销售、出租房屋，如北京东方太阳城不仅包括各种机构住房，还包括医疗服务、邮政、超市、餐厅、活动中心等多种配套设施及一所老年大学。

国外流行的一种新理论认为，人的一生分为四个年龄，第一年龄即从出生到就业，主要是学习知识；第二年龄即从就业到退休，主要是边工作边学习；第三年龄即从退休到生活不能自理，这一阶段是人生最有意义的黄金期，经验的积累、资本的积累、时间的自由、身心的放松等都充分体现，开发这一阶段的老年需求，潜力巨大，美国已有790多所大学开办了第三年龄大学；第四年龄即从生活不能自理到进入坟墓，这一阶段需要家庭、社会、政府全方位、全时空做好服务。

保险进入养老服务业是又一种养老创新。合众人寿保险公司通过保险产品与养老服务之间的嫁接，使金融产品融入养老服务业。合众人寿在武汉投资兴建养老社区，推出"买合众保险，住养老社区"养老保险产品，客户购买了合众人寿的养老产品就可以提前锁定年老之后入住养老社区的权利，享受"居住在家中、生活在社区、机构来服务"的老年生活。

湖南康乐年华养老服务公司通过养老品牌和养老服务输出的方法进行养老产业连锁经营模式，公司主要是通过养老品牌和养老服务输出向加盟机构收取前期指导费用和品牌使用费取得盈利。

随着养老服务业的崛起，越来越多的行业正以各种创新方式融入养老服务产业，分享这一涉及中国未来近三分之一人口的养老消费市场大蛋糕。

三、开拓新服务

随着人们生活水平的提高、生活质量的提升、生活节奏的提速，个性化、快捷化、方便化的需求越来越强烈，新时期的养老服务必须迎头赶上，适应这一需求。

首先，应从宏观层面上谋划国家战略思维，即运用新技术，搭建全国养老智能云平台。大数据、云计算、互联网是新时代高科技手段的集中体现。老人因健康、文化、家庭状况、兴趣爱好、人生阅历等不同，需求就可能不一样，养老服务必须体现个性化、特殊化，有针对性地对老年人提出他所需要的服务。这就必须运用大数据分析技术，从国家层面构建养老智能化云平台，把每一个老人的信息包括健康检查、病历、社保、养生要求、个人特点等各种数据信息通过网络连接起来。通过全国联网的大数据分析既可全面、综合、科学地对我国养老产业未来发展和养老服务作出精准研判，又可实现针对老年个体的特色服务。

各地从事养老产业、养老服务的家庭、社区、企业、各类政府机构以及提供服务的组织者、医护人员、各种工作者，包括各类服务特点等各种信息都可采集录入数据库。这个庞大复杂的数据系统就构成了一个老年产业和服务的云计算智能平台。把一个省分散在各市县的老年信息和老年产业及服务信息联网，就构成一个省级云平台，把一个市或县的老年人信息和老年服务信息连接起来就构成一个市或县级云平台。

有了老年服务云平台之后，老年人通过电脑、IPAD、手机或者老年服务专用终端设备就能够在平台上获取或提出他需要服务的要求。云平台智能化养老是可以应用于居家养老、社区养老、机构养老、异地养老等方式并能够将各种养老结合在一起，为老人提供个性化、全方位、立体的、多种形式的养老服务，使养老服务更安全、更便捷、更健康、更舒适，更可以降低养老成本，提高养老效率。这是一项惠及几亿老人，利在当代、功盖千秋的伟业，也是一个需要巨量投资的基础工程。这项工程不光是几亿老人的福音，也将给社会、给国家乃至每个家庭的养老减轻压力，带来便捷。这项工程应从国家理念、国家意志和国家战略的高度纳入国家"十三五"重点项目建设规划。

其次，研发适老新产品，满足养老新需求。养老产品不仅涉及中老年人的医疗保健、服装服饰、睡眠用品、康复护理、休闲锻炼，还包括各类符合中老年喜好的文化用品、工艺饰品等，与老年人相关的寿险、意外险等也都存在着巨大商机。但目前我国养老产业链还处于起步阶段，基本没有形成规范化、规模化、产业化发展。有数据显示，现阶段全国为老年人提供的产品不足 10%，市场缺口巨大。而且与年轻人相比，老年人使用的商品会有特定的需要，但目前很多养老产品性价比不高，品种单一且没有针对性。如何使养老产品变成养老产业是有关企业和一些科研院所面临的大课题，应加大适老产品的设计研究和开发，以挖掘这一潜力巨大的市场，满足老年人多种需求。

在居家养老方面，继续发展生活照料、家政服务、精神慰藉等传统服务项目的同时，当务之急应积极拓展康复护理、无障碍设施改造、紧急呼叫、安全援助和社会参与等服务。在社区养老方面，应强力推进社区养老服务基础设施建设，积极培育专业化的社区养老服务组织和机构，探索推进社区老年人互助养老服务模式。

再次，应构建全国连锁的养老服务网络。建设老年服务云平台，能够实现居家、社区、企业、政府养老相衔接，从而实现全国养老服务连锁，构建 24 小时立体全面照护与个性化选择服务相统一的服务模式。

国家和省级层面要规划建设若干示范养老机构，市县层面至少要建有一所示范养老机构，每个乡镇至少应建立一个社区养老服务中心。把国家、省、市、县示范养老机构和乡镇级社区养老中心的数据信息通过网络连接起来，就构成了全国连锁养老服务网络主干体系。对居家养老、社区养老和社会养老服务等各种信息录入，即可实现全国连锁全覆盖。国家要对各种养老服务的基本内容、服务形式以及服务的要求等进行规范，按照相对统一的标准开展养老服务，并将参与养老服务的机构、人员、设施等数据信息相互连接，这样便于消费者选择，实现老年人异地养老、候鸟式迁徙养老、旅游观光式养老及个性化选择式养老等。

最后，为养老服务做好服务。我国越来越多的教育和培训机构近年虽然不断加大养老服务业一线人才的培养力度，但养老人才短缺问题依然十分突出。有关方面预测，今后20年我国年均将增加1 000万老人。一般情况下，3个老人需要一个护理员，以此计算我国目前就需要1 000万的养老服务人员，但眼下全国养老机构人员不到100万，持证上岗的更少。为了控制或降低人力成本，服务人员多为聘用下岗或外来务工人员，文化素质较低，绝大多数没有经受过专门训练，而且流动性大，老年服务人员普遍存在服务不专业的问题。老年人往往多病、多功能障碍、多残疾，他们对预防、保健、医疗、康复服务的需求都很高，许多养老机构还不能提供这些服务，养老人才奇缺是当前制约养老服务业发展的一大障碍。

国家应加大养老服务专业人才引进力度，各地应积极与有条件的高校和职业教育机构合作设立养老管理与服务、老年护理、老年社会学和养老产品研发等专业。要面向社会鼓励各类职业培训机构对养老服务人员开展职业道德、专业知识和岗位技能等方面的培训，引入第三方评估模式，考试合格发给相应的职业资格证书。同时，大力发展养老服务志愿者组织，如青年志愿者队伍；创新以老养老互助队伍，通过社团形式将社区低龄健康老人组织起来，为高龄的需要照顾的老人提供家居服务；也可组织年轻人开展"时间银行"服务，把服务时间"储存"起来，当自己需要生活照料时，优先免费享受同等的服务等。

一个理想的时代既要伟大，也要幸福。看一个时代是否伟大，要看那些大人物；看一个时代是否幸福，要看那些小人物。作为还债性抚养比高发的老年群体，生活质量如何，当是衡量这个时代幸福指数的关键标尺。

（本文原载于《中国发展观察》2016 年第 5～6 期）

乡村旅游：中国农民的第三次创业

改革开放以来，中国农民第一次创业是发展乡镇企业，第二次创业是进城务工经商，第三次创业则是近几年蓬勃兴起的乡村旅游。

一、第三次创业与前两次创业比较

1. 发展乡镇企业的第一次创业与乡村旅游创业比较。20 世纪 80 年代中期，中国农民在土地承包后家庭能量得到充分释放，温饱问题很快解决后，手里有了余钱，他们就开始经商办厂，"村村点火，户户冒烟"的乡镇企业勃发，形成一个个专业户、专业村、专业片、专业市场，一度占据中国 GDP 的半壁江山。乡镇企业的兴旺发达，推进了城市国企改革，从而确立了我国社会主义市场经济地位，乡镇企业的功绩在特定历史条件下功不可没，但其局限性也显而易见，当年办乡镇企业与今天搞乡村旅游二者优劣凸显。

前者是浪费资源，后者是开发利用闲置废弃的沉睡资源并保护看守资源；前者是破坏自然生态环境，后者是保育修复生态环境；前者是必须靠自己千山万水地跑、千方百计地套、千辛万苦地找、千言万语地销，后者是靠网络坐在家里展示信息，等客上门；前者是误打误撞，后者是中外成套经验；前者是从事第二产业，后者是从事第三产业（产业层次升级）；前者是短命的不可持续，后者是长久的朝阳产业。

2. 进城务工的第二次创业与乡村旅游创业的比较。农民工用脚踹开了城门，用最低廉的成本高速推进中国的工业化和城市化进程，可谓盖世奇功。其间，农民工做出巨大的牺牲。开发乡村旅游与进城务工相比，对于农民而言，利弊显见。

前者是远走他乡，后者是足不出户；前者是寄人篱下，后者是自我做主；前者是都为别人忙，后者是全给自己干；前者是抛家别亲，妻离子散，鞭长莫及，后者是家的温馨，其乐融融，养老、育子、护夫（妇），昼夜呵护；一万打工钱，三代离别泪。全国现有 6 100 万留守儿童，2 000 多万流动儿童，还有几百万流浪儿童。四川启动招募"童伴妈妈"计划，每人负责一个村的留守儿童，招募 19～55 岁妇女，年补2.4 万元，工作经费 1 万元。这是解决留守儿童问题的一条好路径。全国乡村教师 3 年流失 30%，一面是孩子受不到良好的教育，一面是教师闲置流失，这是一种畸形的错位。

前者是东奔西走，跳槽不断，乱选职业，难以积累技能，后者是稳居家中，积累职业经验、积累人脉、积累市场、积累技能、积累自己品牌的知名度、美誉度，打造百年老店。

前者是种了别人的地，荒了自己的田，后者是可以兼业务农。在日本，收入 10% 来自农业即被视为农民，主要收入来自农业被视为第一兼业农，次要收入来自农业被视为第二兼业农；中国农民兼业将是一个相当长的历史过程，这是国情决定的。

前者是职业病高发，后者是身心健康。2013 年公布的《职业病分类目录》共 10 大类 132 种。职业病具有隐匿性强、治愈率低、分布行业广、中小企业多、患者流动大的特点。农民工多发尘肺病、高辐射、铅中毒、苯中毒等，全国两亿多职业病患者 80% 以上是农民工，仅尘肺病患者就达 600 万人以上，尘肺病具有不可逆性。欧洲最后一例尘肺病人是在 19 世纪，美国最后一例尘肺病人是在 1930 年，日本最后一例尘肺病人是在 1970 年，而中国还在高发。

前者是被熟人社会逐渐抛弃，后者是尽享家园红利。家园红利是农民最大的无形资产，在应急事务、资源配置、矛盾调处、互帮互助等方面，是农民世世代代取之不尽用之不竭的宝贵财富。经济学讲的是物质资本、人力资本、知识资本，还有一个社会资本，而在中国社会资本尤其重要，它包括信任、关系、规则等，家园红利就是社会资本。

前者是乡村优质资源的外流,后者是把乡村优质资源留住,同时把城市文明引入乡村。今天是城市资本过剩的时代,城市资本到处寻找出口,乡村旅游把城市资本吸引到乡村,为新农村建设培育内生性的物质基础。前者靠的是城市资本的吸引,后者靠的是农村资源的吸引。前者农民工进城为找"忙",后者市民下乡为找"闲"。前者农民进城是挣钱,后者市民下乡是送钱。前者使乡村衰败凋敝,后者使乡村焕发生机,充满活力。凡乡村旅游发达的地方,经济社会都显出一片繁荣景象,文明程度与日俱增。

第一次创业是半脱农状态,第二次创业是全脱农状态,第三次创业则生于农、长于农、盛于农。农为根本,无农则亡。前两次创业只在二产三产中打转转,第三次创业则使一二三产融为一体,种养加销结成环链,打造出农业产业利益共同体,使产业价值得以整体提升。前两次创业都是在外部环境不宽松的背景下闯出的路子。第一次创业,务工经商被视为投机倒把,只能偷着干。第二次创业时,农民进城要跨过三道门槛:请假、介绍信和粮票。眼下中国农民进行的第三次创业,政策不仅没有约束,还大力鼓励支持帮助。

3. 乡村旅游的动力、功能和特征。世界经济合作与发展组织将旅游观光农业定义为"在乡村开展的旅游,田园风味是观光农业旅游的中心和独特的卖点"。乡村旅游的核心是原汁原味的乡村文化,它以农村自然环境、农业生产活动、农民生活方式为旅游的吸引物,不光具有旅游、观光、休闲、养生等多重功能,还具有传统"耕读文化""天人合一"的哲学意蕴,结合传统民居如福建土楼、广东碉楼、浙江诸葛八卦村、安徽宏村、湖南张谷英村等乡村物质文化遗产,以及剪纸、泥塑、木雕、乐器、演奏等非物质文化遗产,共同组成了极具美学价值和灵性的乡间大美图画。

农耕文明时代我国已出现乡村旅游行为和乡村旅游现象。

孔子最高兴的事是"暮春者,春服既成,冠者五六人,童子六七人,浴乎沂,风乎舞雩,咏而归"(《论语·先进篇》),这是乡村旅游的畅快。

刘邦当了十二年皇帝后，于公元前 195 年 10 月回乡住了 20 多天，写出名诗，"大风起兮云飞扬，威加海内兮归故乡，安得猛士兮守四方。"

谢灵运开山水诗派，"池塘生春草，园柳变鸣禽"是他的名句。后人便有了"乐山登万仞，爱水泛千舟"的跟风潮。足迹踏遍名山秀水成了那个时代的时髦。

李白"李白乘舟将欲行，忽闻岸上踏歌声。桃花潭水深千尺，不及汪伦送我情"。这是对醇厚乡风、热情乡民的深情讴歌，这是对"十里桃花、万家酒店"的深情寄语。

孟浩然"故人具鸡黍，邀我至田家……待到重阳日，还来就菊花"。这是准备做农家乐的回头客。

杜牧"借问酒家何处有，牧童遥指杏花村"。这是交通通信不发达时代寻找农家乐的"定格照"。

王维"明月松间照，清泉石上流。竹喧归浣女，莲动下渔舟"。这是对暮色初上的山村妙景的细细品味。

唐代的终南捷径，其实也是去山村隐居体验休闲观光的乐趣。然后见机结识名人，通过名人举荐走进上流社会。游历隐居乡野变成了名人的政治目的。当时的终南山里，乡间别墅一定十分壮观，"农家乐"一定十分发达。中国古代文人有一种理想的生活状态，叫"诗酒田园"，身居田园，饮酒作诗是文人的追求。

西方乡村旅游在工业文明时代发展为一种产业。

乡村与旅游在西方两个词语被组合起来，起源于欧洲 19 世纪，只有 100 多年的历史，中国的乡村旅游应该起源于城市诞生之时，其后贯穿始终。"落叶归根""常回家看看"已成为中华民族的一种传统观念。因此，乡村旅游不是西方的创造，但形成产业却是西方早于中国，一百多年前的法国、意大利就已形成风潮。今天，在法国、德国、西班牙、美国等已把乡村旅游作为经济增长、扩大就业、避免农村人口过度流向城市的重要手段。英国调查显示，约 25％的人每年多次或经常访问乡村，约 50％的人偶尔访问乡村，84％的人每年进行一次以上乡村游。

英国有一句妇孺皆知的箴言："英国就是乡村，乡村就是英国"，英国人当今追求的最理想的生活方式就是在城市上班工作，在乡村居住生活。在英国无论走到哪里，都能找到挂着"B&B"牌子的农家客栈（B&B即 Bed 床和 Breakfast 早餐）。

乡村旅游的七大推手：一是收入的提高，二是交通通信的发达，三是休闲时间的增加，四是生活方式的改变，五是城市病加剧，六是盛世乡愁的呼唤，七是城市家庭机动化水平提高。

乡村旅游是传统产业的替代产业，可持续发展的战略产业，不断升级的创新产业，与"食"俱进的朝阳产业，乡村变革的牵引产业。

乡村旅游具有"四生"功能：生产的参与、生活的融入、生态的享受、生命的体验。

乡村旅游最直接的功效是"七洗"：洗肺、洗胃、洗眼、洗耳、洗身、洗血、洗神。

农业旅游与乡村旅游的不同：农业旅游可在乡村也可在城市，日本城市有几千家农业公园；乡村旅游只在乡村，它不仅包括景观、设施，更多地体现为乡村文化的传承和体验。

乡村旅游对象是市民、中产阶层、外地人。还具有一定的地域性特点，用生态文明的理念发现乡土文明的自身特点。弯曲的道路、狭窄的街道、错落的土房、窑洞、木屋、竹楼，乡村旅游务必突出农村性；务必坚持原生态有机绿色的理念，维持没有竞争力的农业农村农民在发展过程中筑起的社会屏障、技术屏障、生态屏障，杜绝非农化、逆农化、反农化。

乡村旅游贵在亲和力，通过个体的感知与交流增加人与人之间的亲近感，无关利益争夺，亦非零和游戏，是人民群众自在自由自然的交流交往，过程是观察和体验，效果是感受和领悟，结果是情感的再造与升华，有天然的亲和力。庄子"乘物以游心"是对旅游的最好注解。

乡村旅游妙在自发性。"世界这么大，我想去看看"是最好的诠释，旅游已成为人们的生活内容、生活方式、生活质量的标准，生活品位的象征，自发自觉自愿自主。

乡村旅游功在文化流。自然环境的差异、风土民情的差异、人际交往的差异、语言思维的差异等是吸引点。从自己熟悉的地方到自己不熟悉的地方去，寻找的就是文化的差异性。在游的过程中，游者也是文化的传播者，把异地文化带入旅游地，双方实现文化的交流融合，不分地域、不分国家、不分民族、不分意识形态，互相渗透，实质上是以人和物为载体的文化自觉大流动。

乡村旅游具有"五闲"特征。开发闲置资源，吸引闲暇市民，整合闲散时间，服务闲适游客，滋养闲情逸趣。

休闲游的最高境界是使人自在、自由、自得，实现生存境界的审美化和审美境界的生活化。休闲文化自先秦即有行为现象，至宋代相当繁荣，上至宫廷，下至百姓，蔚然成风。应引导健康有益的休闲文化，实现审美养性的美学价值，不能为钱所累，为闲所困，应通过合理的心性与观念的调节，把握实现"从心所欲不逾矩"，达到生命的自在，体悟的自由，心性的自得。传统的休闲审美境界分为三种：遁世境界、谐世境界、自得境界。遁世不可取，谐世、自得才是应取的态度。

据有关资料统计，2013年全国各类休闲农业经营主体已经超过180万家，年接待游客9亿多人次，营业收入2 700亿元，带动2 900多万农民受益。2014年，国内旅游已达36亿人次，是1984年的18倍多，其中乡村旅游已达12亿人次，增长势头迅猛。浙江省湖州市2014年接待乡村游客超过2 300万人，经营总收入40亿元，乡村旅游已覆盖全市25％的农村人口，对农民增收贡献率超过40％，农民人均旅游收入增加627元。截至2015年国庆长假，国家旅游局数据显示，国内旅游人次36亿，其中18亿在乡村，农民直接接待的至少6亿人次，如人均消费400元，则农民从乡村游中直接收入即在2 400亿元，一个为18亿游客服务的就业队伍，应是一个几亿人的庞大群体。发达的瑞士被称为"三无经济"，无烟工业（手表、军刀）、无本买卖（金融中心）、无中生有（旅游业），旅游就是无中生有的经济。

二、乡村旅游是盛世乡愁的呼唤

"让城市融入大自然，让居民望得见山，看得见水，记得住乡愁。"中央城镇化工作会议以诗化的语言为社会提出一个宏大的哲学命题。乡愁是什么，乡愁是游子对故乡记忆的眷恋和思念，愁之所生者多元，有"独在异乡为异客，每逢佳节倍思亲"的游子之愁；有"偶闲也作登楼望，万户千灯不是家"的民工之愁，有"日暮乡关何处是，烟波江上使人愁"的文人之愁，有"若为化得身千亿，散向峰头望故乡"的士大夫之愁，不论哪种愁，盖源于异乡的孤独、思乡的愁苦、归乡的尴尬和盼望旧景重现的期冀。"乡愁"其实是"城愁"，是从乡间走到城市里的那个群体在"愁乡"，他们不光"愁乡"，且因找不到融入感也"愁城"，陷入"回不去的乡村、进不去的城"的困境。"乡愁"因"城愁"而生，"愁城"因"愁乡"而起，"乡愁"的完整意义应当是"城乡之愁"，概而言之，"愁"出十脉（此处略，详见《中国发展观察》2014 年第 2 期）。

乡愁多发生于乱世或盛世，乱世乡愁是一种无法追及的痛苦牵挂，盛世乡愁则是一种可以消解的甜美品味。人们在乡村旅游中即可找到这种感觉。生活在当下的人们，有上述诸多愁绪要消解，乡村旅游势如涛涌当属自然，尤其快节奏的现代生活，拉大了"人"与"家"的距离，有人在疾呼中国急需来一场"回家运动"。从哲学意义上说，知道自己从哪里来，才能知道自己该到哪里去，追求什么。只有搞清楚这个哲学命题，人类社会才会健康发展。

三、乡村旅游激活了沉睡的资源

1. 激活了传统农业先发优势的长处，规避了现代农业后发优势的弊端。以绿色、有机、生态、循环见长。日本青年木村秋，孤独坚持 11 年，不用农药化肥种出"奇迹苹果"。味道好、外观美，日本社会流行的心愿是希望吃到木村的苹果，哪怕只有一次。木村事迹被拍成电影，NHK 电视台应观众要求重播 100 多次。所谓"奇迹苹果"其实就是生态有机苹果。

2. 激活了闲散劳动时间的价值。过去无所事事，今天是紧紧张张，所有空闲时间都被利用，且从古稀老人到几岁孩童都可帮忙做些辅助劳动，他们忙得充实、忙得高兴、忙得有效益。

3. 激活了闲置劳动力，使之成为高价高质劳动力。西安兵马俑附近村子的外语热，让村民素质普遍提高，劳动价值普遍得到提高。

4. 激活了黎明即起、洒扫庭除的传统文明卫生习惯。

5. 激活了自然风光、一段溪流、一座断桥、一棵古树、一处老宅、一块残碑都有诉说不尽的故事。把资源变成资产，把资产变成资本，把资本变成资金。陕西洋县朱鹮自然保护区，深挖文化内涵，借朱鹮鸟的爱情忠贞，打造年轻人追求的婚姻圣殿，吸引全国各地年轻人到这里举行结婚仪式。

6. 激活了奄奄一息的风土民情，旱船、社火、龙灯、婚丧嫁娶、礼仪等特色习俗。

陕西十大怪：面条像腰带、锅盔像锅盖，辣子是道菜、泡馍大碗卖，碗盆难分开、帕帕头上戴，房子半边盖、姑娘不对外，不坐蹲起来、唱戏吼起来。

东北：窗户纸糊在外，大姑娘叼着大烟袋，养个孩子吊起来，不吃鲜菜吃酸菜。人参绍皮乌拉草（鹿茸角）。

海南：三个蚊子一盘菜，腿还伸在盘子外，三个老鼠一麻袋，一条蚂蟥当腰带，斗笠当锅盖，老太太爬树比猴快，臭鱼烂虾一道菜，水果越臭越好卖，人不穿鞋牛穿鞋，一条裤子穿三代。

云南：四个老鼠一麻袋，蚕豆花生数着卖，背着娃娃谈恋爱，四季衣服同穿戴，摘下草帽当锅盖，鸡蛋用草串着卖，火车没有汽车快（不通国内通国外），蚂蚱当作下酒菜，有话不说歌舞代，竹筒当作水烟袋，娃娃出门男人带。

重庆：房如积木顺山盖，坐车没有走路快，排开麻将把客待，办报如同种白菜，满街棒棒路边排，空调蒲扇同时卖。

河南：开封古城摞起来，天井窑院地下开，遍地文物脚下踩，一个村子姓过百，小伙没有姑娘帅。

贵州：石板房子依山盖，簸箕当成画来卖，牛角喝酒不准赖，豆腐越臭人越爱，十斤银饰姑娘带，稻谷排队空中晒，穿着古装到现代，吊脚楼上耍自在，唱着山歌谈恋爱，草帽盖住地一块。

广西：绣球最大马最矮，百岁寿星能打柴，不叫南海叫北海，山在城里楼在外，千年铜鼓敲不坏，米粉吃出三大派，礼品店里卖棺材，稻谷种到云天外，男女恋爱摆歌台，石头当成宝贝卖。

广东：蛇虫鼠蚁都是菜，稀饭和肉混一块，先喝清汤后吃菜，出门都把雨伞带，衬衣穿在毛衣外，靓女肚脐满街晒，短裤穿在长裤外，工厂打工没礼拜。

7. 激活了历史遗存的古迹、面临毁损的物质文化遗产。

8. 激活了民间世代传承的技艺、濒于灭绝的非物质文化遗产。

9. 激活了剩余农舍。今天把村里的房子改造成给老板和城里退休老人住的房子，把自用生活资料、生产资料转化为经营性资产，产权回报直接，投资少、风险小、效益高。中国 2.6 亿农民工，一家按三至四人计，农村剩余房屋也达几千万幢。中国工程院院士郭忠仁称，中国省会城市平均每个规划新建 4.6 个新城区，地级市平均每个新建 1.5 个新城区，全国新城区规划人口 34 亿，即便把所有农民都搬到城里住，按这个规划，中国还要进口 20 亿人才能住满。

10. 激活了农家餐饮，几千年自给自足中研发出的独特味道，由自享到与别人分享。过去，外出靠打工挣钱，今天，在家靠厨艺挣钱；过去，寄人篱下，今天，自我做主；过去，被动择业，今天，主动创业。

11. 激活了土特产品，养在深闺人未识，一朝扬名誉天下。山东胶州，大白菜 30 元一棵不讲价；安徽金寨土猪肉北京企业订购价每斤 98 元；野山核桃一颗最高卖到 20 万～30 万元，如果配对，价格翻倍，一棵可结上千个果实的野山核桃树包树卖一年可卖几十万；北京有个玩核桃的"核桃圈"，一颗核桃几千到几万，最少几百元一颗。尤其电商网购发达，已把土特产卖到世界各地，"双 11"消费狂欢节更是把中国的购物热潮推到巅峰。跨境电商已经引发全球高度关注，震惊世界。2015 年"双 11"，一个小时之内已有 220 个国家和地区涌入速买通下单，"天猫"仅1分45秒跨境交易额超过2014年"双11"全天跨境交易额。天猫晚会大屏幕显示，10日午夜零点一过，18秒挤破一亿，一分钟挤破10亿，12分钟过百亿。七年前，天猫创造了"双11"光棍节消费，当年只有几十个商家参与，今天已达几万个，一天交易额高达900多亿，第一个小时交易1.17亿笔，同时在线峰值达4500万人。2015年一天包裹数量3.5亿个，2014年2.8亿个。这场电商大战带出的是消费奇迹，是中国的消费狂欢节。

12. 激活了农村精英的认同感和影响力。农村精英分在场和不在场两种，农庄庄主是在场农村精英，不在场农村精英，即本地外出闯天下的成功人士，可利用现代化交通通信对家乡产生影响力。没有特色农庄，他们对家乡的认同感就不会很高，不愿在外人面前提起自己的家乡。特色农庄让他们增强对家乡的自豪感，从而利用自身优势对内支持家乡，对外宣传家乡。朱元璋当了皇帝不忘家乡，征调100万民工花6年时间建成一座24条街、108坊的皇城，是北京故宫的一倍半。据民国财政部统计，抗战经费三分之一来自华人华侨的捐助。

13. 激活了层级需求。过了旅游扫盲阶段的群体正在寻求新的旅游消费。大富人群已过了旅游扫盲阶段，他们不会再盯着如黄山、故宫、长城等名山大川、名胜古迹、名人故里的"三名景点"，他们偶尔选择去国外游，但国外的感受是"好山好水好寂寞"，很多时候他们选择国内那些小众景点、新景点、山村偏远景点去游览。自2012年始，我国国外游人数连续三年居世界第一，2014年内地游客出境游达1.09亿人次，海外支出达1648亿美元，同比增长28%，2015年出境游预计达1.2亿人次，消费将超过1万亿人民币。"高端购买力、消费力"外流是因为国内难以找到消费点。中富阶层处于游名胜和游乡村两者之间，而不富阶层既无钱又无闲，他们整日为"生计的刚需"奔忙，当下中国这个群体按人均1.9美元计算还有数亿人，他们的旅游限于经济条件，往往是从附近乡村旅游开始的。这三个层面的需求都在向乡村展开。

14. 激活了农业创新转型。①产业转型，三产融合；②产品质量转型；③路径转型，无中生有；④方式转型，组织化、市场化、规模化；

⑤功能转型，多种功能。

15. 激活了群体精神状态。心灵美，精气神得到提升。

16. 激活了村庄生机。环境美，乡村活力焕发，朝气蓬勃。把城市剩余资本吸引到农村共同开发、共同受益。

17. 激活了农民增收和财政增收的新通道。

18. 激活了乡村现代化的动力。追求与时俱进，各种现代元素被陆续引入。

19. 激活了土著方言的传播，使典型方言得以保存并拓展流布区域，从而促进民族文化大融合。

20. 激活了就业机会。幸福的参与，快乐的投入，自觉的创新。改变了农村一部分青年"未富先懒"的恶习，他们饱食终日，无所事事，放弃了追求更高生活水平的奋斗，自甘下沉。日本三浦展著《下流社会》一书曾畅销日本、中国。这是由于物质文明的过快成长超过了精神文明的发展速度而引起的全局失衡。中华民族最优秀的品质就是二勤，勤俭、勤劳，如丢了二勤，就完了。激活了就业机会，还有一大功能就是让贫困者脱贫，扶贫的三大任务，改善"三生"条件、提升综合能力、创造就业机会。乡村旅游开发使三者兼而有之。

21. 激活了农村市场。中国在全球最大的战略储备，就是农村市场。乡村旅游使供给与需求勃发，投入与消费两旺，生产与销售齐观。

22. 激活了乡村的吸引力。聚集人气，稳定了村庄的保有量和农村人口的保有量，城市向农村反流。据欧盟最新调查，居住在乡村的人口占 58%，只有 42% 的人居住在城市，且回流还在继续。国家在推进现代化进程中，既要使一部分村庄消亡，又要使村庄拥有一定的保有量。作为人口第一大国，吃饭问题始终是头等大事。保留下来的村庄承担着建设农业现代化的重任，它本身必须同时具备现代化的风貌。

四、多姿多彩的乡村旅游

（一）突出特色 分类造型

市场对服务的需求越来越细化，从广众服务到分众服务，到小众服务，再到个性化服务。乡村旅游必须适应这一需求，从"一锅煮"中分出专业，做到各有特色，目前大体可分为15种类型：

1. 美食型（中产阶级的新追求，环境与菜肴的陌生感）。

2. 观光型。

3. 体验型。

4. 访谈型：适应大数据时代的需求，为各学术团体、政策研究、社会调查等方面的人员提供各种调研访谈的联络、组织及食宿交通等服务。

5. 驴友型。

6. 家居型（法国只有6 400万人口，但年接待乡村过夜游客达3 000多万人次）。

7. 购物型（美国夏威夷州5 500个农场从事旅游，全州1/3农产品通过旅游直销）。

8. 慢活型：近些年从英国刮起一股"慢活风"，他们发起的"慢活运动"在世界50多个国家展开，参加者叫"慢活族"。2007年8月，中国教育部公布的171个汉语新词中，"慢活族"就是其中之一。意大利有一慢活组织提议设立"国际慢调生活日"。国际有个慢城联盟组织，想加入条件要求苛刻，要遵守"七大标准、四大前提、八条公约和五大行动"，目前世界仅有30多个国家的199个地方加入，中国只有两个。山东曲阜东北的石门山九仙山片区，在2015年意大利米兰召开的国际慢城联盟会上，该片区被正式授予国际慢城标志，它是中国第二座国际慢城，第一座是南京高淳的桠溪镇。全世界现有199个城市有蜗牛标志，唯独曲阜这只蜗牛的背上背得不是高楼大厦，而是一座古城墙。这里到处是公共自行车和山地自行车，见不到高速行驶的汽车，生活在这里都慢了半拍。梨园村村民王庆忠开了第一家"慢城人家"，生意红红火火，人们在这里放松心轻，陶冶身心。"轻装、轻便、轻松"的"轻旅游"正在流行，轻旅游者追求的不再是看景点、购特产，而是一种感受、一种放松的心情，要求的服务更高。

9. 休闲型。

10. 科教型（农业公园认领、认养、认购）。

11. 养生型。

12. 原真型：自然生态环境保护区，食物原真，生活用具原真，屋舍场院原真，生产方式原真。

13. 悟道型：画家村、音乐村、作家村。

14. 论坛型：打造精神高地。

15. 外交型：一是专供外国游客体验中国风土人情；二是可供高层会晤的外交场所。2015 年 9 月 22—23 日，比尔·盖茨在位于西雅图近郊的著名豪宅"未来屋"中宴请了习近平主席，豪宅占地 66 000 平方英亩，相当于几十个足球场，共 7 间卧室、6 个厨房、24 个浴室、1 个图书馆、230 平方米健身房、可容纳 20 多人的家庭影院，可容纳 200 人的会议厅和可停放 23 台车的车库，这座豪宅外观看似一般木屋，整整花了七年时间，投资 9 600 万美元建造，光每年要上交的房产税就高达 100 万美元。这座豪宅被称为全世界最有智慧的建造物，客人进门将获得一个纽扣大小的胸针，里面建有 GPS 系统，客人走到哪个房间，灯光、空调、音响都会根据客人平时的喜好自动开启，客人离开则自动关闭。吸人眼球的是"庄园外交"，到"庄园去"已成为西方外交的最高礼遇。"庄园外交"正因更个性、更随意、更亲和，广受世人青睐而引领世风。

（二）打造景点，做到十有

国家十一部委发布开发农业多种功能，促进休闲农业发展的通知，提出以农耕文化为魂，以美丽田园为韵，以生态农业为基，以创新创业为径，以古朴村落为形的理念，不论哪种类型的景点，落实这一理念，都需要做到十有。

1. 有景可看，即要打造出有浓郁地方特色的景点。

2. 有线可连，所谓有线可连，景点的打造不能独此一家，应将若干景点连成一线，像一串闪光的珍珠，使游人移步换形，步步惊艳，流连忘返。

3. 有味可品，即要发掘地方特色美食，让游客满足味觉美感。任何一种旅游，任何一次旅行，都与美食紧密相连，著名厨师被称为艺术家。美食之旅就是一次丰富的味觉奇遇。

4. 有物可购，即打造一批地方农副产品包括传统工艺品，让游客把物化了的乡风乡情带走，留下余韵不绝的记忆。

5. 有室可居，即改造一批内有现代生活设施的农舍、农家小院，供游客住宿、休闲、养生。

6. 有路可通，即要改善交通条件，让游客便捷舒适地进得去、出得来。

7. 有网可赏，即把景点拍成图片辅以文字介绍放到网上，让游客随时可以点击欣赏，同时景点要安装畅通快速的宽带网线，最好能解决三网合一问题。

8. 有文可化，文化就是"人化"与"化人"的过程。所谓有文可化，即把当地世代形成的风土民情、乡规民约、民俗演艺等发掘出来，向游人展示，让游客在欣赏中渐入佳境，化身其中，自觉不自觉地学习仿效。在陶冶性情中自娱自乐，缺乏文化内涵的景点是不可持续的。

9. 有验可体，即设置一些捕捞、打谷、舂米、犁田、插秧、收割、玉米手工脱粒、饲养家畜家禽等农事活动，让游客亲身体验农家生产生活的艰辛与乐趣。

10. 有情可寄，即能打动人心，让游客留下深刻印象，成为情感的寄托，甚至把景点变成第二故乡，时时泛起思念的情愫。这是吸引回头客的妙招，也是旅游景点打造的最高境界。

（三）展示二十秀，发布"行前信息"

游客出游，无一不先上网搜看目的地的信息，"行前信息"的发布，是争取客源的捷径。一处景点，一座农庄，可利用网络充分展示如下信息：

①风光秀；②庄主秀；③绝技秀；④文化秀；⑤佳丽秀；⑥特产秀；⑦民俗秀；⑧博物秀；⑨名人秀；⑩美食秀；⑪天下第一秀；⑫历史秀；⑬生态秀；⑭创新秀；⑮公益秀；⑯访客秀；⑰购物秀；⑱业绩秀；⑲长寿秀；⑳理念秀。

从未有过的城市对农村的青睐；从未有过的市民对农民的友善；从未有过的市民乐居农宿、乐品农食；从未有过的市民对乡村生活的向往；从未有过的城乡之间人与物如此规模浩大的自发对流（城里人自愿下乡，农产品被主动带进城里），乡村旅游将使中国乡村发生"五千年未有之变局"。

"逆城市化"已成趋势。德国城镇化率90％多，而居住在农村的人口高达40％多，伦敦奥运会时，根据英国调查，居住在乡村的人口达28.9％，且回流速度加快，多为25～40岁的年轻人，日本农民占4％，但住在乡村的人口达20％多。中国虽还处在大力推进城镇化的过程之中，但有进有退，大富人群、中产阶级正在向乡村寻找新的居住之所，只有比较贫困的农村人口才拼命挤向城市。因此，满足未来居民多样化的需求，提前谋划乡村的宜游宜居蓝图应作为一项战略举措。

五、问题及对策

（一）问题

认识不到位、定位不准确。全社会及各级政府对旅游业的产业属性和经济功能的认识较为模糊，对乡村旅游功能的定位重点还处在促进乡村增收上，停留在吃喝、观赏、采摘的表面繁荣上，较少考虑到乡村旅游对乡村社会、乡村产业升级、生态文明、乡村文化的影响和发展。开发经营者不能把农业和旅游业有机结合，只注重其旅游功能，未以生产为核心，无农业经营收入，仅靠旅游收入来维持其发展，结果旅游地收入在淡季无农业收入补充，波动起伏较大。乡村旅游业发展目标、方式、手段单一，重新配置乡村资源，整合乡村功能的重要作用得不到充分发挥。当前就全国旅游市场而言，还存在三个错配：一是休闲时间错配，集体假日扎堆游，逢假必堵，逢节必涨，而平时则游人稀少；二是景区结构错配，传统景区过度开发，新兴景区开发滞后；三是消费供需错配，千篇一律的大路货过剩，有特色的如青少年、老年人消费供给缺失。

法律法规不健全。经过多年的引导培育，虽然我国乡村旅游业得到了较快发展，但与国外相比，我国目前的乡村旅游尚处在较低水平的起步阶段。各级政府对发展乡村旅游给予了一定的重视，但是指导乡村旅游业发展的法律法规还比较滞后，目前，我国《旅游法》尚未出台，乡村旅游的发展更没有相关的法律条文，各地政府也无制定相应的政策法规来保护和管理，经营者经营无法可依，游客的权利无法得到保护，政府行政部门管理无章可循。这种无章可循、无法可依、自由发展的状况导致许多乡村旅游地发展处于自发、盲目、无序状态，一定程度上限制了乡村旅游的发展。

多头管理，推诿扯皮。乡村旅游区涉及农村社区发展、小城镇建设、农业结构调整、旅游业发展、保护等内容，需要一个权威的协调管理机构进行统一的管理。但目前各地政府尚无一个健全的管理机构对乡村旅游发展进行统一的协调与管理，政府主导作用没有充分发挥，宏观管理力度差，造成许多乡村旅游地出现在利益方面多头管理、各自为政、互相推诿，经营者的利益、游客的问题政府职能部门无力解决，从而严重影响了乡村旅游的顺利发展。国外比较重视政府作用的发挥，比如，法国1988年就成立了隶属国会农业委员会的农业观光服务处，作为推广农业旅游的中央机构。该机构拥有行政权力，与国家农业咨询委员会等密切合作，开展多方面的推动乡村旅游的服务性工作。

设施落后，服务缺失。由于发展时间相对较短，一些乡村旅游点在交通、食宿、卫生等方面存在较大的差距，由于生活习惯、设施设备、卫生意识等方面原因，一些农家旅馆厨房设备简陋，基本消毒设施缺乏；排污排水通道不畅，各种生活用水随意排放；生食熟食混放，从业人员也缺乏必要的健康保证等，整体卫生状况不容乐观。一些乡村旅游从业人员由于缺乏必要培训，服务程序不规范。另外，小农思想严重，乡村居民在长期的生产活动中形成了散漫、自由、不受约束的习惯，旅游服务意识较弱，与旅游接待服务的要求存在较大的反差，缺乏全局和长远观念，对外来游客肆意漫天要价，欺客宰客现象时有出现。

缺乏特色和品牌，组织化程度低。目前我国乡村旅游产品规模过小、层次不高，大多停留在观光型阶段，对于挖掘民俗和乡村农耕文化方面还做得不够，参与型、度假型产品不多。同时，品牌意识不强，由于个性的缺失难以形成有特色的产品，造成很多产品的同质化。另外，未能形成产品体系，既缺少主打产品，又缺少衍生产品和伴生产品，产品的谱系和延伸不足。缺少专门的经营管理团队和具有专业知识的经营人才，从业人员总体素质不高，难以满足产业发展需求。乡村旅游的经营者主要是农户，农民既是管理者，又是服务人员。他们多以自己所拥有的土地、庭院、经济作物和地方资源为特色，以为游客服务为经营手段的农村家庭经营方式。大都是一种初级阶段的"农家乐"。行业协会、非政府组织发展严重滞后，很多地区还没有成立乡村旅游协会。行业形不成组织，很难实现标准统一、自律约束、规模化经营。乡村旅游产业发展的规模化有待加快，产品的多样化有待挖掘。

无序发展，恶化环境。从浅层面看，对社区生态环境造成一定的影响，乡村原有的清新、自然、带泥土气息的空气品质正伴随着乡村旅游的发展、游人的进入以及供游客乘坐的交通工具的大量进入在日益下降；固体垃圾污染问题严重，影响了当地农民和游客的生活和健康，乡村旅游地的植被面积正随着乡村旅游的发展在减少。从深层次看，社区社会文化环境受到影响，乡村文化被城市文化同化，导致城乡差别的日趋缩小或最终消失，乡村也就因此失去对都市旅游者的吸引力，乡村旅游也将会不复存在；乡村朴实的民风和生活秩序被破坏，从而使赌博、卖淫、投机诈骗等犯罪和不良社会现象增多，影响乡村社区秩序的安定，这将从另一方面断送乡村旅游的发展进程。

综合竞争力低，国际化步伐慢。当前，我国的乡村旅游业一般以近郊旅游为主，客源也为附近城市居民，区域很狭窄。随着全球化进程的加快，乡村旅游的国际化也在随之加快，乡村旅游目的地的客源构成趋向多元。欧洲诸国，为了吸引更多的国外游客，在发展乡村旅游的过程中，十分重视发挥自己的特色优势，政府部门也都确立自己的工作重点，力求有别于他国。如法国以发展特色农场为主，荷兰以养殖、花卉为主，德国在服务质量方面下功夫，英国一直致力于乡村旅游资源保护方面的工作。特色优势使各国形成了自己的主体吸引物，吸引了更多的国外乡村旅游者。

城市工商资本过度介入，农民获益少。由于缺乏资金，各地纷纷招商引资开发景点，乡村旅游变成了城市工商资本继房地产之后的又一逐利领域，土地及景区资源被低价出售，开发商与基层干部常常以开发后会得到诸多好处为诱导，农民由于视野不宽，只顾眼前利益，盲目从命，结果可能就会失去最后一块属于自己的资产。

（二）对策

强化思想认识，提升功能定位。改变以往单一的旅游观点，从影响整个社会的层面重新认识乡村旅游，从中国农民第三次创业的层面重新定位乡村旅游，深入研究乡村旅游对乡村经济、政治、社会、文化及自然生态的影响。把乡村旅游发展融入转变发展方式和产业结构升级之中，让各级政府认识到，乡村旅游发展关系到国家重大发展战略的实施，通过发展乡村旅游，最大限度吸纳农村剩余劳动力，提高农业附加值，改善农村环境，把乡村旅游与全面建设小康社会、解决"三农"问题和扶贫开发紧密结合起来，做好顶层设计，搞好政策衔接，真正使乡村旅游成为农民创业奔小康、农业延伸产业链、农村焕发新生机的战略举措。

加强统一规划，加大政策扶持。鉴于目前乡村旅游开发中存在的自发性、盲目性，地方政府一方面要充分考虑客源市场、发展潜力、环境的承载力等因素，科学规划，因地制宜，合理布局，从战略高度把乡村旅游纳入城乡产业发展的总体规划，列入每年资金安排计划和年度建设项目，作为新的经济增长点着力扶持和培育。另一方面，制定出台相关法律法规，完善扶持乡村旅游产业发展的优惠政策，尤其对乡村旅游项目在投资、审批、税收、土地、贷款、融资等方面给予更多的优惠倾斜，加大对乡村旅游业发展的宏观调控、规范管理和扶持力度，同时，严格把好环境关，决不能因发展乡村旅游使环境恶化。当年杜甫慨叹"国破山河在"，今天我们决不能让"国在山河破"。

改善基础设施，增强服务理念。各级政府应帮助那些有旅游资源优势和产业基础的乡村，加快解决交通、通信、供电、饮水等方面的问题。同时，要利用旅游项目的牵引，调动农民参与基础设施建设的积极性，加大对食品卫生、公共卫生等直接关系到游客身心健康的设施建设的改造力度，引导和教育乡村旅游从业人员自觉养成讲卫生的良好生活习惯，抓好食品安全等各项卫生防范措施，为游客营造洁净、健康、卫生的旅游环境，让游客吃住放心，娱乐舒心，努力建成一批宜居宜业宜游的景点，真正做到城市让生活更美好，乡村让城市更向往。服务是旅游业的生命线，生产性服务业应向专业化和价值链高端延伸，生活性服务业应向精细化和高品质转变，用高质量的服务赢取游客，才是正道，一些地方急功近利，想用门票提价来增加收益，这是杀鸡取蛋，一张门票300元，也只相当于住一晚吃一天，服务好让游客多留一天，便抵上门票。

实行标准限制，加强规范管理。国外乡村旅游的发展十分注重服务设施、服务水平、文化条件、基础建设、从业人员资格等方面的考核。例如，意大利严格限定开办乡村旅游的条件。首先，游客在农场留宿，要有一定的服务设施，有的房屋（尤其是那些传统的古典的老式建筑）要进行修缮，以便接待游人；其次，向旅游者出售的当地农产品的质量和特性要进行评估，同时要对文化条件、服务设施、卫生条件、饮水、电器的使用条件、灭火条件（森林宿营）设定标准；最后，要到各级政府旅游部门进行登记注册，并在通过考核后发放许可证。德国主要通过乡村旅游品质认证制度来保障旅客的合法权益。美国主要通过制定相关法律和法规来规范乡村旅游的发展，如农村区域的旅游政策、制定严格的管理法规要求农场必须设立流动厕所和饮用水源，露天场所需提供消毒水等。我国应全面学习借鉴国际上这些成熟的做法和经验，因地制宜制定标准，多方努力规范管理。

加强教育培训，提升服务水平。农民从事乡村旅游无论是经营管理、接待服务、产品加工，都需要必要的技能培训和不断的学习提高。要把对农民的旅游培训作为一项民生工程、大众创业工程来抓，开展灵活多样、内容丰富、形式灵活的专业培训，不断提升农民办旅游的能力。一是对从业人员开展职业道德教育；二是培训旅游相关基础知识；三是培训服务技能和产品标准；四是开展本地民俗文化和风土人情的特色培训；五是加强旅游安全培训，尤其是食品安全，突发灾害自救安全等方面的培训。

提升产品内涵，打造特色品牌。根据旅游市场需求变化，不断优化乡村旅游产品结构，凸显乡村旅游产品的多元化、互动性、文化性、特色性、科技性、体验性和原真性，让游客从乡村旅游中感受生命的意义，体会生命的价值，分享生命的喜悦。

农业部向社会推介 260 个中国最美休闲乡村，62 个中国重要农业文化遗产，100 条休闲农业精品线路，165 家全国五星级休闲农业与乡村旅游示范企业（园区），应齐心协力打造一幅幅乡村版的当代"清明上河图"，把乡村旅游这个牌子叫响。

屠呦呦发明了青蒿素。青蒿素是我国唯一被列入世界卫生组织基本用药目录的药物，但却被国外同类产品申请了专利。目前，此药及其衍生物年销售达 15 亿美元，而中国市场占有率不到 1%。中国土地上长出的摇钱树，却成了外国人的聚宝盆，这就是牌子的价值。

通过要素流动、资本重组、品牌整合，培育一批叫得响、传得开、影响大、留得住的特色品牌。我国台湾的"田妈妈"就是一个遍布乡村的农家饭店品牌，该品牌是当地农村妇女开发的一个副业项目，因提倡并推广低油、低盐、低糖、高纤维的"三低一高"饮食，而名声大振。日本有百年老店十万家，千年老店 8 家；德国有世界品牌 2 000 多个。人类社会已经进入品牌时代，打造品牌才能立于不败之地。

打造乡村旅游的理念，应是建有特色的农庄，做有品位的庄主，以现代元素活化历史，以创新思维展示乡村。把农庄打造成既有文化含量，又有个性特色的民族艺术品，让中国的村庄在这一代人手里发生"五千年未有之变局"。

打造品牌要多措并举，更要建立"退出机制"，摘牌威慑，就可以起到杀一儆百的效果。2015 年国庆黄金周刚过，国家旅游局就宣布取消山海关 5A 级景区资质，并对丽江等 6 家 5A 级景区提出严重警告，限期整改。今后，景区都应警醒，过好自己的"山海关"。

创新发展模式，激发市场活力。学习借鉴西方发达国家的成功经验，充分发挥广大农民和市场主体的主观能动性，努力打造强有力的利益共同体。在充分调动农户积极性的基础上，积极引导鼓励社会资本公平参与乡村旅游业发展，培育壮大行业协会、联合社团等非政府组织，强化政府政策引导。具体开发形式可以根据当地实际情况选择最合适的经营形式，形成发展合力，在保障乡村社区居民利益的前提下实现多方共赢。美国1992年出台了关于乡村旅游与小商业发展的国家政策，建立了非营利组织——国家乡村旅游基金（NRTF），从事项目规划、募集和发放资助，提供宣传工作；英国农业、渔业与食品部（MAFF）、乡村署、地区旅游委员会及当地的培训与企业委员会给予农户建议，引导他们如何发展和管理旅游业。

注重产品宣传，完善营销网络。一是做足传统营销。乡村旅游目的地应在主要客源地的电视广播、旅游杂志、宣传册、海报、户外广告等传统营销媒介上开展旅游宣传，以高密度、全方位、多层次的营销宣传扩大乡村旅游的市场影响力。二是创新网络营销、微博营销、手机营销、影视营销等新型营销方式。加强乡村旅游网站建设，提供乡村旅游资源、旅游产品、旅游线路、旅游企业介绍，完善即时信息查询、预订、互动交流等功能。政府部门可借鉴法国的经验，把建立包括农村家庭旅馆在内的网上预订系统作为服务工程的重点来抓，真正提升乡村旅游整体的市场化程度。三是创新节庆营销，提升品牌形象。乡村旅游目的地通过深度挖掘自然资源、传统文化、乡风民俗等文化内涵，策划特色主题节庆营销活动，展示乡村旅游地的品牌形象。四是创新国际营销。组团到境外、海外集体推销、规模推销，与境外、海外旅游社团结盟，互通信息、互派团组、共建平台、共设论坛，合力推进旅游产业发展。

建立合理的利益分配机制。把景点资源开发的利益走向与资本的逐利流向放在均衡合理的区间，严防资本掌控话语权，政府应随时剥离资本的不当诉求，让农民成为最大的受益者，如把土地及景区其他资源折股分配给农民，使农民从经营中持续分到红利；再如开发商应免费帮助农民设计、包装、销售当地土特产品，提升农产品的附加值，同时，应免费培训农民参与旅游开发的各种技能。（本文系根据作者在清华大学所作演讲整理而来）

（本文原载于《中国发展观察》2016 年第 2～3 期）

打造五环产业链　重构农业新业态

　　互联网与高新技术使许多行业不断生成新的业态。一些行业可能一夜消亡，一些行业也可能一夜崛起，顺丰快递让邮政乱了方寸，支付宝让银行如临大敌，电商让商场惊慌失措，嘀嘀让出租车公司晕头转向，3D打印让传统制造业命悬一线。农业产业的业界革命也在悄然发生，重构新业态已成趋势。而新业态的重构，关键在于打造"五环产业链"，在价值链的作用下形成农业利益共同体。

　　产业链就是一种产品与相关联的上下游产品的总和。产业链的形成是由社会分工引起的，随着社会分工越来越细微，交易活动越来越复杂，一个企业难以应对，便分离出若干专业，这些专业环节分工合作，互补互动，协调运行，环环相扣，上游向下游环节输送产品或服务，下游向上游环节反馈信息，相互进行价值交换，从而使产业价值最大化。当产业链某一节点的效益发生变化时，可能导致其他关联产业相应发生倍增效应，产生的效益不是各环节效益的物理累加，而是化学反应。

　　产业链包含价值链、企业链、供需链、空间链四个维度，产业链就是这四个维度在相互对接的均衡过程中形成各环节的利益共同体。这种"对接机制"是一只"无形之手"，操控左右着产业链的兴亡盛衰。产业链的类型分为接通型和延伸型。农业新业态就是打破农业只在一产中做文章的旧格局，使一二三产业融合，上中下游一体，产供加销互促，并延长产业链，开发农业旅游业，构建符合农业现代化发展趋势的产业形态。农业新业态的产业链，主要包括"种养加销旅"五大环节，打造这条产业链当务之急需要一面完善各环节自身，一面把各自为战的诸多环节连接起来，形成利益共同体，并不断延伸开发，拉长链条。

一、优化种植业

2014 年，我国粮食产量连续"十一连增"，达到 12 142 亿斤。粮食呈现出"生产、库存和进口"三增状态。李克强总理在 2014 年中央农村工作会议上指出"近些年粮食库存不断增加，仓容紧张，财政负担沉重"。我国粮食生产已经摆脱长期与"不足"作斗争的困境，正在向着与"过剩"作斗争的方向渐次演进。在这种情势下，农业必须因时而变，化"以粮为纲"为适应需求。种植业处于农业产业链的最前端，是下游环链延伸开发的主要依托，种植业应根据现代化多元文明的多种需求着力优化结构。

1. 适应人类生活需求优化结构。随着人们收入的增加、生活水平的提高、生活方式的改变，生活需求也发生了重大变化。种植业也应适应这一变化做出调整优化。尽管我国已有棉花、油料、肉类、禽蛋、水产品、蔬菜、水果七种主要农产品产量居世界第一，但结构性供需矛盾依然突出。一是毫不放松粮棉油糖生产。把饭碗牢牢端在自己手上，是治国理政的头等大事。要落实最严格的耕地保护制度，划定永久基本农田，建成一批优质高效的粮食生产基地，稳定粮食生产能力。到 2020 年，我国确保谷物基本自给，口粮自给能力达到 100%。同时，应积极扩大大豆、杂粮、薯类等其他作物生产面积，推进马铃薯主食开发和产业化。稳定发展棉油糖生产，巩固新疆棉花、广西和云南甘蔗、长江流域油菜等传统优势区域生产能力，确保一定的自给水平（1995 年中国还是大豆净出口国，2014 年大豆自给率已降到 14.6%，进口 7 000 多万吨，自产只有 1 200 万吨。1992 年，广东蔗糖产量第一，1992 年后广西第一，广西 109 个县有超过 80 个县种甘蔗，其中 50 多个县都办有糖厂，蔗农有 2 600 多万人。2012 年中国糖产量 1 178.8 万吨，这一年总消费量 1 403.92 万吨，本来供不应求，但进口量高达 374.7 万吨，造成过剩供应 149.58 万吨。2013 年、2014 年同样如此，如不救糖，中国蔗糖会像大豆一样全军覆没）。二是协调抓好瓜果菜花。瓜果菜花属于劳动和技术密集型农产品，市场竞争优势显著。随着人们生活水平的提高，对具有营养保健观赏功能的特色瓜果菜花需求越来越大。中国的瓜菜产量已占世界总量的60%～70%，尤其反季节瓜菜世界第一。中国大棚占世界87%，水果、花卉消费正在由集团消费和节假日消费向家居日常消费发展。中国苹果产量占世界总产量的50%，达近4 000万吨，创下了自1991年至2013年连续22年大幅增长的记录。近年来，中国人均鲜苹果消费量达13.2千克，超过世界平均水平，预计2018年人均将达到15千克。中国花卉种植已达130万公顷，占世界总面积的1/3，专业市场3 500多个。改革开放至今的30多年里，种植增长了50多倍，销售增长了90多倍，出口增长了300多倍，正向赏、食、药的功能开发。当前应适应市场需求，开发适销对路的瓜果菜花优质品种，发展早、晚熟品种，提高均衡上市能力。发展北方城市冬季设施蔬菜，巩固提升南菜北运冬季瓜菜生产能力，发展西部特色高原蔬菜，保证区域和季节均衡供应。加强鲜切花的保鲜、盆栽花卉的栽培与繁育等关键技术攻关，引进国外先进种球繁育和技术设备。

2. 适应养殖业需求优化结构。加大饲料粮和饲草生产，从1990—2012年，我国人均口粮消费下降了16%，肉蛋奶消费上升了226%，预计到2030年，我国饲料粮消费将达到口粮的两倍。我国牧草和饲用植物种类6 400多种，它们具有不同的特性和生态适应性，可以满足各类不同气候、土壤、光热、水分条件的自然资源进行绿色营养体的生产。即便是不利于粮食作物和经济作物生产的土地，也可以用来种植适宜的牧草和饲用植物。要改变粮比草好的种植观念，苜蓿营养蛋白是粮食的3倍。有专家建议我国从东北至西北的"镰刀弯"地区，可推广饲料粮种植，实行草田轮作，一个轮作周期3～4年，就可以提高土壤有机质23%～24%，每公顷土地可增加氮素100～150千克，在不增施肥料的前提下，可以提高后作粮食产量10%以上。同时，低中产田、农闲田、林果隙地、南方草山草坡都是发展草地农业的优势选择。我国低、中产田面积8 000万公顷，农闲田面积近990万公顷，各类疏林、茶林、果园隙地148万公顷，目前已利用种植牧草的面积不足10%。

如果将上述各类土地的10％用于种植优良牧草，在不影响原有生产力的同时可以增收牧草干草1亿吨，按照平均10千克牧草干物质转化1千克牛羊肉计算，可增加生产约1 000万吨牛羊肉。此外，我国还有1亿公顷的草山草坡。这些草地农业的产出相当于增加了1亿亩耕地良田。

3. 适应工业原料需求优化结构。抓好特种作物种植，满足工业原料需求。一是发展生物质能源。目前，我国生物乙醇生产企业只有4家，而美国有几百家，对玉米的消耗量很大。针对我国目前玉米库存较大的情况，加大对玉米转化技术的开发力度。同时，重点在"三北"地区的半荒漠化区、沙区等边际性土地，结合生态建设，建设以灌木林为主的木质能源林基地；在东北、内蒙古、山东等地区开展甜高粱规模化种植；在广东、广西、海南、江西、四川、云南等地种植薯类作物以及芭蕉芋、葛根等植物；在海南、福建、四川、贵州、云南、河北、安徽等地建设油棕、小桐子、黄连木等油料植物种植基地；加强富油藻类培育技术研发，开展藻类原料培育工程。二是支持医药等原料种植。大力发展医药、化工、食品、酿酒等工业的原料生产，鼓励企业建立"公司＋新型农业经营主体"的形式，建立原料生产基地。

4. 适应绿色化发展需求优化结构。构建绿色化可持续增长模式是提高种植业效益的有效途径。实施重大生态修复工程，巩固天然林保护、退耕还林还草等成果，推进荒漠化、石漠化综合治理，保护好湿地。加快建立生态补偿机制，加强西北地区防风固沙能力。推进东北黑土地保护，东北黑土地初开垦厚度达到1米多，现在只有30～40厘米，且每年以1厘米左右的速度流失，因此亟待保护。恢复江南水田，我国是世界上13个贫水国之一，81％的淡水资源集中在长江以南，江南水田的含水量相当于长江三峡储水量。近年来，江南地区水改旱，水田调节气候的功能大大下降。同时，大力推进良种良法配套、农机农艺融合、安全投入品、物理技术、信息技术，着力推广高产高效多抗新品种、规模化机械化的栽培技术和耕地质量建设，在控肥、控药、控水上狠下功夫，大力实施标准化生产，农产品生产应以追求生态绿色有机为目标。到2020年，我国化肥、农药利用率提高到40％以上，粮食和农业生产的化肥、农药使用量零增长；农田废旧地膜回收率达到80％以上。总之，既要适当运用西方现代农业集约、高效、快捷的后发优势，又要充分挖掘我国传统生态农业绿色、有机、循环的先发优势，二者有机结合，才能保证农业发展的可持续。

二、调整养殖业

农作物副产品及其废弃物是养殖业生产的主要原料，种植业的丰歉直接影响养殖业的发展。而随着人们消费结构由8∶1∶1向4∶3∶3的转变，作为肉蛋奶源头的畜牧业越来越突显出保障食物安全的特殊地位。但当前我国养殖业发展中还存在亟待解决的问题：一是有效供给压力越来越大。目前，我国人均肉类占有量刚超过世界平均水平，人均牛奶占有量仅为世界平均水平的1/4，今后一个时期，居民主要畜产品需求将呈刚性增长。二是养殖业发展受到的约束和限制越来越明显。畜禽养殖粪污处理已经成为现代畜牧业发展的突出问题，一些地区特别是东部沿海发达省市出于环境保护考虑，禁止、限制畜禽养殖的现象越来越多。水产业受生态环境影响，自然生产能力大大降低，20世纪50年代，长江捕捞量达50多万吨，而近年只有几万吨。三是产业受到国际严峻挑战。我国生猪、奶牛、肉牛、肉羊等主要畜种的规模养殖比重偏低，生猪、白羽肉鸡、奶牛、肉牛等畜禽良种主要依赖国际市场，特别是由于国内外价格差异大，近几年，我国牛羊肉进口快速增长，我国牛肉年消费900多万吨，其中进口（含走私进口）200多万吨。牛奶年消费5 000多万吨，自产只有3 600万吨，进口量占用奶需求量的近1/3，按照国内泌乳奶牛平均单产6吨计，进口乳品折算原奶相当于230万头泌乳奶牛的年产量。要解决我国养殖业快速健康发展问题，有诸如科研、投入等事关长远的硬约束，也有思路、方法等事关当前的软约束，思路一变天地宽，方法一改成效显，当前应着力于五个调整。

1. 调整粮猪农业，优先发展草食性畜牧业。中国肉类食物以耗粮型为主，草食性牛羊为副。我国牛羊肉产量与猪肉产量之比约1∶5，而美国为6∶5，特殊的经济结构和消费习惯形成"粮猪"农业。澳大利亚、新西兰等国90％以上肉类产品是由饲草转化而来，中国只有6％～8％。因此，应适度调整生猪养殖业相对过剩的生产能力，大力发展食草性养殖业，这不仅可改变中国人脂肪超量的膳食结构，减少人们由肥胖带来的种种疾病，还可改变人畜争粮的现状。

2. 调整种养分离，大力发展农牧结合型农业。大力推行农牧结合的循环农业，打通种养业协调发展通道，促进变废为宝、循环利用，既解决畜禽"进口"的饲料问题，又解决"出口"的粪尿问题。应充分挖掘饲草料生产潜力，大力发展草牧业，形成粮草兼顾、农牧结合、循环发展的新型种养结构。积极推进饲用粮生产，在粮食主产区，按照"以养定种"的要求，积极发展饲用玉米、青贮玉米等，发展苜蓿等优质牧草种植，促进粮食、经济作物、饲草料三元种植结构协调发展。支持畜禽养殖主体建立种植基地，消纳粪污。鼓励把畜禽粪便处理利用与沼气工程紧密结合起来，积极推广有机肥生产加工利用，使种养在良性循环中互为促进，共同发展。

3. 调整养殖方式，最大化利用种植业副产品和废弃物。人吃植物果实，动物吃根茎叶，人畜粪便还田作为农作物肥料，这是大自然安排的食物链分配规律，不可逾越。从牛羊养殖实践看，农作物秸秆等粗饲料每天必需，牛羊需求为自身体重的2.5％，一头肉牛两年出栏需要消费5吨秸秆粗饲料，一只羊当年出栏需要消费500千克秸秆粗饲料，因此，秸秆养畜前景广阔。不当的养殖方式，不仅造成人畜争粮，而且影响畜牧业健康发展。据有关专家测算，中国现在奶牛饲养精粗饲料比为6∶4，如调整为3∶7，则奶牛生命周期和生育能力会大大提高。不当的饲料配比，严重制约奶牛的发展，从而影响市场供给，不得不大量进口奶制品。因此，国家应出台激励政策，畜牧养殖企业、大户和合作社利用小麦、水稻、玉米秸秆达到一定比重，可享受秸秆利用奖补政策，把畜牧养殖专用机械纳入农机购置补贴范围。稳定草原地区草食性畜牧业发展，鼓励农区、半农区加快发展草食性畜牧业，推进肉牛、肉羊、奶牛规模化养殖，加快推广秸秆青贮、氨化和发酵技术，扶持发展一批秸秆饲料加工企业，千方百计提高秸秆饲料化利用水平。

4. 调整养殖结构，丰富人民生活的各种需求。根据我国不同区域的资源禀赋、产业基础、养殖传统，适应市场需求，不断调整优化养殖结构。既要稳定猪禽生产，又要大力发展牛羊，还要积极发展鱼虾蟹等水产品。生猪和家禽生产应向粮食主产区集中，以提高农作物及副产品和废弃物的转化率。奶牛养殖仍以北方为主，加快南方发展，充分利用南方秸秆资源。肉牛生产以牧区与半农半牧区为主要繁殖区，粮食主产区集中育肥，努力提升养殖效益。肉羊生产坚持农区牧区并重发展，绒毛羊养殖以东北、西北地区为主，发挥各自比较优势。水产养殖一面要保护生态、净化水体，一面限制江河筑坝，保持生物链不致断裂。

5. 调整养殖视野，大力开发微生物产品。世界许多国家正把生物产业作为新的经济增长点着力培育，加速抢占"生物经济"制高点，仅生物医药 2013 年全球产值已达 1 997 亿美元，预计到 2020 年将达 4 979 亿美元。2013 年，全球生物制造规模达 1 700 亿美元，美国农业部预测，到 2025 年占 22％的全球化学产品将由生物类原料制造。经合组织预测，到 2030 年，将有 35％的化学品和其他工业产品来自工业生物技术。中国面对生物经济的迅猛发展，拟采取弯道超车，到 2020 年总产值将达 1 万亿到 1.1 万亿的规模。人类在生产生活实践中，对动植物研究利用较多，而对微生物这一生态系统中的幕后主角关注不够，开发利用远远不足。应调整思维，变开发利用传统的动植物资源的"二维农业"为开发利用动物、植物、微生物资源的"三维农业"。有关专家把微生物农业归纳为六大方面。一是微生物饲料，二是微生物肥料，三是微生物食品，四是微生物农药，五是微生物能源，六是微生物环境保护剂。充分开发利用微生物农业的六大功能，使微生物由"微"变"伟"，与动物、植物受到同样重视，应是 21 世纪农业的新领域。

三、提升加工业

种植业、养殖业共同为农产品加工业提供原料，农产品加工业是以人工种养或野生动植物资源为原料进行工业生产活动的总和。农产品加工业是经济社会发展的战略性支柱产业，也是保障国民营养安全健康的重要民生产业，更是促进农业一二三产业融合发展的中枢环节。到 2014 年底，全国规模以上农产品加工企业 7.57 万个，完成主营业务收入 18.48 亿元。农产品加工业产值与农业产值之比从"十五"的 1.1∶1，提高到目前的 1.7∶1 左右。

但与发达国家相比，我国农产品加工业的总体发展水平仍然很低，还存在许多亟待解决的问题。一是产品增值率低。我国农产品加工业增值不足两倍，发达国家是 5～8 倍。我国的果蔬加工业产值与原料产值之比为 0.43∶1，而发达国家则增值在 3 倍以上。二是资源综合利用率低。据估计，仅植物纤维资源，我国每年有 5 亿吨左右的秸秆可以综合利用。而目前这些资源不仅开发转化的比例极小，甚至成了环境污染源。从加工产品的品种类别来看，种类较小，且品种单调。以专用面粉为例，日本有 60 多种，英国有 70 多种，美国达 100 多种，而我国仅为 20 种左右。食用油方面，日本专用油脂达到 400 多种，而我国仅为几种。三是科技创新能力低。缺乏适应农产品加工业发展的科学储备和技术支撑，如超临界流体萃取、超微粉碎、膜分离等技术应用较少。技术创新能力低下，特别是拥有自主知识产权的技术缺乏，这是我国农产品加工落后于发达国家的根本原因。推进农产品加工业快速稳定健康发展，已成为我国建设农业现代化，提升农业竞争力的重头戏。

首先，应做好顶层设计。国家应从战略和全局的高度，把农产品加工业作为潜力巨大的战略性支柱产业和新的经济增长点摆上重要位置，列入重要议事议程，加大支持力度，促进农业一二三产业融合发展。当前应从国家层面加强顶层设计，一面加强产品研发，一面加强产业构建，应制定一个政策性文件，对发展农产品加工业作出部署，尤其是针对制约农产品加工业发展的主要困难和问题，提出有针对性的、可操作性的政策措施。应谋划构建四条加工业产业体系，即粮食及农副产品加工业产业体系、畜牧及水产品加工业产业体系、林木及林产品加工业产业体系、农作物秸秆及废弃物加工业产业体系。要捡回来农业的另一半，6 亿吨粮同样产出 6 吨秸秆的干物质。

其次，着力推进产业转型升级。这是当前和今后一个时期重要而紧迫的任务，应坚持以转变发展方式、调整优化结构、提高质量效益为主线，大力推进初加工、精深加工、综合利用、主食加工、新业态新模式、技术装备、龙头企业、品牌战略、加工园区和主产区加工业等重点领域加快发展，引导和促进农产品加工业从规模扩张向转型升级、要素驱动向创新驱动、分散布局向产业集群转变。

第三，大力实施"四品"战略。"四品"即品相、品质、品位、品牌。所谓品相，即产品的外观形态应有美感，应好看；所谓品质，即产品要保证质地；所谓品位，即产品要选准消费层次，针对高中低端市场分类生产。今天的服务已由大众服务、分众服务、小众服务发展到个性化服务，一人一个口味。品种要尽可能多，满足不同群体的需求，尤其中产阶层消费，特点是新鲜感、个性化、不随流。注重小众产品发掘，附加值最高；所谓品牌，即为提高知名度、美誉度，打造出属于自己的牌子。网络时代就是品牌为王的时代。"品"字三个口，所谓品牌，就是通过人们口口相传，在品味、品评、品鉴中共同树立起来的牌子。它发于感官，存于人心。人类已经进入了品牌时代，人以食为天，第一要"品"的牌子就是农业。因此，打造品牌、保护品牌、发展品牌，是加快农产品加工业的重点任务。应着力打造品牌产品、品牌企业、品牌产业。洋草药正抢滩中药原产国、抢定标准、抢注专利、抢占市场，2014年洋草药在我国销售 50 亿元，占国内中药销售的 1%，青蒿素是我国唯一被列入世界卫生组织基本用药目录的药物，但都被国外同类产品申请了专利，目前此药及衍生物年销售达 15 亿美元，而中国市场占有不到 1%。中国的土生药，成了国外的摇钱树。德国有两千多个世界名牌，十多万种工业国际标准。日本有百年老店十万家，千年老店 8 家，中国至今尚无一家未曾中断的百年牌子。加工业产品的国际标准更无从谈起。美国《商业周刊》自 2006 年以来公布的世界品牌产品，中国 1 500 多万家企业、170 多万个牌子，至今无一上榜。品牌第一要重视的是食品安全，美国农业部原副部长、华裔专家任筑山称，美国食品由农业部下辖的食品安全检验局监管。如每个屠宰场都设一名检查员，全国 8 000 个，检查员不批准就不能出厂，检查员完全独立。

第四，积极落实和创设扶持政策。一是加大财税支持力度，扩大中央和地方财政支持农产品初加工补助资金规模，明确有关涉农资金和中小企业专项资金继续支持农产品加工业。扩大进项税额核定扣除办法试点行业范围和初加工所得税优惠范围。二是降低融资门槛。应研究将企业收购资金列入专项政策性贷款的方式方法。扩大抵押物范围，将农产品仓单、出口订单、土地经营权、山林权和经济作物等作为抵押品。推进"财园信贷通"模式，财政向银行存入贷款风险保证金，银行以 8～10 倍额度为园区企业贷款。三是统筹解决用地问题。坚持保护耕地和节约用地，将其列入土地利用总体规划和年度计划，引导企业向加工园区聚集，初加工用地和价格按农用地办理，企业用地出让价格按当地工业项目最低价执行。四是减轻企业负担。初加工用电按照农用电办理，初加工产品列入"绿色通道"。企业用电执行大工业优惠电价。同时要认真落实减轻企业负担的各项规定，全面清理取消不合理的收费项目。

四、做强销售业

这里销售业不仅指农业向外销售自身的种养加产品，还指向内销售的化肥、农药、种子等农资产品以及种养业所需的各种技术服务。互联网技术带来的线上线下电商模式"O2O"，线上众筹，线下体验；线上聚人气，线下集产品。一网连天下，一网通各业，正受到销售界的广泛青睐。2014 年中国网民中农村网民有 1.78 亿人，占比 27.5%，有关机构预测 2016 年农村网购市场将突破 4 600 亿元，潜力巨大。

O2O 把线下的商务机会与互联网结合，让互联网成为线下交易的前台，是一种线上线下、虚实互动的新型商业模式。O2O 营销模式就是去中介化，对外的农产品消费及对内的农资和农技服务消费同生产者直接对接，缩短中间流通环节，从而减少成本，并且可以达到提升消费者体验指数的目的。尤其农产品消费不同于服装、3C 等工业产品，它对体验性要求更高，因此 O2O 模式在农业领域的消费也有更强烈的需求和更广阔的空间。

农产品 O2O 模式，是一种基于现代"互联网＋农业"的电商销售模式，也是一种消费者可以全过程参与农业产业链的新型电商形式；其核心就是将传统农产品电商销售模式延伸到农产品种植、养殖、加工、销售的所有环节，不仅向消费者提供所需要的产品，更重要的是让消费者能够全过程可视化地了解农产品背后生产、加工过程及服务，甚至消费者还可以参与其中的生产与管理，实现将农产品销售模式向消费者生活方式相关的原生态休闲模式演化，像安徽省石台县的"聚茶山"，将"农产品＋休闲＋原产地旅游"有机融合在一起，将农产品背后的自然与人文环境展现给消费者，增强消费者的消费体验。消费者线上下单，线下体验，线上支付，线下消费，在实现消费者放心消费的同时，提升了其自身的体验水平。这种线上线下的结合，实现了城乡资源的合理流动和优化配置，形成了"城里人下乡，农产品进城"从而带动"三方四流动"的新格局。"三方"即人钱物，"四流动"即人下乡、物进城分别带起城市资金的两次向农村流动。

基于农产品O2O的电商模式，商家还可以将社交网络与电子商务巧妙、无缝地融合在一起，建立自己的微商系统，利用社交网络中的信任关系，实现生产者、商家与消费者的互动，让消费者能够品尝到全国各地的地理标志农产品、特色农产品，感受到农村的味道、农家的感觉，从而促进农产品的销售；还可利用社交平台通过朋友间的推荐、分享、评价、行为、信任和相互影响，在销售农产品的同时，建立起自身的品牌；商家也可直接通过O2O平台，跟原产地无缝对接，将对同一类农产品的需求整合起来，运用大数据精准定位，向上游供应商进行集中采购，统一直邮，从而大幅降低营销成本。

在网上销售农资不仅可大大降低消费者成本，而且方便快捷，同时消费者还可享受到名牌农资的质量保证。利用网络提供各种农业科技服务，已经在一些地方广泛流行，应运用大数据、云计算技术，把这一服务模式向深度和广度推进。

当前各地都在开展电子商务进农村，对促进农村消费效益明显，方便了农民生活。但是，要防止"线上的城市、线下的农村""线上的工业品下乡轰轰烈烈，线下的农产品走不进线上"的倾向，防止单向的工业品、快消品下乡更快地抽取农村资金进城的现象。要把关注点更多放在农产品进城上，大力发展互联网＋农产品销售。在政策导向上，国家应突出扶持线上线下的农产品销售及农技服务，鼓励扶持企业建立这方面的云平台，对销售农产品及提供农技云服务交易业绩突出的各类新型农业经营主体（包括合作社、龙头企业的电商平台，地方特色农产品电商馆）给予奖补，加强对农村急需的农产品电商人才培训。阿里研究院调查，目前全国县域网商对电商人才的需求达 200 万人，其中最缺的是推广、美工设计和数据分析人才。加强农产品物流体系建设（尤其要突出生鲜农产品冷链物流仓储一体化建设），加快发展农业农村大数据，促进线上线下农产品销售及农技服务的"瓶颈"因素得到较快解决。

互联网时代，企业大小不能单用总资产、净资产、销售收入、员工人数衡量，市值才是最重要的标准。中国电信员工是腾讯的 12 倍，但市值不到腾讯的三分之一。衡量市值的关键看利润，看销售收入已不够。互联网企业的关键要素是用户数活跃情况、滞留时间、访问量、用户黏性、用户转化率、订单值等。信息货币化、数据货币化已成为新的估值方式。腾讯过去两年利润增速持续下滑，但市盈率不断攀升。亚马逊 2011 年以来利润增长一直处于负值，但市值却连创新高。2014 年腾讯市值增长 5 000 多亿元，这意味着成千上万小企业的消亡。超市连锁巨头沃尔玛 2014 年出现关店潮，而移动电子商务交易增速高达 250.9％，小企业一夜逆袭成巨人的神话在这个业态瞬息万变的时代随时都会发生。终端为王，用户就是资产的理念应成为新时代企业的座右铭。

五、开发旅游业

经济合作与发展组织对旅游观光农业的定义为"在乡村开展的旅游，田园风味是观光农业旅游的中心和独特的卖点"。旅游观光农业的核心是原汁原味的乡村文化，它以农村自然环境、农业生产活动、农民生活方式为旅游的吸引物，不光具有旅游、观光、休闲、养生等多重功能，还具有传统"耕读文化""天人合一"的哲学意蕴，结合传统民居如福建土楼、广东碉楼、浙江诸葛八卦村、安徽宏村、湖南张谷英村等乡村物质文化遗产，以及剪纸、泥塑、木雕、乐器、演奏等非物质文化遗产，共同组成了极具美学价值和灵性的乡间大美图画。同时，乡村旅游把老人妇女，借助农技、农艺、农谚、农事及风光介绍和民俗表演、风味餐饮等，完成向高价高质的转变。西安兵马俑附近的村子一度掀起英语热就是明证。

我国的旅游观光农业最早始于20世纪70年代的台湾，大陆的旅游观光农业起步较晚，80年代后期，深圳举办了荔枝节，获得了空前的成功，90年代旅游观光农业得到高速发展，21世纪以来进入迅速发展时期。目前，旅游观光农业遍布大江南北，以及平原、山区、草原等各种类型地区，涵盖了种植业、养殖业、加工业以及农林牧副渔等各种农业的业态。据有关资料统计，2013年全国各类休闲农业经营主体已经超过180万家，年接待游客9亿多人次，营业收入2 700亿元，带动2 900多万农民受益。2014年，乡村旅游已达12亿人次，增长势头迅猛。

虽然旅游农业成长快，普及广，已成大势，但其发展还存在一些亟待解决的问题。不少地方正遭遇建设性破坏、开发性毁灭、商业旅游性改造。

人们称发达的瑞士是"三无经济"。一是以手表、军刀为核心的无烟工业，二是以苏黎世金融业为核心的无本买卖，三是以发达的旅游业为核心的"无中生有"。旅游业的确是一项"无中生有"的新产业，尤其在交通通信高度发达的今天，随着人们生活方式的改变，休闲时间的增多，收入的增加，以及城市病的加剧，以别出心裁的创意开发旅游业恰逢其时。当前加强我国旅游观光农业开发，应着力做好五项工作：

一是做到"十有"。即有点可看，有线可连，有味可品，有物可购，有室可居，有路可通，有网可赏，有文可化，有验可体，有情可寄。所谓有点可看，即要打造出有浓郁地方特色的景点。所谓有线可连，景点的打造不能独此一家，应将若干景点连成一线，像一串闪光的珍珠，使游人移步换景，流连忘返。所谓有味可品，即要发掘地方特色美食，让游客满足味觉美感。所谓有物可购，即打造一批地方农副产品包括传统工艺品，让游客把物化了的乡风乡情带走，留下余韵不绝的记忆。所谓有室可居，即改造一批内有现代生活设施的农舍、农家小院，供游客住宿、休闲、养生。所谓有路可通，即要改善交通条件，让游客便捷舒适地进得去、出得来。所谓有网可赏，即把景点风光拍摄成图片，在网上发布，让游客随时可点击欣赏，同时景点要安装畅通快速的宽带网线，最好能解决三网合一问题。文化就是"人化"与"化人"。所谓有文可化，即把当地世代形成的风土民情、乡规民约、民俗演艺等发掘出来，向游人展示，让游客在欣赏中渐入佳境，化身其中，自觉不自觉地学习仿效，在陶冶性情中自娱自乐。缺乏文化内涵的景点是不可持续的。所谓有验可体，即设置一些捕捞、打谷、舂米、犁田、插秧、收割、玉米手工脱粒、饲养家畜家禽等农家活动，让游客亲身体验农家生产生活的艰辛与乐趣。所谓有情可寄，即能打动人心，让游客留下深刻印象，成为情感的寄托，甚至把景点变成第二故乡，时时泛起思念的情愫。这是吸引回头客的妙招，也是旅游景点打造的最高境界。

二是准确的市场定位和良好的品牌策划。目前，旅游农业的消费需求正加速分化，消费市场正不断细分，消费群体正逐步成型。旅游观光农业应根据自身优势进行市场定位，深化项目开发，考虑到乡土性、参与性、观赏性、娱乐性、文化性和实惠性等特点，在新奇特上下功夫，实现资源产品化、产品个性化、市场差异化、运营规范化、服务系列化。增强竞争优势。旅游观光农业应根据自身优势进行市场细分，找准目标消费群，增强竞争力。同时，旅游观光农业还应该加强市场宣传，增强品牌意识，从战略的高度进行品牌塑造和品牌管理，建立起自己的经典品牌。

三是主动出击，见缝插针，寻找"游点"。千方百计寻找种养加销上游四大产业链条中的开发商机，从"无"中生出有，在"空"里抓出利。让农民把田地种成景观，让工厂把车间变成景点，让牧场把养殖变成景区。四大上游产业环链及乡村文化遗产，是农业旅游的载体和依托，其开发空间无限，应精骛八极、心游万仞地筛选探查，找出可合作之处，建立合理的利益连接机制，把亮点挖出来、培育好、打出去。如可联合大农场利用农作物的不同色彩，在大田种植出不同的图案供游客观赏。泰国正大集团在北京平谷的现代化养鸡场吸引了无数海内外游客观光考察。

四是加强生态环境的保护。旅游观光农业的开发，要注意保护当地的生态条件、生态景观及乡土气息，避免对自然环境和人文景观造成破坏，杜绝对原有景观的开发性破坏和对自然资源的恶意掠夺。要通过生物措施、工程措施和管理措施等，严格控制旅游观光农业园区周边地带因工业化和城市化对其的不利影响，禁止有害物质进入园区，减少观光农业景点周围工厂生产造成的噪声污染和对水源、空气的污染等。杜甫当年有"国破山河在"的慨叹，我们决不能让"国在山河破"。

五是把服务当成旅游业的生命线。尤其严防欺诈行为，一只38元的青岛大虾，毁掉了山东旅游局几个亿的广告投入。服务的高标准、精细化是与时俱进的，要下大功夫、花大本钱研究提高质量的措施，开展普及性培训，让农民掌握适应个性化服务的社会需求，把服务做到位。

农业新业态的重构，上游环节还可以延伸出如"育人"（高素质农民培训）"育金"（发育金融组织）"育种"（良种的育繁推），下游环节可以延伸出利用大数据、云计算对产业链的分析研究等，中间环节还可以派生出设计、包装、仓储、运输、展销等环节，但关键在于打造好"种养加销旅"上述五环产业链，并在价值链、企业链、供需链和空间链的共同作用下形成相对紧密的利益共同体。种植业为养殖业提供产品，种养业为加工业提供产品，种植养殖加工业共同为销售业提供产品，种、养、加、销又共同为无中生有的旅游业提供产品。当务之急在于建立一个信息共用、利益共享、风险共担的机制平台，着力打破各环节单打独斗的格局，使之互动合作，首尾相接，同舟共济，从而实现农业产业的价值最大化，并以产业促事业，快速高效地推进农业现代化进程。

农业现代化追求的是经济、政治、文化、社会、生态五位一体的目标。农业要"产业化"，产业要"链条化"，链条要"资本化"，但不管怎样"化"，都不能把农民"化"出界外，让资本独享其利。农民不可把产品卖出去就退出下游几个环节，必须充分参与到每个环节分享利益。最丰厚的利润就隐藏在加工、设计、包装、仓储、运输、销售等下游环链中。如让农民建立直销店、农超对接，或让农民以产销量确股参与后续环节的分红都可以解决这一问题。农业新业态的建立，产业链的打造，必须立足于"以农民为本"的价值理念，严防资本掌控话语权，应随时剥离资本的不当诉求，让农民成为最大的受益者。不然，农业现代化水平越高，农民就吃亏越大，我们追求的目标就失去了意义。总之，把产业链的生态走向与资本的逐利流向放在均衡合理的区间，是农业新业态必须遵循的原则。同时，为适应国际市场的竞争，产业链的打造还应千方百计提高对价值链的管理和掌控能力，严防跨国公司利用价值链伺机操纵。

（本文原载于《中国发展观察》2015年第11～12期）

从"四进四退"看农业走势

随着科学技术的发展、社会分工的细化、人口流动的加速、消费需求的改变等诸多因素的渗透，中国农业正在发生着多方位、多层面的结构性变化，分化、裂变、聚合和重构，带来的震荡效应，越来越深刻地影响着整个农业大系统。高度关注这一现象，对于把握农业走势，应时调整策略，意义重大。

一、表现

1. 耕地农业进，草地农业退。长期以来，在以粮为纲的观念影响下，耕地农业大行其道。农业生产倚重于粮食生产，谷物是食物的主体，我国谷物占食物消费的比例过半，而美国为 28%，澳大利亚为 27%。同时，肉类食物以耗粮型猪肉为主，草食型牛、羊肉等为辅，我国牛、羊肉与猪肉产量之比约 1∶5，而美国两者之比约 6∶5。特殊的经济结构与消费习惯，使我国形成了深厚的"粮猪农业"。粮猪农业造成养猪过多，饲料用粮耗去大量粮食，猪食挤占了人食，谷物生产自然不堪重负。粮猪农业同时割断了草与畜的天然联系，发达国家如澳大利亚和新西兰，90%以上的畜产品由草转化而来，我国只有 6%~8%，这种以粮食或合成饲料为主的饲养模式，家畜疾病多，饲养成本高，产品质量低。

与此相反，草地农业一直在衰退。我国是世界第二大草地资源国家，拥有天然草地 4 亿公顷，仅次于澳大利亚。新中国成立以来，我国草地面积不断减少、质量不断下降，普遍超载过牧，草地退化、沙化、盐渍化问题严重。20 世纪 80 年代初，我国退化草地面积占草地总面积的 1/3，90 年代中期，北方 12 个省区有一半的草地面积退化，90 年代末，西部和青藏高原传统畜牧区 90％的草地不同程度地退化，其中中度退化以上草地面积已占半数。目前草地退化以每年 200 万公顷的速度增加，草地生态环境形势十分严峻。

2. 畜禽饲料进，人类口粮退。近年来，我国饲料粮消费一直呈较快增长趋势，消耗饲料粮较多的，主要是生猪、家禽养殖，还有水产品和一些草食牲畜养殖。据测算，1978—2010 年，我国饲料粮消费年均增速 5.8％。近几年速度加快，每年饲料粮消费高达 3 亿多吨。从消费品种来看，玉米约占饲料粮消费总量的 60％；豆粕消费量占 17.7％；稻谷约占 8.6％；小麦约占 7.4％；薯类和其他杂粮占 6.1％。从所占比例来看，2010 年作为饲料粮的玉米、大豆、稻谷、小麦、薯类分别占当年各自产量的 69.1％、238.4％、9.6％、13％和 29.2％。随着人们收入水平提高和膳食结构的改善，对肉蛋奶等动物性产品需求将保持持续增长，饲料粮需求还会保持旺盛的趋势。不适当的养殖方式也人为地增加了饲料粮需求，我国一些地区普遍把奶牛当猪养，不以饲草和农作物秸秆为主食，大量依靠精饲料维持产奶水平，有的对精饲料的依赖高达 80％以上，养殖成本降不下来，奶牛发病率畸高。专家认为，如将目前精粗饲料比 6∶4 调整到 3∶7，奶牛的生命周期和生育能力都会大大提高。优质粗饲料缺乏是制约奶牛养殖的瓶颈问题。饲料粮快速增长已成为粮食需求刚性增长的主要因素之一。与此相反，20 世纪 90 年代中期以来，我国城乡居民口粮消费量一直呈现下降趋势。1994 年，我国口粮需求达历史最高点，为 28 064 万吨，2010 年，口粮需求已降为 20 697 万吨。大自然安排的"生态食物链"正在被人为打破，食草动物与人争粮的现象愈演愈烈。

3. 副食需求进，主粮需求退。随着城乡经济发展，城乡居民的生活水平不断提高，食物消费结构也不断升级。口粮需求逐步下降，更多追求粮食的营养化、健康化、多样化。肉蛋奶、瓜果菜等副食品消费逐步增长，形成对口粮的替代。有关调查显示，粮、菜、肉的消费比例已由过去的 8∶1∶1 到现在的 4∶3∶3。就肉蛋奶来说，2002—2012 年，我国肉蛋奶水产总产从 1.4 亿吨增长到 2.1 亿吨，增长了 50%，其中肉类总产量 8 221 万吨，增长 32%，禽蛋 2 861 万吨，增长 16%，牛奶3 744 万吨，增长 188%，水产品 5 906 万吨，增长 49%。从肉蛋奶水产的产量构成来看，肉类从总产量的 45% 下降到 40%，禽蛋从总产量的18% 下降到 14%，牛奶从总产量的 9% 增长到 18%，水产品保持在28% 无变化。2013 年，我国人均肉类消费 61.5 千克，奶制品 27 千克，水产品 26 千克以上。传统意义上的主副食物概念，正在向着"反客为主、主副颠倒"的趋势发展。

4. 消费群体进，生产群体退。随着城镇化进程加快，大量农民向城市转移，截至 2014 年底，我国已有城镇常住人口 7.49 亿，农村常住人口 6.3 亿，城镇人口已超过农村人口，打破了中国数千年的传统人口结构。目前全国有 2.6 亿农民进城打工，到 2020 年，我国城镇化率要达到 60%，平均每年要转移 1 000 多万农村人口。

农民进城后，由粮食生产者转变为粮食消费者，生活方式也发生巨大变化，口粮消费量减少，但肉、蛋、奶和水产品消费较大幅度增加。农民在农村要吃，进城也需要吃，但是吃法不一样。如果在家里，村边地头、房前屋后都可以种菜养鸡，基本上把吃的问题解决了，进了城就没有这些了，必须全都买。在买的过程中，消费结构是向城市看齐的。在口粮消费上，城镇居民比农民要低，农民人均消费成品粮约 120 千克，城镇居民约 80 千克，但是其他农产品，城市居民都明显高于农民。新鲜蔬菜高出 28%，食用植物油高出 24%，肉类包括猪、牛、羊肉三大肉类合在一起大概城市居民比农民高出 56%，家禽高出 136%，禽蛋高出 87%，水产品要高出两倍以上。这些都需要粮食生产和转化，间接增加了粮食消费量。城镇化每增加一个百分点，粮食消费需求增加100 亿斤以上，耕地减少 650 万亩左右。种粮的变成吃粮的，吃粮的变成吃肉的，更加给农业生产带来了严峻挑战。

二、影响

1. 生态环境的破坏。耕地农业的大行其道，造成了生态环境的恶化。一些地方长期不合理开发利用草原，导致草原不断退化，沙尘暴、荒漠化、水土流失等日益加剧。20 世纪 50 年代以来，我国累计开垦草原约 2 000 万公顷，其中近 50％已撂荒成为裸地或沙地。全国水土流失面积达 357 万平方公里，占国土总面积的 37.2％。每年土壤侵蚀总量约 45.2 亿吨，占全球总量的五分之一，主要是长江、黄河流域，平均每平方公里达 3 400 多吨，黄土高原是中国土壤侵蚀最厉害的地区，已超过 3 万吨。长江黄河源头地区土地荒漠化速率加快，已成为源区突出的生态问题之一，主要表现为土地沙化、盐碱化和次生裸土化。源区沙漠化土地面积已达 1.9 万平方公里，正以每年 13 万公顷的速度在扩大。气候的变化使我国水资源供需矛盾加大。近年来，中国北方地区水资源量明显减少，其中，黄河、淮河、海河和辽河区最为显著，水资源总量减少 12％，其中海河区地表水资源量减少 41％、水资源总量减少 25％。虽然南方地区水资源相对丰富，河川径流量和水资源总量近年来有所增加，但由于降雨规律的反常变化，加之高温，近年也出现了区域性缺水的现象。

2. 农业结构性失衡。我国饲料粮消费已达 3 亿多吨，6 亿吨粮食总产的大半被动物吃掉，且每年还以 10％左右的速度在增长。饲料粮需求的快速增长，对传统农业模式形成了重大挑战。单靠传统的粮食增产来满足饲料用粮的刚性增长需求是不可能的，关键在于节约饲料用粮，大力开发非粮饲料，即充分利用农业生产中的作物秸秆等农业副产品和牧草资源来减轻家畜养殖对饲料粮的需求压力，对于草食家畜来说需要的绝大部分是植物营养体而不是籽粒，发展非粮饲料即可满足草食家畜的发展需求，如果能实现这一食物消费结构转型，而节约出大量非口粮消费量，这将是对我国粮食供需平衡做出的重大贡献。

优质牧草的缺乏是制约奶牛养殖的重要瓶颈，草不如粮的传统观念严重阻碍牧草的推广种植。如苜蓿，其干物质粗蛋白含量在 18％以上，在我国长江以北的地区苜蓿都能正常生长，大部分地区一年能割 3～4 茬，产草量高，饲草品质极佳，一亩地可以收获干草 500 千克左右，获得粗蛋白约 120 千克，同等肥力的耕地种植小麦、玉米两茬亩产粮食

800 千克左右，亩产粗蛋白 68 千克，苜蓿单位面积粗蛋白产量比粮食作物高得多，生产同等数量的饲料粗蛋白，种苜蓿比种粮食作物节省一半耕地。要扩大奶业和牛羊肉规模，保持可持续发展，确立饲草的基础地位和中心地位是关键。

3. 农产品供给不能适应社会需求。20 世纪 80 年代以来，随着人们生活水平的提高，城乡居民口粮与畜产品的消费发生了历史性的转折，口粮在食物中的比重不断下滑，而动物性食品一路飙升。如果把人的口粮和家畜的饲料统一折合，称为"食物当量"，中长期内中国人口粮需求约为 2 亿吨"食物当量"，家畜饲料需求为 5 亿吨"食物当量"，两者共需约 7 亿吨"食物当量"，饲料是口粮的 2.5 倍，这是传统的"耕地农业"无法承受的。未来 15 年，我国动物产品的人均消费仍将保持较快增长，还将进入一段相当长的缓慢增长时期。

预计 2015 年，全国牛肉消费需求总量将由 2010 年的 653 万吨增长为 721 万吨，增加 68 万吨；羊肉由 2010 年的 403 万吨增长为 450 万吨，增加 47 万吨。按照 2020 年全国 14.5 亿人口测算，牛肉消费需求总量由 2015 年的 721 万吨增为 796 万吨，增加 75 万吨；羊肉消费需求总量由 2015 年的 450 万吨增为 502 万吨，增加 52 万吨。2010 年我国原奶供给总量 3 748 万吨，需求总量 3 920.2 万吨，供需缺口为 172.2 万吨；2012 年，我国原奶供需缺口达到了 359.6 万吨。2013 年，我国原奶供需缺口突破 400 万吨，达到 402 万吨。这些仅是理论推算数字，实际上，广大农村需求量潜力巨大，喝牛奶、羊奶仍是农村的奢侈品。印度比我们穷，但牛奶产量高达近 6 000 万吨。由于奶牛存栏数量增长缓慢，奶源供给有限，供需缺口加大，刺激奶价上涨。近两年的奶粉抢购风，正是农产品供给不足的表现。据《中国经济时报》报道："2013 年我国牛肉进口总量达 29.7 万吨（不包含近 70 万吨的走私牛肉），是 2012 年的近 4 倍。预计到 2018 年，对进口的依赖将高达 25%。"

4. 农业后备军不足。农村大量青壮年劳力进城，使得农业后继乏人，留在农村的大都是"386199 部队"，"谁来种地"成为人们普遍关心的问题。据调查，农村实用人才仅占农村劳动力总量的 2.1%，其中中专以上学历仅占3.9％；从事农业生产特别是粮食等大宗农产品生产的农民年龄严重老化，据5省10县调查，中老年种地占93.2％，具有一定专业技能和经营管理能力的复合型、创业型人才严重缺乏。农业科研人才总量不足，尤其是领军人才缺乏、中青年后备力量不足、人才流失严重等问题突出；农业科研和人才投入不足GDP的0.8％，远低于发达国家2％以上的比例，与联合国粮食及农业组织建议的发展中国家1％的水平也有较大差距。基层农技推广人员普遍缺乏推广服务经费、缺少条件手段，社会地位不高、待遇偏低，培训机会少、知识更新跟不上。

三、对策

1. 改变以粮为纲的一元化思维。长期以来，我们强调的是粮食安全，手中有粮，心中不慌。但随着科技的发达，今天粮食只是整个食物系统的一部分，我们一直对非谷物食物资源和动物食物资源未予以充分重视。要在粮食安全的基础上，进一步树立食物安全的理念，肉蛋奶、瓜果菜、鱼虾蟹都要同时发展。解决食物安全的关键一条，就是要将牧草或其他饲料作物的生产、利用纳入农业生产体系，通过粮、草、畜有机结合，瓜果菜的合理搭配，建立起"土地-植物产品-动物产品"符合生态规律的生产链条，最大限度地生产出社会需要的植物产品和动物产品。

2. 强化草地农业。草地农业就是把牧草（含饲用作物）和草食家畜引入农业系统，把耕地和非耕地的农业用地统一规划，把牧草作为基质，除了天然草地以外，在耕地上实施草粮结合、草林结合、草菜结合、草棉结合等，通过草田轮作、间作、套种等技术，充分发挥各类农用土地的生产潜力，其核心是以草促农、寓粮于草。发展草地农业好处是多方面的。可利用农用土地将比现有耕地增加5倍；可保持水土，培肥地力，维护生态安全；可产出比传统农作物营养物质含量高出十几倍的牧草；充分发挥气候（水热）资源潜力，尤其节约水资源；多年生牧草一次播种，多年收获，节约劳力、种子、化肥、农药、机具、动力等，一般提高农民收益 2 至 3 倍。它可在满足社会基本农产品需求（例如粮食）的同时，生产足够的饲料，创造较高产值，我国有近 60 亿亩草原，占国土面积的五分之二，但生产率只有世界平均水平的 30% 左右，有很大的增长空间；另外，我国南方地区约有 10 亿亩草山草坡，经过改良而建成人工草地后，其生产能力可提高 10 多倍。

3. 大力发展养殖业。一方面，要加快规模养殖，以市场为导向，以效益为中心，发展一批标准化规模养殖场，对新建的规模养殖小区实行奖励扶持政策，同时加大养殖业招商的力度，引进规模大、实力强、科技水平高的龙头企业来建设大型养殖场或养殖小区。另一方面，基于我国农民有着悠久的养殖历史，传统养殖习惯和代代相传的养殖技术，应采取一系列政策措施，引导、鼓励、支持帮助农户发展自给自足的家庭养殖。要向社会广泛宣传，在质量安全上，自己种养的最保险。当今发达国家追求的最高境界的生活方式，就是消费农产品看是不是自己种养的。我国人多地少，农户有充足的时间进行家庭养殖。中国两亿多小农户如能大部分解决肉蛋奶需求的自给自足，这将是一个了不起的贡献。这是中国农业几千年的传统生活方式，今天引导这种生活方式的回归，于国于民，意义重大。人吃植物的种子，动物吃植物的根茎叶，动物粪便作为植物的肥料，这是一条符合自然规律的生态循环链条。今天人为地打破了这一自然生态规律，让动物与人争粮，动物的粪便也不还田，农业生产大量地使用化肥农药，自然生态环境被严重破坏。大量的秸秆没被利用，农民为争种植茬口付之一炬。基层耗费大量人力物力财力防止秸秆禁烧，干群矛盾空前激化。"人畜争粮"是造成这种被动局面的主要原因之一。中国农业理应回归自然分工的状态，逐步提高草食家畜占肉类的比重，走循环经济之路。

4. 着力培育农村人才队伍。一是改"精英教育模式"为"生存教育模式"。针对产粮大区、贫困地区现状，克服千军万马都挤一条独木桥的现象，让孩子从小就学习掌握一门适合在本乡本土生存与发展的技能，使农村人才长得出、留得出、用得上。二是借鉴日本农业接班人计划的成功经验。由政府招募愿意回乡当一辈子农民的大学生，经过农业院校再培养和当地农业部门的选择认定，提供全方位的支持政策，让一批掌握现代科技、现代管理和现代经营的高素质农民成为引领未来农业发展的中坚力量。三是由国家财政出资支持各省农业院校选择部分专业，免费开门办学，提供长、中、短的技能培训服务，农民可自由听课。切实抓好农村带头人示范培训。建立高素质农民和农村实用人才认定制度，探索包括认定标准、认定程序、后续管理、配套政策、信息化统计服务在内的认定体系。构建高素质农民和农村实用人才的扶持政策体系。五是实施农业科研杰出人才培养计划，加快培养农业科研青年拔尖人才，鼓励种子等涉农企业加大研发投入，培育多元化科技创新主体，鼓励引导农业科研人员深入生产一线开展研究，解决科研和生产"两张皮"问题。

（本文原载于《中国发展观察》2015 年第 10 期）

财政支农：传统语境下的现代思维

    党的十八大以后，中央提出新的"四个现代化"理念，即新型工业化、城镇化、信息化、农业现代化。2015 年 3 月 24 日中央政治局会议又提出绿色化发展的新内容，"四化"变成"五化"。"五化"之中，其中新型工业化、城镇化和农业现代化这"三化"是载体，信息化是手段，绿色化则是价值观问题。所谓"绿色化"发展，即按照生态原理、遵循自然规律的发展，我们的现代化建设应该沿着这样一个价值观去思考，现在三大载体中的关键就是农业现代化这条腿太短。

    今天社会上不少人把农业现代化与现代农业混为一谈，但二者不是一个概念。所谓现代农业就是工业化农业，又称石油农业，它只是对传统农业的提升改造，主要在一产里面做文章，追求单一的经济目标。传统农业特点就是在一个封闭的内循环里缓慢向前发展，传统农业进化到现代农业，注入了两个外力，一是从石油里提炼的化肥农药，二是机械代替了人力畜力，这使传统农业来了一个大翻身。农业现代化则是打破了旧的产业格局，引入了二产和三产，农业现代化与现代农业的区别主要在于两个方面。第一，在产业体系上，农业现代化构建的是一二三产融合，上中下游一体，产供销加互促的这样一个体系。第二，农业现代化追求的不是单一的经济目标，而是五大目标同时推进，即经济、政治、社会、文化、生态五位一体的集合目标。只有搞清楚这个问题，才能够明白财政支持农业现代化从哪儿入手，怎么支持。因此财政支农，当下要树立传统语境下的现代思维，强化十种意识。

一、是"三农"不是"一农"

在农业社会，历朝历代都是以农养政、以农养兵、以农养城、以农养国，我国农业税征收从公元前 594 年鲁国初税亩开始到 2006 年结束恰好 2 600 周年，我们结束了以农养政时代，进入以工养政、以商养政时代。这是了不起的壮举。但"农"仍是基础，这个规律没有变，也永远不会变。作为最早发育起来的农业文明，是人类文明的母体文明，它是与工业文明、城市文明并行不悖、共生共荣的一种文明形态。而不是最落后、最腐朽、最该抛弃的文明。没有农业现代化，其他任何现代化都是空中楼阁。建设农业现代化，农业是本体，农民是主体，农村是载体。农业现代化不是把土地规模化，实现机械化，然后设施现代化，就是农业现代化了。这只是作为本体的农业具有了现代性。但作为农业经营的主体农民如果没有现代意识、现代理念、现代技术和现代管理，再先进的设施也产生不了现代效益。而即使本体、主体都现代化了，作为载体的农村各种配套设施跟不上，如道路不畅、网络不通等，同样产生不了现代效益。同时，只追求单一的经济目标，不追求五位一体的综合目标也不是农业现代化。因此，必须重构一产、二产、三产相互融合的农业现代化产业体系，重启农业现代化议程，做到"三体共化、十农并进"。"三体共化"，即作为本体的农业、作为主体的农民和作为载体的农村要共同实现现代化。"十农并进"，就是要共同推进农村人才、农民组织、农民工、农村道路、农田水利、农村土地、农产品与农资价格、农村金融、家庭农场、农村环境等十个方面的建设。

二、是"六产"不是"一产"

准确把握新常态，积极应对新常态，主动适应新常态是当前和今后一个时期中国农业必须面对的严峻课题。所谓新常态，即要把农业打造成"第六次产业"。"第六次产业"是由日本 20 世纪 90 年代提出的新概念，所谓"六产"，就是农业现代化既要提高改造传统农业，又要发展以农产品为原料的加工业，还要发展为农业服务的服务业，"1＋2＋3＝

6"。这与我国所要建设的农业现代化在内涵和外延上是基本一致的。要演绎好农业新常态这个大逻辑，农业必须重新认识自身，重新解释自身，重新谋划自身。

所谓重新认识自身，新时代的农业不光是基础，还可以发挥引领作用。比如荷兰花卉、新西兰牛奶、我国山东寿光的蔬菜、陕西洛川的苹果等，都成了引领当地经济发展的龙头，支撑带动着一国或一域的经济发展。

所谓重新解释自身，即今天的农业具有六大功能。一是日益强化的食物保障功能。解决好吃饭问题始终是农业最重要、最基本的任务。随着人口增加和生活改善，对食物数量的需求持续增长，对品种的要求不断增多，对质量的追求日益提高，既要吃饱又要吃好，更要吃出营养和健康，农业的食物保障功能日益强化。二是前景广阔的原料供给功能。从目前来看，世界粮食总量供给人吃的还不到一半，大部分用于动物饲料和工业原料，尤其是能源。汽车加满一箱燃料乙醇，需要 200 千克玉米才能生产出来，差不多是一个人一年的口粮。今天的生产生活用具，小到牙具、板凳，大到汽车、飞机零部件，都可以用粮食生产。三是不断拓展的就业收入功能。农业产业链条正从一产向二三产业延伸，就业空间大大拓展，农民收入大大增加。美国农民占总人口的 1‰ 多一点，但为农业服务的服务业人员占美国总人口的比例高达 17%～20%。四是修复环境的生态保育功能。农业是自然再生产和经济再生产相互交织的产业，这是农业区别于其他产业的本质特征。而二三产业只对环境产生破坏作用，只有作为第一产业的农业才具有对被破坏的环境予以修复和对尚未破坏的环境予以保育的独特功能。五是正在崛起的旅游休闲功能。随着人们消费水平的提高、消费观念的改变、收入的增加、休闲时间的宽裕，促进农业旅游休闲功能凸显；随着城市化的负面影响加剧，城市居民普遍追求"返璞归真""体验自然"，推动农业旅游休闲功能凸显。2014 年全国有 12 亿人次到乡村旅游。六是承先启后的文化传承功能。中华民族有着灿烂辉煌的文明史，源远流长的农业文化是其重要的基础和内核。现代农业对于高科技等的传承更胜于传统农业。尤其中国农民总结创造出的"天时地利人和"这一农业哲学思想已经成为放之四海而皆准的人类文明的"黄金定律"。

所谓重新谋划自身，即把农业打造成一个一二三产融合、上中下游一体、产供销加互促的第六次产业。一应在一产里强力注入现代理念、现代元素、现代技术、现代管理、现代设施、现代金融等现代元素，综合统筹考虑产业发展，练好"粮牧功"，念好"山海经"，唱好"林草戏"，打好"果蔬牌"。二应紧扣"四品"，提升二产。提升二产首先必须完整地打造几条产业链条。一是粮食及农副产品的生产加工产业链，二是畜牧及水产品的生产加工产业链，三是林业及林产品的生产加工产业链，四是秸秆的综合利用产业链。其次要在"四品"上下功夫。"四品"即农产品加工的品相、品质、品位和品牌。品相即要好看；品质即要有好的质量；品位即要把握不同档次的需求；品牌即要追求品牌效应，人类已经进入品牌时代，非品牌不消费已成为定势。三应致力创新突破，提升三产。农业服务业发展前景广阔，尚待挖掘的潜力巨大。尤其互联网、大数据、云计算技术的介入，农业服务业正以无数新业态的面貌出现，线上线下日新月异，炫彩纷呈。把农业打造成第六次产业是新常态下的新命题，需要比较长的历史过程。农业要适应新常态，演绎好自身发展的大逻辑，必须做到"三有"，即要让农业有效益；农民有事干；农村有生机。三者并重才能在新常态下解决好中国的"三农"问题，不可顾此失彼。要做到"三有"，必须城乡统筹，让公共设施和公共服务这"两公"不能只姓城不姓乡。人要进城，物要下乡。要实现从"物"的新农村到"人"的新农村，必须抓好三要素：居住环境美、社会和谐美、人的心灵美。三美与共才是完整的美好乡村。

三、是"三物"不是"二物"

迄今为止，人类在农业领域对于生物的三大界别中的植物、动物研究和利用较多，也正在不断深化和发展，而对微生物界深入研究和应用不够。在整个生态系统和人类的生产生活中，微生物是一支巨大的力量和"幕后英雄"，是生态系统中的一大主角，必须把微生物放到和植物、动物同等重要的位置予以开发利用。

发展微生物新型农业，由植物、动物资源为主组成的传统"二维结构"农业，调整为植物、动物和微生物的新型"三维结构"农业，才是一个产业结构健全、资源节约型、环境友好型农业。微生物农业是微生物资源产业化的工业型新农业。微生物农业突破了传统农业的局限，由向光（阳光）要粮、向地要粮的生产方式，转变为向草（秸秆）要粮、向废弃物要粮的生产方式。与传统农业相比，微生物农业依靠人工能源，不受气候和季节的限制，可常年在工厂内大规模生产，高产高效，是创建节水节土、无环境污染、资源综合利用的工业型农业，是农业可持续发展潜力最大的新路子。

目前，有关专家把微生物农业归纳为六个方面。一是微生物饲料。包括微生物发酵饲料、微生物活菌制剂、微生物菌体蛋白饲料和饲用酶制剂等几类，具有优质、高效、无农药残留，并可提高动物防病抗病能力等特点。另外，由于微生物可工厂化生产饲料用粮，实现人畜分粮，且环保高效而日益受到人们的重视，成为国内外研发的重点。二是微生物肥料。微生物肥料包括复合微生物肥料、生物有机肥和微生物接种剂等。通过微生物的生命活动，增加植物养分的供应促进植物生长，提高产量，改善农产品品质及农业生态环境。在土壤物质循环和养分转化中可以分解有机物和动植物残体，释放养分；产生抗生素，维持生态平衡；分解杀虫剂和除草剂等复合物；产生黏合物质利于土壤胶体和团粒结构形成；种群互利共生，如根瘤菌共生固氮和菌根真菌，为植物提供营养。三是微生物食品。它是利用有益微生物发酵生产的一类营养健康食品。微生物发酵酿酒、制醋、制酱等在我国历史悠久。近年来，食用菌以其丰富的蛋白质、氨基酸和维生素含量被列为重要营养食品，许多食用菌品种还有防癌、降脂及提高机体免疫力等功效而成为保健食品。四是微生物农药。微生物农药是利用微生物本身或其代谢产物作为防治植物病虫害的制剂。它具有高效、安全、无残留、有利于生态平衡和有效降低农产品中的有毒物质残留等优点，主要包括微生物杀虫剂、农用抗生素、微生物除莠剂三大类。国际上微生物农药的生产已形成了大的产业。五是微生物能源。微生物资源可以多种形式用作能源生产，植物废弃物，经微生物发酵可产生沼气，用作燃料或发电照明；植物的纤维素可经微生物分解，转化成酒精作为能源燃料。后者已被国际上公认为是 21 世纪能够替代石油的绿色能源。六是微生物环境保护剂。微生物环境保护剂是一项正在兴起的环保产业，不仅可以减少农药与化肥的使用，而且有着较好的分解农药和化肥的特殊作用，能将其残留成分降解至安全标准。国际上已有的产品包括微生物空气清新剂、水除污剂、土壤重金属降解剂、除臭剂、工厂污水除害剂、土壤改良剂、海面石油污染消除剂等。

充分开发微生物农业的六大功能，让微生物这个幕后英雄走上前台，前景广阔，应引起全社会广泛关注。比如农作物秸秆利用问题，本来按照大自然分配好的食物链，农作物收割下来，种子人吃、根茎叶喂牲口，人畜粪便还田作肥料，农业就是在这样一个循环链条上向前发展的。今天为急功近利，食草动物主要喂粮食，造成 6 亿多吨秸秆无处堆放，农民只好一火焚之。政府为防焚烧，花费巨大人力物力财力，造成干群矛盾异常激化。解决问题的关键要给秸秆找一个出口，农民才不会焚烧，而传统农业的方法是最好的出口。今天利用微生物技术可以将秸秆变成食草动物最喜欢吃的各种风味的食物，6 亿多吨秸秆，可以饲养几亿只牛羊。科学测算，每 7 斤秸秆饲料配合一定的精饲料，可以转化为 1 斤活牛肉。中国秸秆如果实现 80％的综合利用，就相当于增加 8 000 万吨活牛肉，或相当于增产 40％的粮食。牛是造粪机器，每生产一吨牛肉，约生产 16.7 吨牛粪，我国 20 亿亩耕地可获得上百亿吨的有机肥。如何让微生物由"微"变"大"，与动物植物同样受到重视，大有文章可作。

农业在整个大系统布局中，应强化三物意识，同时植物系统应克服耕地农业的一元思维，推进草地农业发展；动物系统应克服与人争粮养殖方式，大力发展饲草、秸秆养殖。

四、要"输血"更要"造血"

人类文明的发展具有继起性。后一层次的文明是在前一层次文明的基础上建立和发展起来的。农业文明为工业文明、城市文明的发展提供了基础。美国就是以农业现代化为基础,然后实现工业现代化、城市现代化。中国如果农业这条短腿不能加长,那么实现现代化就是一句空话。基于人类文明继起性的特点,文明的发展不可倒序。中国农业一直走的是刘易斯外延扩张的道路,把城市、工业发展起来反哺农业,这在一定的特殊阶段是可行的。但长期如此,其弊端已经凸显,尤其在中国这样一个城乡二元制度根深蒂固的大环境下,仅靠输血解决"三农"问题是不可能的,而且问题会越来越大,越积越多。只有让工业和农业两个轮子一起转,我国农业才能走出困境。另一位诺奖获得者舒尔茨认为,农业必须走内涵改造的路子,才能强化自身,即农村必须培育内生性的物质基础,增强自身造血功能,靠工业、靠城市输血强壮不起来。舒尔茨还研究发现传统农业的资源配置最佳,最佳的资源配置之所以没产生最佳效益,是因为没有注入现代元素。我们今天应该两条腿走路,刘易斯和舒尔茨的理论都要用,特别更要高度关注舒尔茨的理论,把现代理念、现代技术、现代管理、现代金融、现代设施等诸多现代元素注入农业,培育农村内生性的物质基础,让农业农村农民同时现代化起来,农业这条短腿才能加长,农业文明才能与工业文明、城市文明同时发展、同步发展、同样发展。

当务之急是统筹城乡,而统筹城乡的关键是必须跨越"止血、补血、造血"三重门,尤其要断然为农村"止血"。随着工业化、城市化、市场化程度的加深,农村劳动力、资金、土地等生产要素向城市单向流动的势头不减。一是金融。被"五龙吸水"的农村每年约有上万亿元资金通过金融渠道流向了城市。平均每个县高达数亿元。二是土地。改革开放30多年来,已有3亿多亩耕地被征。2014年土地出让金总额4万多亿元,有关调查显示,农民得到的补偿只占土地出让价格的百分之几。三是劳动力。2.6亿多农民工每人每年可为城市贡献数万元的生产价值,这种对农村的活劳动索取,比计划经济时代的工农产品价格剪刀差的剥夺来得更便捷,程度更深入。农村的大出血不是毛细血管的渗漏,而是主动脉的长期放流,目前这种势头不仅依然没有得到控制,而且出现新的创口和局部血流加速症状。长期的大出血，是"三农"多病缠身的根源。

流血不止，补效大失；补而不足，元气难复；元气亏虚，血何以造！城乡统筹必须跨越"止血、补血、造血"三重门。这不仅决定着农业现代化进程，而且影响国民经济的健康发展和小康社会建设目标的全面实现。下一步深化农村改革，应在宏观层面出台有力政策，按市场规律配置资源。一是重构农村金融体系。构建以政策性金融为主导、商业性金融和农村互助合作性金融为主体、农业保险和信用担保机构并存及其职能有机协作的多元化农村金融体制。二是规范农地征用制度。既要重视土地对农民的社会保障功能，更要重视土地对农民的资本增值功能，使农民应得的土地市场收益得到切实保护。三是促进劳动力合理流动。一方面，抓紧建立健全统一、有序的劳动力就业市场体系，协调好城乡劳动者就业关系，实行城乡劳动力就业的公平竞争、同工同酬、同等待遇制度，保障所有劳动者的合法权益，推动农民进城；另一方面，农村基层政府和组织应优化环境，出台优惠政策，并借助血缘、亲缘和地缘纽带，吸引民工返乡创业。四是高度重视农村可持续发展问题。将农村生态环境保护摆在和城市环保同等重要的地位，纳入全国环保和生态建设的总体规划，制定和完善相关法律、法规和政策，制止城市、工矿企业向农村排放"三废"。要认真贯彻落实生态环境责任终身追究制。五是缩小工农产品价格剪刀差。2014 年，我国农民人均可支配收入10 489 元，农民务农收入远低于进城打工月收入，导致农民农业生产积极性不高，无法保障国家粮食安全。

五、看增幅更看比重

市场的主要功能是做大蛋糕，制造差距，政府则要分好蛋糕，熨平差距。以"共同富裕"为宗旨的社会主义中国，在资源配置问题上尤其要把以人为本落到实处，在奔向小康的路上决不能让一个村落、一个农民、一个贫困人口掉队。然而现实中，一是今天世界大格局是富人更富，穷人更穷。皮凯蒂《21 世纪资本论》，研究了近 100 年来人类社会财富变化，100 年来人类总财富增长了 8 倍，然而，富人的财富却增长了 128 倍，富人财富增长速度远超社会财富增长速度。在这样的大背景下，我们更应该在资源配置上做好调控，分给穷人更多的蛋糕，给他们创造更多的机会。二是我国当前的财政支农比重过低。20 世纪 90 年代以来，我国财政支农的总体规模不断扩大，从 1990 年的 307 亿元增加到 2014 年的 14 002 亿元，增长了近 45 倍。从基数看，绝对数量不小，但从支农占全部财政支出的比重来看还较低，多年在 6％～7％之间徘徊，2014 年也只占 9.2％，比 2013 年的 9.5％还下降了 0.3 个百分点。目前，我国有 270 万个自然村，1.8 万个镇、600 多个市，有 9 亿农民和 4 亿城里人。我国的公共资源配置重点向 1.8 万个镇、600 多个市的 4 亿城里人倾斜，而 270 万个自然村和 9 亿农民获得的公共资源微乎其微。与发达国家甚至一些发展中国家相比，不仅财政支农的相对规模仍然较小，而且财政支农资金占全部财政支出比重更低，也慢于国家财政收入的增长幅度。美国、日本等发达国家的财政支农支出占整个财政支出的比重达到 30％～50％，而我国财政支农的比重尚未超过 10％。同样，美国、澳大利亚、英国等农业发达国家对本国农业的财政投入均达到农业产出的 25％以上，日本的该项比重甚至达到 45％以上，这都高于中国目前水平。由此看来，我国财政支农的比重亟须大幅提高。另外，鉴于我国农产品在国际竞争中的不利地位，有效利用国际贸易规则，增加对农业的财政投入仍至关重要。应清醒地看到，这个利益分配，是作为基础产业的一产与二三产业的 PK，是 9 亿农村人与 4 亿城里人的 PK，是 270 个自然村落和 600 多个城市、1.8 万个城镇的 PK。

六、用"黄箱"更用"绿箱"

世贸组织设置了黄、绿、蓝三箱政策。"黄箱"政策是指农业补贴进入成本，干扰市场价格；"绿箱"政策是指补贴不进入成本核算，不干扰市场价格；"蓝箱"政策指限产计划下给予的某些直接支付，比如休耕补贴政策，中国没有休耕政策。我国的"黄箱"政策已经用尽。入世时我们承诺的"黄箱"补贴上线不超过农业产值的 8.5％（发达国家为 5％，发展中国家为 10％），有些农产品补贴已经超越上限，再补贴就违反世贸规定。

"黄箱"已经关闭，"绿箱"应全面打开。像农业科研、土地整理、农田水利、农村道路、扶贫开发、农民培训、科技推广、自然灾害救济补贴等都应该加大投资力度，村村通只通到村部而不是每个自然村。道路是农业发展的经络，生活的道路通了，生产的道路还无从谈起。水资源是农业发展的命脉，我国目前的有效灌溉面积仅为 52％，更何谈旱涝保收，旱涝保收是传统农业都追求的目标，而我们要实现农业现代化连有效灌溉都很难做到，现代化如何"化"得起来？再如农电、治污、扶贫等有很多地方都可大做文章。农产品安全、粮食安全是国家的安全，不是农民的安全，也不是基层政府的安全，更不是粮食主产区的安全，国家要保粮食安全，首先应保的是粮食主产区的能力安全，不改变这些地方靠天收的困局，就谈不上能力的安全，粮食安全则无从谈起。能力安全的关键就在于配套的农田水利、农村道路等基础设施建设必须跟上。

七、靠行政更靠市场

据专家预测，我国每年仅农村发展资金缺口就达上万亿元。有限的财政资金只能发挥四两拨千斤的作用，必须引导社会资金投资"三农"。当前，特别是要鼓励发展"草根金融"。作为"草根金融"的农村金融本土力量，对推进农村经济社会发展具有极强的现实意义，它可以整合零散资金，把零钱变整钱，把小钱变大钱，把死钱变活钱，充分发挥资金整体效益；可以增强农民的金融意识、增长农民的金融知识；可以培养农民的群体意识和集体精神；可以激活农民发展经济的内力；可以开发农民的诚信意识；可以提高资金的使用效益和效率；可以强化农民在经济社会发展中的主体地位；可以推进民主精神的培育；可以探索发展农村高端服务业；可以实现从"组织农民"到"农民组织"的飞跃，等等。

财政应坚持引导、鼓励、支持的政策方针，大力培育农村金融的本土力量。农村金融的本土力量包括三个方面：一是本土组织力量，即资金互助组、资金合作社、小额信贷公司以及村镇银行等；二是本土资本力量，即融通本地资金的需求与供给；三是本土人才力量，即培育农村金融人才。三股力量的聚合构成农村金融的本土力量。它具有自下而上生成、地域性强、规模小、"软信息"（如人与人之间的血缘、辈分、宗族关系，借款人的工作能力、经验、信誉、贸易相关博弈等）以及"抵押品替代"作用等特点。

大力培育农村金融的本土力量：一是做好与外置金融的对接，即财政惠农资金与金融机构支持"三农"信贷对接，达到一定标准可以给予补贴。二是在中西部地区广大农村，财政应拨出专款用于启动资金，在村一级着力培植内置金融的资金互助组。三是大力培植在农民专业合作组织内部发展资金互助组织。按照成员封闭，存贷业务封闭，资金报酬视经营状况确定，不事先给出固定标准的原则，让合作社成员自由加入，自我管理，自我服务，解决合作社成员自身的资金需求问题。四是财政部门应配合地方政府把培育农村金融本土力量作为基础性、战略性的系统工程摆上重要议事日程，切实抓紧抓好。

八、促发展更保生存

我国经济发展进入新常态。当前，各级政府促发展、保就业的压力较大。但我国农村还有近一亿贫困人口，按照国际上人均每天消费低于2美元的标准，这个群体更大。这么一个庞大群体，每年扶贫资金仅400多亿元，平摊到每个人仅有200多元，无法解决实质性问题，他们是弱势中的弱势。再加上扶贫资源分散，精准扶贫很难精准。中国式扶贫依然延续的是计划经济时代"包打天下"的思维模式，想让所有的穷人都能发财致富，这不现实，也不可能。纵观人类社会发展历史，不论在任何时代、任何国家、任何制度下，都有一个没有发展能力和发展意愿的弱势群体，需要政府兜底，保障他们的基本生存。在发展致富的问题上，政府只能按照市场规律办事，为其提供条件、创造环境。最发达的美国依然还有6 000多万人靠政府补贴生活。中国扶贫问题就在于该保的如基本生活、教育、医疗、住房等没有彻底保到位，而在发展致富上过分用功夫，却收效甚微。

当下应当采取的措施是该保的，彻底保，彻底兜底，让应保者无生存之忧，一人一年 4 000 元，全国上亿贫困人口也不过 4 000 亿元的开支；能扶的量力而行，按市场规律渐次推进，不可花钱树典型造成新的社会不公。只有把"保"和"扶"的关系弄清楚，中国扶贫才能走出误区。保生存眼下还应特别关注"裸老族"问题，即第一代农民工。由于年龄、技能、体力等方面的原因，第一代农民工不得不返回家乡重新务农。随着时间的推移，这个群体越来越庞大。他们的生存状态关乎和谐社会的进程和中国现代化的质量。据国务院发展研究中心调查，农民工普遍向往城市，有回乡意愿的仅占 7％，但现实是在城里买房的仅占 0.7％，这两个"7"的巨大反差，值得深思。由于各方面都不愿意支付农民工向产业工人转化所需的成本，大多数农民工来到城市之后，无法实现"能力再造"，无法享受与城市居民相同的就业、住房、社会保障、卫生服务、教育等方面权益，只能日复一日、年复一年从事简单的、机械的、低水平的劳作，一旦年纪大了，那么"回家"也就成了农民工唯一而又无奈的选择。他们回到家乡，多年的打工生活使他们荒废了务农技能，不会务农，也不想务农。当年他们进城打工，或为挣钱盖房子，或为子女挣学费，或为家中病人挣药费，而今年纪大了、干不动了，也没有社保，他们的养老问题非常严峻。这个群体未来还将面临一个很严峻的现实是职业病问题。全国有两亿多职业病患者，主要是农民工群体。如果若干年之后这些人职业病高发，打工挣的钱也已花光，那不光是个人的痛苦，更是家庭的负担、社会的包袱、政府的责任。

九、盼得利更盼便利

"给物给钱不如给个方便"，这是当下广大农民群众最强烈的呼声。改革开放以来，我们一直致力于让农民群众获得更多物质利益的制度创新。从大包干到发展乡镇企业，从税费改革到粮食直补，从农民进城到合作医疗，着眼点旨在给农民更多的物质实惠。时至今日，让农民"得利"的文章还应继续，但他们当下最希望得到的不仅仅是钱物，更在于方便办事的制度供给，简捷便利的政策消费。从让群众"得利"到使群众"便利"，把"得利"寓于"便利"之中，这是适应群众新需求，深化农村改革的重大转折。安徽亳州市根据这一制度需求逻辑，探索出一整套方便群众办事，提供 24 小时全天候受理、360 度全方位服务的"一路通"制度模式。从根本上破除了农民办事难的制度性障碍。

他们历时数月，组织数百人对市县乡各级政府的权力进行彻底全面清理核准，共排出可网上办理的行政和服务类事项 3 307 项，并对这些上网事项一一对应制定责任清单，明确责任事项和追责处置。他们将办事流程建立规范化模式，并制成运行图和办事指南在网上发布，群众只需按图索骥，不需跑路，不需找人，在家或世界任何有互联网的地方都可 24 小时申办。事情办结，由政府出资通过快递公司及时送达本人，不收任何费用。他们的目标是实现"七零化服务"，即服务范围零盲区、服务半径零距离、服务对象零见面、服务获取零花费、服务程序零缺陷、服务效率零误时、服务质量零投诉。

亳州市利用互联网技术，创建起一个新制度的平台；运用互联网思维，挖掘出新制度的红利；开发互联网智能，让网络生成的新制度管人。这一创新实践，摸清了政府权与责的底数，建立了没有扯皮推诿的制度体系，规范了干部行为，走出了群众办事"四难"（门难进、人难见、话难听、事难办）的困境，设置了杜绝滋生腐败的屏障，找到了融洽党群干群关系的良方，重塑了党和政府的威信，重建了乡村社会的秩序，激发了人民群众创业创新的活力。为深化农村改革树立了新样板，为提高行政效率、降低行政成本开辟了新途径，为优化基层政治生态构建了新机制，为科层化服务变扁平化服务开发了新领域，为实现基层治理现代化打开了新视野，为规正社会"三观"（世界观、人生观、价值观）提供了新思路。是体制改革的创客，是制度创新的典范。应在全国大力推广亳州样本。

十、保安全更保主权

习近平总书记指出"中国人的饭碗必须牢牢地端在自己手里"，"中国人的饭碗里必须主要装中国人自己的粮食"。粮食安全的前提是种业安全，种业是农业的基础产业，农业现代化的前提是种业现代化。

当今控制世界有"三金说"，货币是黄金，石油是黑金，粮食是白金。发达国家正以"白金战略"，从源头上控制别国粮食安全、粮食主权。

美国在种子问题上有着极强的控制力。2013 年，世界销售排在前十位的种子公司中，美国占 4 席，第一、第二、第七、第九位种子企业都在美国。2013 年，世界最大的转基因种子公司孟山都总收入 149 亿美元，毛利 77 亿美元，利润率高达 51.7%。中国 7 000 多家种子公司不及美国一家，美国杜邦先锋的玉米种子占世界销量的 80%。我国是大豆的故乡、大豆的原产地，但是我国大豆受到了美国转基因大豆严重冲击。目前，进入我国种业的外资企业已有 20 多家，他们均以强劲的势头挤占我国种业市场，挤兑我国种业发展。种业主权已经引起包括美国在内的各国高度关注。日本、印度等国积极采取措施，应对种子帝国控制，争取种子民主。欧盟诸国也纷纷出台法案，防止种子被殖民化。

要确保中国人的饭碗牢牢端在自己手里，就必须把种业紧紧握在自己手中。种业必须上升到国家理念、国家意志、国家战略的高度予以谋划，加强基础研究，加大种业科研开发，奋起直追，向种业强国挺进。

（本文原载于《中国发展观察》2015 年第 8～9 期）

解读中国农业新常态：
两板挤压　双灯限行　六产开拓

　　"新常态"一词最先出自 2008 年美国金融危机之后华尔街的经济学家提出来的概念，它的主要表现就是低增长、低就业率。自 2014 年以来，"新常态"成了中国最热门的话题，百业共说新常态。中国农业面临怎样的新常态，可用三句话概括，就是"两板挤压""双灯限行""六产开拓"。"两板"即农产品价格的"天花板"与成本价格的"地板"。"双灯"即世贸组织的黄灯与资源环境的红灯。"第六次产业"是由日本 20 世纪 90 年代提出的新概念，所谓"六产"，就是农业现代化既要提高改造传统农业，又要发展以农产品为原料的加工业，还要发展为农业服务的服务业，"1＋2＋3＝6"。

上下"两板挤压"

　　"地板"不断抬升。"地板"指的是农产品的成本价格。农产品价格在不断提高由许多因素造成，一是劳动力的价格在不断抬升，新疆采棉，人工成本已升到一亩 800 元，内地水稻插秧、茶叶采摘，每天 200元的高价都很难找到人；二是土地的租金在不断抬升，有的土地租金一亩 1 000 多元，比土地收益还高；三是农药化肥种子价格居高不下，而使用量却在不断提高；四是农技服务成本也不断提高，耕种收每亩由过去十多元提高到今天的 100 多元。这四个方面的因素使得农产品价格越来越高。

　　"天花板"已被顶破。农产品价格全面飘红，部分农产品已冲开

"天花板"，高于国际市场价格。一些主要农产品价格已高于国外到岸完税价，例如棉花等。今天主要大宗农产品价格均高于国际市场离岸价。国内农产品价格倒挂状况愈演愈烈，持续蔓延，将成为常态，这种现象将严重影响农民种粮积极性，阻碍农业的发展。价格低廉的国际农产品大量涌入中国市场，走私现象越来越严重。国家肉牛产业技术体系首席科学家曹兵海称，2013年我国牛肉消费900多万吨，走私约占到200多万吨。现在出现的奶农倒奶现象也与国外奶品进入中国市场有关。"地板"抬升，"天花板"下压使得农业生产空间越来越小。

黄红"双灯限行"

"双灯"，一个是黄灯、一个是红灯。"黄灯"指的是世贸组织设置的"黄箱"政策。中国加入世贸组织之后，必须遵守其规则。世贸组织设置了黄、绿、蓝三箱政策。"黄箱"政策是指农业补贴进入成本，干扰市场价格；"绿箱"政策是指补贴不进入成本核算，不干扰市场价格；"蓝箱"政策指的是休耕补贴政策，中国没有休耕政策。我国的"黄箱"政策已使用差不多了，像粮食直补、粮种补贴都是"黄箱"政策内容。入世时我们承诺的"黄箱"补贴上线不超过农业产值的8.5%（发达国家为5%，发展中国家为10%），粮食再补贴就已违反世贸规定，补贴已经没有空间了，这一政策亮起了黄灯，有的产品已经亮起红灯。"绿箱"政策如土地整理、农田水利、扶贫、农业保险、治污等方面的投入，不直接对农产品价格造成干扰，世贸组织没有规定，可以大做文章。

"红灯"指的是资源环境的约束，资源环境红灯已经亮起。农业资源紧张，环境污染严重。中国农业资源最吃紧的有三大要素，首先是耕地，20亿亩耕地约占世界200亿亩耕地的1/10，但是需要养活世界五分之一的人口，人均耕地是美国的1/13，是加拿大的1/18，甚至连同是人口大国的印度人均耕地都是我们的1.2倍。从量上看，土地资源越来越趋紧，耕地涉及中国粮食安全问题，13亿多人的吃饭问题不仅仅是经济问题，更是一个政治问题。正如习近平总书记所说，中国人的饭碗必须牢牢地端在自己手里，中国人的饭碗里必须主要装中国人自己的粮食。我国的土地质量越来越差，世界上最好的土地有机质含量 12%，日本土地有机质含量 10%，中国是 0.7%，秸秆及人畜粪便还田被弃之不用，化肥农药的使用量越来越多，导致土地质量严重下降。中国每年消耗 240 万吨农地膜，而回收量不到 100 万吨，剩余全部留在土壤中，农地膜的污染严重影响农作物产量。以棉花为例，一亩地残留 3.5 千克农地膜就可以影响棉花 15% 的产量，全国目前平均每亩残留达 4 千克以上，在新疆 20 个县的调查结果显示平均每亩残留达到 22.88 千克。另外就是重金属污染，据公开资料显示，我国有 2 000 万公顷土地受到重金属的污染。

其次是水资源。中国是世界 13 个贫水国之一。中国人均淡水占有量是世界 27%，而且主要分布于长江以南地区，占中国淡水资源的81%，而耕地面积只占 36%。北方广大地区属干旱地区，而且降雨量时空分布十分不均。中国粮食产量连续十一年增长，农业发展取得可喜成绩。但是粮食丰收本应在水资源丰富的南方产粮区，从宋代以来便形成一个南粮北运的格局，但是十多年来南方种粮面积却越来少，广东粮食自给率不到 30%，福建、浙江不到 40%，大量粮食从北方运往南方，但是北方水资源短缺，农业设施不完善，北方粮食丰收主要靠大量开采地下水，过度开采使华北平原 20 多万平方公里成为地球上最大的漏斗。水资源奇缺，水体污染也十分严重，不用说大江大河，就连乡间河沟都污水横流。

再者是农业劳动力资源越来越紧张，离农、厌农、弃农现象在全社会蔓延。只要有一点可能，农村劳动力都会逃离农业，更不要说高端人才了。据有关调查，改革开放以来，中国高考各省份产生 1 000 多位状元，没有一位从事农业研究，60% 以上学的是金融专业。中国现在的农业还是粗放式经营，农业现代化主要还是缺少现代化农民。

环境问题不光在于污染，重大隐患在于生物链和生态链没有引起足够的重视。生物链一断，许多物种没有了，会引起连锁反应。地球上每小时都有一个物种在灭亡，整个 20 世纪，已经有 3/4 的农作物品种消亡了，这是非常可怕的事。什么是生态链？人之命脉在田、田之命脉在水、水之命脉在山、山之命脉在土、土之命脉在树。没有树，山上就留不住土；没有土，这个山就没有水源；没有水，田就没法浇灌。这是个完整的链条。生物链、生态链一断，对人的生命、生活、生产都会产生巨大的影响。科学家2009年定义并量化了地球生态可承受的九条安全线，分别是气候变化、臭氧空洞、海洋酸化、生物多样性、土地使用、淡水资源利用、化学污染、大气污染和生物化学地球循环。他们认为，人类只要不突破这些界线，即可在地球上繁衍和发展。但最近美国《科学》杂志称，人类活动已超越气候变化、生物多样性、土地使用和生物化学地球循环四条界线，从根本上改变了地球的运行。

这些资源与环境问题已成为两个"紧箍咒"，严重影响我国农产品量与质的提升，国外农产品的廉价与高质形成强势竞争态势，使我国农业面临前所未有的新挑战。我国加入世贸组织十多年来，农业将第一次经历从未经受过的严峻考验，两板挤压，双灯限行，对农业发展的速度与结构、机制与动力、战略与政策等方面都会产生广泛而深刻的影响。

"第六次产业"开拓

把握新常态，积极应对新常态，主动适应新常态是当前和今后一个时期中国农业必须面对的严峻课题，要演绎好农业新常态这个大逻辑，农业必须重新认识自身，重新解释自身，重新谋划自身。把农业打造成"第六次产业"是关键、是核心，当务之急在于拉长产业链：注入现代元素改造一产；紧扣四品主题，提升二产；致力创新突破，发展三产。

所谓注入现代元素就是要在一产里注入现代理念、现代技术、现代管理、现代设施等。中国农业一直走的是刘易斯外延扩展的道路，把城市、工业发展起来反哺农业，这在一定的历史阶段是可行的，但是在今天的大背景下应该让工业和农业两个轮子一起转，我国农业才能走出困境。另一位诺奖获得者舒尔茨认为，农业必须培育内生性的物质基础，自身必须强起来，不能光靠工业反哺。舒尔茨的研究发现传统农业的资源配置是最佳，家庭是发展农业最有效率的利益共同体，之所以落后是因为没有注入现代元素。我们今天应该两条腿走路，刘易斯和舒尔茨的理论都要用，特别要高度关注舒尔茨的理论，内涵改造，培养农村内生性的物质基础，培养造血功能。要综合统筹考虑产业发展。练好"粮牧功"，念好"山海经"，唱好"林草戏"，打好"果蔬牌"。

首先，应该注入现代元素，在改造一产上做好四篇文章。

1. 做好地的文章。在确权登记颁证的基础上推进土地的适度规模经营。我国国情决定农业经营规模必须适度。美国家庭农场平均 3 500 亩，中美国情不同，美国地多人少，我们人多地少。美国农业追求的逻辑目标是劳动力产出最大化，中国农业追求的逻辑目标是土地产出最大化。如果盲目照搬美国会导致大量农业劳动力失业引发严重的社会问题。土地规模的适度，中央文件已经给出标准，就是当地农户经营规模的 10 到 15 倍，中国的家庭农场以此规模就是适度的。要构建新型农业经营体系，这个体系由六大主体组成，即家庭农场、专业大户、合作社、社会化服务组织、龙头企业以及小农户。中国 2.3 亿土地承包农户，但是参与土地流转的不到 30%，小农户将在相当长的一个时期是中国农业经营主体中的主体。要培育新型经营主体但是不应损伤旧的经营主体的利益，挫伤小农户的积极性。经营主体不论哪种形式都一定离不开家庭经营这个核心。小岗村的成功经验最核心的就是恢复了农业的家庭经营功能，美国的家庭经营占 86%，欧盟占 88%。新的五种经营模式都离不开家庭经营，关于龙头企业的经营模式有的地方推出大园区、小业主的形式，效益就非常好。

2. 做好"人"的文章。首先要培养现代化的高素质农民，高素质农民的首要条件是文化水平要跟上。全国 5 亿多农业劳动力平均受教育年限是 7.8 年，这样的文化水平适应现代化是荒唐的。特别是农村十几年来撤点并校带来新的上学难问题，据 17 个省的调查，小学生家离学校的距离平均 10.86 里，初中生 35 里。原来 59 万所农村学校现在仅剩 20 多万所，撤掉了一倍多。义务教育的两大特点一是免费、二是就近，撤点并校之后农村父母为了孩子的教育不得不进城租房，从而导致生活成本大大提高，教育是免费了，但农民负担却大大增加了。国家对教育的投入还应进一步提高，我国周边朝鲜、韩国、日本、越南等国家的教育投入都高于我们。还应转变农村教育模式，在抓好义务教育的同时多方面发展职业教育、继续教育、终身教育，应把农村精英教育模式改为生存教育模式，提高农民生存与发展的能力，防止千军万马都挤一条高考独木桥的现象。教育问题是培养现代化职业农民的根本。这方面，我国可以借鉴日本的成功经验。日本近年来推出"接班人计划"，政府招募愿意从事农业的大学毕业生，由政府出钱到农业院校学两年，毕业后再跟随家乡种植大户当五年研究生，经考评合格，又愿意终身从事农业，由政府提供各种优惠政策，种植不少于 20 公顷的土地。日本这项计划很有吸引力，每年指标很快就能完成。这种举措值得我们借鉴。其次就是农民的组织化问题。今天的农民组织已经远不适应于农业的发展，全国的农业合作组织仅有 120 多万个。我国农民在组织化上出现三个问题，即无组织化、弱组织化、被组织化，我国应该由组织农民到向农民组织飞跃，这不仅是词序的颠倒，而是一个质的飞跃。组织农民，农民是被动的；农民组织是农民自己组织起来为自己服务，农民是主动的。

3. 做好钱的文章。缺少资金是农村发展的最大障碍。20 多年来，农业贷款占全国贷款总额的比例仅为 5％左右，而印度高达 20％，最高年份达 25％。要解决这个问题靠两个方面，一是政策性金融必须伸腿下乡，二是民间金融必须快速成长。农村金融现在情况可以说是："五龙吸水，一蛇放水"，四大国有商业银行加上邮政储蓄银行这五条"龙"吸收农民储蓄，但只有农村信用合作社这一条"小蛇"给农民贷款。光靠官办银行是解决不了问题的，今天必须发展农村金融的本土力量。农村发展本土金融是有优势的，因为农村是一个熟人社会，熟人社会的游戏规则靠的是善良、诚信、和谐，信息的采集不需成本，大家知根知底，谁不守诚信将被熟人社会集体抛弃，不仅自身受损，还将祸及子孙。把这些规则发掘出来用在发展农村金融上非常可行。

4. 做好"绿箱"的文章。"黄箱"已经关闭，"绿箱"应全面打开。像土地整理、农田水利、农村道路、扶贫开发等都应该加大投资力度，村村通只通到村部而不是每个自然村。道路是农业发展的经络，生活的道路通了，生产的道路还无从谈起。水资源是农业发展的命脉，我们的有效灌溉面积为 52％，有效灌溉是传统农业都追求的而我们要实现农业现代化都做不到这一点，还怎能实现现代化？再如农电、治污、扶贫等有很多地方都可大做文章。我们还有 1 亿多贫困人口，按照国际人均消费每天最低 2 美元的标准我们的贫困人口会更多。这么多贫困人口每年的扶贫资金 400 多亿元，平摊到每个人身上也就 200 多元，解决不了实质问题。首先中央层面应该形成合力，财政部门、发改委、扶贫办、民政部门都有扶贫资金、扶贫项目，这就使得扶贫力量过于分散，应该把这几股力量拢成一家形成合力，财政拨款也应大幅增加。总之"绿箱"政策潜力很大，应充分挖掘。

粮食安全抑或农产品安全，首要的是能力安全，能力安全的关键是强力植入现代元素。其次，紧扣"四品"，提升二产。提升二产首先必须完整地打造几条产业链条。一是粮食及农副产品的生产加工产业链，二是畜牧及水产品的生产加工产业链，三是林业及林产品的生产加工产业链，四是秸秆的综合利用产业链。

"四品"即农产品加工的品相、品质、品位和品牌。品相即要好看；品质即要有好的质量；品位即要上档次，从舌尖上的安全到舌尖上的美味；还要创立品牌。人类消费已经进入品牌时代，我们就必须在品牌上下功夫，拓展市场，根据消费者需要打造品牌。大国崛起首先要品牌崛起，现在我们有 1 500 多种产品在世界上产量第一，但能叫得响的国际公认品牌十分有限，打造品牌意义非常重大。有一个例子很有意思，陕北有个洛川县，自然气候条件适宜种苹果，当地政府搞了个创意，说洛川苹果是人类第四个苹果，第一个苹果是亚当夏娃偷吃的苹果，第二个苹果是砸在牛顿头上的苹果，第三个苹果是乔布斯创立的苹果，第四个苹果就是洛川苹果，从此洛川苹果身价倍增。

再者，致力创新突破，提升三产。农业服务业发展前景广阔。越是发达的国家，农业服务业越成为热门职业。美国农民占总人口的百分之一点多，而为农服务的服务业却占总人口的 17％～20％。中国这一行业尚待挖掘的潜力巨大。

　　一是创新研发。特别是种子，现在社会对转基因问题分歧很大，但是作为科研转基因技术一定要深入研究下去。转基因的核心问题其实应该是一个国家的粮食安全问题。转基因问题、生物技术问题，全世界都在关注，日本的大米现在每斤20元钱但是国家规定不允许进口，由国家补贴农民自己生产。印度也提出种子限期国产化，现在许多国家要求种子民主，即对种子有选择权，防止种子帝国的操控垄断。连美国在"9·11"之后都出台了震惊世界的生物国防法，防止恐怖分子利用生物技术在动植物上做手脚，危害国家安全。关于转基因问题，中央已经明确提出研发要深入，推广要慎重。特别是种业，我们7 000多家种业销售公司2013年的销售只占世界的2%，排在前十位的种业公司美国占四家。最近很热的问题是土豆成为主粮问题，土豆营养非常丰富，矿物质含量是苹果的几十倍，综合营养也是苹果的三倍多，土豆消费俄罗斯最多，每年人均170多千克，英国120多千克，美国50多千克，我们是31千克，世界平均50千克。我国土豆种植面积上亿亩，现在土豆的平均亩产量960千克，它的亩产潜力巨大，现在科学家正在研发制造各种土豆食品，土豆饼干、土豆面包等，开发潜力很大。

　　研发还应跟踪未来农业发展的趋势，与国际接轨。未来农业发展有以下几个特点：一是平面式向立体式发展。美国和以色列正在发展立体农业、垂直农场，立体农业是我们祖先发明的，现在他们用高科技手段搞垂直农场，即农业摩天大楼，30层的摩天大楼就可以生产100多种农产品供5万人一年的消费。二是自然式向设施式发展。集旅游、休闲、观光、科教为一体。三是人控机械化向电脑自动化方向发展。垂直农场摩天大楼的一个电脑智能模块就可解决种植、浇水、采摘、包装等问题。四是化学化向生物化方向发展，农药化肥从他产生起就引起了很大争议，今天化肥农药危害越来越严重，许多专家现在重提使用生物化肥，农业正在向生物技术方向发展。生物芯法技术的应用，已经进入到动植物生命领域。五是从陆地化向海洋化方向发展。海上粮仓正在付诸实施，过去的海洋文明靠贸易，未来的海洋文明可能就以生产为中心。六是由地球化向太空化方向发展。现在有几十种农作物已经过试验可以在太空生长，到太空建立飘移农场人类将进入另一个游牧时代，原始的游牧时代是在大草原上放牧，将来的游牧是利用传输器从漂移农场采摘农产品到地球供人食用。七是由生产化向移民化方向发展。移民火星的计划正在试验探索，美国宣布未来15～20年将运八万人去火星生活。

二是创新服务。一要创新全产业链的服务。国际四大粮商都是全产业链服务，从种子研发一直到商场销售，他们都有着上百年的历史积淀，拥有着资金、技术、人才和市场方方面面的优势，只有这样才能提高生产效益。二要规模化服务，最典型的就是农机服务，农业部只出台几项政策，如购买大型农机具有补贴，当地农机部门提供力所能及的服务，这样农民就自发地购买收割机，每年50万台收割机南下北上就解决了农作物的机械化收割问题。三要"傻瓜式"服务。现在农业一家一户需要多种服务很复杂，可以创造一个模式，打一个电话，企业就可以提供所有需要的农业服务。创造这样一个服务模式对于当今我国小规模经营实现农业现代化非常具有现实意义。

三是创新业态。在云计算大数据的互联网背景下许多不可思议的新业态很快就出人意料地横空出世。特别是大型龙头企业如阿里巴巴搞淘宝村、淘宝镇。淘宝村标准是店设在农村，100个以上的店铺，营业额在1 000万以上；淘宝镇的标准是一个镇有3个以上的淘宝村，阿里巴巴就允许进入它的平台销售。2014年，这样的村全国有一百多个，镇19个。京东的思路更妙，他们准备在全国几十万个村里，每村聘请两个农民帮助赊销农药化肥种子，收获庄稼之后再付钱，这样就节省了许多中间环节所需成本。基于互联网思维的许多新业态正如雨后春笋，不断涌现。人类社会正进入新部落时代，不要问我从哪里来，只要爱好、兴趣、价值观念相同，就可以进入一个虚拟部落，在这个部落里平等交流信息，分享成果。今天的互联网思维就是打掉一切中间环节，厂家东西拿来直销用户，这就是新业态。绩溪的聚土地也是很有意义的探索。他们利用众筹、利用互联网、利用电商综合起来做一些文章，让城里人成为不在地的地主，引城里人下乡，让农产品进城。

把农业打造成一个一二三产融合、上中下游一体、产供销加互促的第六次产业是新常态下的新命题。这需要比较长的历史过程。农业要适应新常态，演绎好新常态下自身发展的大逻辑，必须做到"三有"，即要让农业有效益；农民有事干；农村有生机。只有三者并重才能在新常态下解决好中国的"三农"问题，不可顾此失彼。只讲提高效益，学习美国大规模农业经营，数亿农民没事干将成为重大社会问题；只讲农民在零碎的土地上有事干，不顾效益，农业就走不出传统低效的怪圈；只讲农业有效益，农民有事干，农村一片衰败景象，没有生机和活力，农业的发展是不可持续的，农业现代化也是无法实现的。要做到"三有"，必须城乡统筹，让公共设施和公共服务不能只姓城不姓乡。人要进城，物要下乡。要实现从"物"的新农村到"人"的新农村，必须抓好三要素，居住环境美，社会和谐美，人的心灵美。三美与共才是完整的美好乡村，农业现代化只有在这样的背景下才能实现。

（本文原载于《中国发展观察》2015 年第 3 期）

中国农业现代化进程中的十大困境

粮食"十一连增"，农民增收"十一连快"，中国农业历经磨砺，十一年生聚，十一年发展，一路向好。但一片繁荣景象使社会长期陶醉在"衣食无忧"里，一些矛盾和问题逐渐滋生、累积，正在凝结成阻碍发展的困局。

困境一：离农越远，离现代化越近

一些人，尤其一些领导干部长期在一个误区里打转转，认为工业文明和城市文明才是现代文明的发展方向，而农业是与自给自足的自然经济相适应的落后文明形态，由此得出的结论是离农越远，离现代化就越近。这是一种流行广泛的认识误区。由此导致一些地方一些人或谈农色变，或谈农无言，或只尚空谈。人类文明有三大基本载体，农业文明、工业文明和城市文明，代表了人类社会发展到较高阶段社会分工专业化的生活和思维方式。这三大文明是人类社会所有文明的基本载体，任何文明形态都依附于这三大文明之上。理清这三大文明之间的关系是走出认识误区的关键。

作为最早发育起来的农业文明，是人类文明的母体文明，它是与工业文明、城市文明并行不悖、共生共荣的一种文明形态。与工业文明、城市文明相比，农业文明提供了人类社会最基本的生存资料和生存方式，是人类赖以生存的基本文明，是其他一切文明的基础。因此，没有农业文明的文明是残缺的文明，没有农业文明的经济是断裂的经济，没有农业文明的社会是危险的社会，没有农业文明的发展是不可持续的发展。农业文明不是落后、腐朽、该抛弃的文明，它与工业文明、城市文明并非你死我活、非此即彼的关系。早在 20 世纪 60 年代，舒尔茨就质疑刘易斯的工业化发展思想，反对以轻视和牺牲农业来发展经济的做法，强调人力资本和生产要素配置对传统农业进行现代化改造。

人类文明的发展具有继起性。后一层次的文明是在前一层次文明的基础上建立和发展起来的。农业文明为工业文明、城市文明的发展提供了基础。美国就是以农业现代化为基础，然后实现工业现代化、城市现代化。中国如果农业这条短腿不能加长，那么实现农业现代化就是一句空话。基于人类文明继起性的特点，文明的发展不可倒序。我们今天走的是刘易斯外延式扩张，把工业、把城市做起来，然后反哺农业的路子。其弊端已很明显，仅靠输血解决"三农"问题是不可能的，农业必须同时走舒尔茨内涵改造的路子，像工业文明、城市文明一样，把诸多现代元素注入农业，培育农村内生性的物质基础，增强造血功能，让农业农村农民同时现代化起来，农业这条短腿才能加长，农业文明才能与工业文明、城市文明同时发展、同步发展、同样发展。

困境二：从仿苏到仿美的邯郸学步

我国 20 世纪五六十年代效仿苏联集体农庄，大搞人民公社，用那种大一统的政治思维处理需要市场分散决策的经济问题，最后走入严重的困境。今天当年效法苏联的余悸尚在，一些人又在大力鼓吹美国的大规模经营。美国的家庭农场平均 3 500 亩，我国每户不足十亩，美国 3 亿多人，我国比美国多 10 亿人，但是美国的耕地差不多比我国多 10 亿亩。世界上有两种类型的农业：人多地少型和人少地多型，我国显然是人多地少型的，在人口稠密的广大农村走美国式的大型农场规模化之路显然是不可行的。况且，土地规模化经营超过一定程度，效益就会下降。到目前为止，日本 2 公顷以上的农户也仅占 15% 左右。以 1970 年的日本和美国为例，美国农民 1 人 1 台拖拉机，日本 45 人一台，美国劳均生产粮食是日本的 10 倍，而单位土地产量仅为日本的 1/10。

美国农业追求的逻辑目标是单位劳动力产出最大化，中国农业追求的逻辑目标是单位土地产出最大化。美国拼的是土地优势，中国和日本一样，没有土地优势，只有劳动力优势。中国农业必须考虑到现实国情，中国的工业化还处于中级阶段，吸纳就业的能力还很有限，因此，转移农民需要把握速度。土地过度规模化经营，100个人的地给1个人种，其余99个人到哪里去，去干什么？这是一个最直接的现实问题。只看经济效益，不看社会效应是行不通的。当年效法苏联教训惨痛，今天效法美国带来的后果还难以估量。

因此，我国不能盲目效法美国，不能违背农民意愿，不能违背经济规律，更不能违背中国的现实。必须走有中国特色的土地适度规模化的农业现代化道路。一是适应现代农业的规模要求，在产业布局、产业链条、组织、服务和适合工厂化生产的种养业五个方面着力推进规模化。土地规模化必须严把适度关，农业部专家钱克明估算适度规模南方以30～60亩为宜，北方以60～120亩为宜。二是建立农地经营的准入和退出制度。农业是专业性很强的行业，不熟悉情况，不掌握技术，很容易失败。我国现在谁都可以去搞农业经营，很多企业到农村圈地因不具备经营能力和条件，不仅导致损失惨重，也浪费了珍贵的土地资源。因此，我国农业土地规模经营必须建立准入和退出制度。三是把经营方式选择权还给农民。没有谁比农民更了解自己，没有谁比农民更清楚自己该走什么路，也没有谁比农民更对自己负责。农业的经营方式只能靠农民自己选择，是出租，是入股，是合作还是转包，由农民自己决定。政府要做的就是按照经济规律，加以引导，同时做好各种服务。

诚然，土地需要流转，中国农村的土地流转应分三个层面：第一个层面，需要靠行政力量推动的，我们称之为"行政流"。即把一户分为七八块不足十亩的承包地，怎样合成一块。这是一家一户办不了、也办不好的事情，必须依靠集体组织统一行动，当年靠行政力量细分，今天还应靠行政力量整合，在此基础上完成确权登记颁证。这方面，安徽蒙城、河南民权等地都有很多成功经验。第二个层面，需要市场推动的，我们称之为"市场流"。在完成"一块田"行政整合、做好确权登记颁证的背景下，是合作、是入股、还是出租，由农民按市场规律自由选择。政府只应做好服务，不可强行干预。第三个层面，需要法律推动的，我们称之为"法律流"。如抵押、担保、买卖是现行法律不允许的，必须在国家修改土地管理法、物权法、担保法等相关法律的前提下，才能依法流转。当前各地政府应充分理解中央土地流转的初衷，充分尊重农民的选择。首先应做的是抓好"行政流"，做实"一块田"，不应只紧盯着"大规模"的企业规模化，而不屑于"小规模"的家庭规模化，过分热情地插手"市场流"和"法律流"，使该做的没做好，不该做的做过了头。"行政流"是"市场流"和"法律流"的基础，只有做好"行政流"，才能顺畅推进"市场流"和"法律流"，不然将遗患无穷。

以人少地多的美国模式移植想象，解决中国人多地少的现实问题，带来的只能是亦如效法苏联的失败后果。因此，中国农业应该也必须因国制宜，发掘传统农业精华，借鉴现代农业经验，用"历史的耐心"走好自己脚下已经生成的道路。

困境三：经营主体的选择

我国农业经营主体主要有六个类型：专业大户、家庭农场、农民合作社、社会化服务组织、龙头企业、小农户。不论哪种类型，都离不开家庭经营这个核心要素。家庭既是基本经营单元，也是主体、主力、主导。但不少地方，政府利用行政力量强力推进土地集中连片，千方百计扶持所谓的龙头企业搞成千上万，甚至几万亩的大规模经营，以为政府和企业才是农业经营的未来主体，这是十分荒谬的。

农产品生产相对于工业产品生产有六大自身特点：不可间断、不可倒序、不可搬移、是活的生命体、遵循自然再生产与经济再生产两个规律、结果只能最终一次性显现。

这六大特点决定了农业必须以家庭经营为单位。这是古今中外农业发展的基本经验，小岗村的大包干取得成功的关键就是恢复了农业的家庭经营功能。农产品生产无法并列交叉作业，生产的继起性、周期性、季节性、地域性比较强，栽种、管理、收割等各阶段的劳动强度不同，要求劳动者有非常好的执行和协作精神。自然因素、外界环境等影响较大，同一地块的农产品生长都有差别，要求团队劳动者之间能进行有效的信息沟通。这些都要求整个劳动团队的每个劳动者都要尽心尽力，尽心尽责，这样的劳动团队只有以家庭为单位才能做到。同时，农产品生产很少有中间产品，而且产品个体具有独特性。对具体劳动者在某一单独时期、某一批次产品的劳动质量、效率和重要性，很难具体衡量，衡量不准就不能做到准确激励。如果进行全过程监督考核，其成本高到无法承受，因此，农业必须由一个最佳利益共同体经营，在各种社会组织中，只有家庭能够做到在劳动分配中执行力最强、劳动最尽责、监督成本最低，也只有家庭能够做到在劳动成果和利润分配过程中矛盾最小，离心力最小。

家庭是无与伦比的最佳利益共同体，只有家庭才能实现农业效益的最大化。在发达国家，美国家庭农场占 86％，法国占 88％，欧盟 15 国平均占 88％。在中国，2 亿多农户进行家庭经营，用占世界约 1/10 的耕地生产出占世界约 1/5 的粮食总产量，养活了占世界约 1/5 的人口，这是最有力的证明。

历史的教训已经昭示我们：农业经营的主体不是政府，不是企业，而是家庭。中国农业必须走"农户＋农户"的路子，才是正途。目前，全国在工商部门登记注册的企业大约 1 500 万家，这 1 500 万家企业平均寿命 5 年左右，农业企业的风险更大，大公司经营农业随时都有破产的危险，这个风险立马就会从社会转嫁到政府头上。今天鼓动兼并，到时苦果自食。

困境四：现代农业等同于农业现代化

不少人把现代农业与农业现代化混为一谈，以为只要土地实现规模化，再加上现代设施、现代技术，就是农业现代化了。这种片面的理解，很容易把农业现代化建设导入歧途。现代农业与农业现代化不是同一个概念，最根本的区别是追求目标不同，现代农业追求的目标单一，就是经济；农业现代化追求的目标是一个复杂的系统工程，体现为经济、社会、政治、文化、生态五位一体。

人类农业发展已经历了三种形态，原始农业、传统农业、现代农业。原始农业就是刀耕火种的农业；传统农业就是农业在一个封闭的内循环状态下向前滚动发展的农业；现代农业就是打破了封闭的内循环格局，注入外力，拉长产业链的农业，就是对传统农业的改造和提升。现代农业分为前、后两个阶段，前现代时期有两个主要标志，即注入了两个外力，一是化肥、农药的使用，二是用机械代替了人力、畜力；后现代时期的主要特征，是拉长了产业链条，建立了农业、农产品加工业、农业服务业这样一个一二三产联通、上中下游一体、产供销加互促的产业体系。这个产业体系就是我国现阶段农业现代化需要建设的产业体系。

农业现代化是一个复杂的系统工程。今后一个相当长的历史时期，就是要通过科学技术的渗透、工商部门的介入、现代要素的投入、市场机制的引入和服务体系的建立，用现代科技改造农业、用现代工业装备农业、用现代管理方法管理农业、健全社会化服务体系服务农业，提高农业综合生产能力，增加农民收入，营造良好的生态环境，实现可持续发展。

农业现代化，农业是本体，农民是主体，农村是载体。现代农业只要求实现"本体"的现代化，这是不完整的现代化，"主体"和"载体"如果不能同时实现现代化，"本体"农业就无法实现现代化。只追求单一的经济目标，不追求五位一体的综合目标不是农业现代化。因此，必须重构农业现代化体系，重启农业现代化议程，做到"三体共化、十农并进"。"三体共化"，即作为本体的农业，作为主体的农民和作为载体的农村要共同实现现代化。"十农并进"，就是要在农村人才、农民组织、农民工、农村道路、农田水利、农村土地、农产品与农资价格、农村金融、家庭农场、农村环境等方面共同建设，同时推进。

总之，从理论层面上看，中国特色的农业现代化建设应着力于"五个创新"：一是内涵创新，构建一二三产融合，上中下游一体，产供销加互促的产业体系；二是外延创新，实现"三体共化、十农并进"；三是目标创新，逻辑目标追求是土地产出最大化，不同于美国的劳动力产出最大化；综合目标追求是"五位一体"，不同于现代农业的单一目标；四是路径创新，外延扩张带动与内涵改造提升并重，让刘易斯模式与舒尔茨模式并重；五是结构创新，重构农业生态系统，从广义的生态学视角出发，使农业现代化追求的经济、政治、社会、文化和自然五大目标领域按照生态学原理在重构自身的同时，建造五位一体的整体构架。

困境五："钱途"茫茫

"货币战争"的硝烟已经弥漫在世界角角落落，唯有九亿人口的中国农村还处在盲区。农村金融是农村生产生活的血脉，但是从1997年开始，原来在农村设有网点的工农中建四大国有商业银行为了降低成本，纷纷将分支机构撤离农村，退出农村市场，对农村实行只存不贷，从农村"抽血"，输向城市、输向工业的一边倒方针。长期以来，一些县市存贷比高达70%～80%，中国20多年以来农贷在全部贷款总额中的占比仅5%左右，印度平均在20%左右，高的年份达到25%，有关资料显示，印度农户贷款率97.1%。印度进行过三次农业革命，过去吃不饱饭，现在成了农产品出口大国，重要原因就是农村金融比较适合农业发展的需要。他们3～5个村都开办一个政策性的银行，为方便贷款，力求给每家都开设账户。刚组建不久的新一届政府又在猛推"大众金融计划"，即广泛开展为社会成员开户活动，以此激发社会的活力，创造创业环境。这是一个很有价值的示范，值得我国借鉴。

美国有9 000多家银行，我国只有1 200多家银行，其中上千家是村镇银行。目前小贷公司发展较快，但全国8 000多家都没有身份证，监管上也存在许多漏洞。因此，要解决农村"钱途"问题，政策性银行必须伸腿下乡，农村本土金融必须快速成长。在市场化、全球化的今天，培育农村金融的本土力量，让农民在货币战争的"正规战"中学会"游击战"，应是一件迫在眉睫的大事。首先应大力发展各类农民互助金融组织，这是解决2亿多小农户资金奇缺最有效、最便捷，也是最成功的路子，各地应鼓励发展，放手发展，帮助发展，扶持发展。其次，从实践看，安徽农信社改为农村商业银行的做法也值得推广，全省83家法人机构中，已有 64 家改制为农村商业银行，其余 19 家年底完成改制，省社也在积极推进改制。截至 2014 年 6 月，全系统存款余额由 2004 年的 712 亿元猛增到 5 583 亿元，增长了 6.8 倍，贷款余额由 513 亿元增加到 3 713 亿元，增长了 6.2 倍，不良贷款由 39.3％下降到 2.99％，历年亏损挂账得到全部消化。存、贷款占全省银行的市场份额分别达到 18.26％和 17.26％，服务"三农"能力大大增强，累计无偿代发"三农"补贴 4 亿笔。金农卡、社保卡和 ATM 机市场份额均居全省第一。但在今后的发展中应有一定的政策约束，确保其为三农服务的宗旨不能变。

困境六：耕进草退、北粮南运、人畜争粮

中国农业布局的走偏，带来诸多结构性问题，主要体现在三个错位：系统错位、格局错位、利用错位。

一是系统错位。人类农业有两大系统：草地农业系统和耕地农业系统。我国现在是草地农业系统越来越萎缩，耕地农业越来越发达，草地农业在逐步退化，而人类对肉食的需求又在与日俱增，人们的食物消费结构由 8∶1∶1 变成 4∶3∶3（即过去吃 8 斤粮 1 斤肉 1 斤菜，今天吃 4 斤粮 3 斤肉 3 斤菜）。草地超载过牧达到 36％，超载过牧又使草场不断退化。内蒙古超载 1 000 多万头。新中国成立以来，国家给内蒙古草地的补贴每年每亩仅 0.16 元，近几年虽大幅提高，每亩也仅 3 元。草地农业与耕地农业两大系统的错位发展，带来诸多隐患，一些土地亟待退耕还草，恢复自然生态。

二是格局错位。我国南方雨水充足，自古以来就是鱼米之乡，中国历史上就形成了"南粮北运"的格局。随着我国工业化、城镇化快速推进，今天南方一些地方不再种粮。广东粮食自给率不足 30％，福建、浙江不到 40％。中国粮食"十一连增"，主要靠的是水土光热条件差的北方生产，缺水就抽地下水，过度超采已使华北平原 20 多万平方公里范围内成为地球上最大的漏斗。

三是利用错位。大自然安排的食物链"人吃种子、畜吃根茎叶"，

然后人畜粪便还田作肥料，农业就是在这种循环中向前发展。我们今天打乱这一规律，让动物与人争粮。2013年，全国养牛1.5亿头，羊5.6亿只，加上其他畜类和家禽消耗，饲料粮高达3.8亿吨，动物吃掉6亿吨粮食总产量的大半，近年来每年都以10％左右的幅度在增长。按照传统养殖模式，一只羊日食3斤草、7个月出栏；一头牛日食15斤草、一年出栏。全国每年仅6亿吨农作物秸秆就可以饲养出数亿头（只）的牛羊。因此，应大力发展草食性畜牧业，尊重大自然安排的食物链规律，这样才能实现生态有机、可持续发展。而目前的现实是，大家都急功近利、心态浮躁，不喂秸秆喂粮食，从而导致农作物秸秆无处存放。农民为争种植茬口，一火焚之。政府为防焚烧，投入大量人力物力财力，围追堵截，干群矛盾极端对立。为农作物秸秆找个合理出口，一面采用新科技综合开发利用，一面恢复大自然安排的食物链规律才是万全之策。

困境七：种子被殖民化

中央已明确对粮食供给定位：中国人的饭碗必须牢牢地端在自己的手里，中国人的饭碗里主要装自己的粮食。当今控制世界有"三金说"，货币是黄金，石油是黑金，粮食是白金。发达国家正以"白金战略"，从源头上控制别国粮食安全、粮食主权。

美国在种子问题上有着极强的控制力。2013年，世界销售排在前十位的种子公司中，美国占4席，第一、第二、第七、第九位种子企业都在美国。2013年，世界最大的转基因种子公司孟山都总收入149亿美元，毛利77亿美元，利润率高达51.7％。中国7 000多家种子公司不及美国一家，美国杜邦先锋的玉米种子占世界80％销量。我国是大豆的故乡、大豆的原产地，但是我国大豆受到美国转基因大豆严重冲击。目前，进入我国种业的外资企业已有25家，他们均以强劲的势头挤占我国种业市场，挤兑我国种业发展。种业主权已经引起包括美国在内的各国高度关注。美国"9·11"之后出台生物国防法，日本、印度等国积极采取措施，应对种子帝国控制，争取种子民主。欧盟诸国也纷纷出台法案，防止种子被殖民化。

种业是农业的基础产业，农业现代化的前提是种业现代化，粮食安全的前提是种业安全。要确保中国人的饭碗牢牢端在自己手里，就必须把种业紧紧握在自己手中。种业必须上升到国家理念、国家意志、国家战略的高度予以谋划。

困境八：农业后备军的培养

全国6 000多万留守儿童，加上2 000多万随父母到城里漂流读书的孩子，这个群体就是中国未来农业的后备军。

农民进城打工，虽然挣了一些钱，与务农相比即期收益有所提高，但许多无形的、非物质性损失和未来长期性损失是不可估量的。"一万打工钱，三代离别泪。"特别是儿童教育问题，目前可以说是令人忧心。1992年，时任国务院总理李鹏在联合国承诺，到2000年教育投入占GDP的4%，这一目标到2013年才得以实现。教育投入不足，全国推行撤点并校，由原来的50多万所撤并到20多万所，撤了一半。农村小孩面临着新的上学难，有关调查显示，农村小学生家离学校的平均距离为10.8里，初中生为35里。农村教育落后导致严重后果，5亿劳动力平均受教育时间为7.8年，1亿多初中生不能上高中，直接走上社会打工，使我国的农业后备军科学文化素质难以提高。

近年来，日本实施接班人计划。1993年，日本制定《农业经营基础强化法》之后，农地流动的方向主要是向"认定农业者"集中。"认定农业者"指那些在改善农业经营效率和扩大规模上有积极性的农业经营者，政府从大学毕业生中招募有志于此者然后培养，由市町村进行选择和认定，其根本目的在于提高农业经营者的能力，培养掌握现代技术的农业经营接班人。被认定者即可获得诸多农地经营方面的优惠政策支持。这种做法值得我国借鉴。

我国即将有600多所本科院校改成职业技术学院，这是一件符合中国实际的好事。农村教育，尤其贫困地区、农业大区的教育，应改变千军万马挤一条独木桥的现状，由精英教育模式改为生存教育模式，让大多数孩子从小就学习掌握一门生存发展的技能，以此培养大量的"留得住、用得上"的乡土人才。印度有一万多个教育机构，80％以上都是培养技能型人才。美国正在开展"工匠运动"，在社区兴办"工匠空间"。美国总统奥巴马于2014年6月18日举办"白宫工匠嘉年华"活动，并拟拨1 250万美元作为奖金，奖励全国工匠教育和培训。美国把这项活动作为培养制造业人才的平台。这些都值得我们深思。

6 000多万留守儿童和城市中2 000多万的"小漂族"是中国未来农业的后备军，未来高素质农民将从这个群体中产生，他们的综合素质问题事关农业现代化的成败。不抓好他们的教育，农业现代化只能是"空话"。

困境九："后打工族"的后顾之忧

"后打工族"是指由于年龄、身体、技能等方面的原因，不得不返回家乡重新务农的农民工。随着时间的推移，这个群体越来越庞大。他们的生存状态关乎和谐社会的进程和中国现代化的质量。当一些80后、90后农民工拖着拉杆箱，哼着网络歌曲三三两两进城寻梦时，一些上了年纪的农民工正陆陆续续扛着标志性的蛇皮袋卸甲归田。但这绝不是荣归故里，更不是衣锦还乡，而是一种苦涩的选择，一种无奈的回归。

之所以打道回府，要么是年龄大了，干不动了；要么是自身的技术不能与时升级，干不了了；要么是伤病缠身，不能干了。

据国务院发展研究中心调查，农民工普遍向往城市，有回乡意愿的仅占7％，但现实是在城里买房的仅占0.7％，这两个"7"的巨大反差，值得社会深思。从表面上看，"后打工时代"表现为用人企业与农民工之间的矛盾，背后隐藏的却是现行的农民工体制，无法保证他们在年轻时完成从农民到市民的转型。由于各方面都不愿意支付农民工向产业工人转化所需的成本，大多数农民工来到城市之后，无法实现"能力再造"，无法享受与城市居民相同的就业、住房、社会保障、卫生服务、教育等方面权益，只能日复一日、年复一年从事简单的、机械的、低水平的劳作。一旦年纪大了、干不动了，那么"回家"也就成了农民工唯一而又无奈的选择。

这个群体当前面临的一个最严重的问题就是职业病问题。全国有两亿多职业病患者，主要是农民工群体。如果若干年之后这些人职业病高发，打工挣的钱也已花光，那不光是个人的痛苦，更是家庭的负担、社会的包袱、政府的责任。

困境十：日益恶化的资源环境

我们有 20 亿亩耕地占世界耕地面积不足十分之一，但我们要养活占世界约五分之一的人口。我们人均耕地只是美国的十三分之一，加拿大的十八分之一，连同是人口大国的印度人均土地都是我们的 1.2 倍。我们比美国多十亿人口，但美国却比我们多近十亿亩耕地，我们粮食总产 6 亿吨，每年还需要进口约 10 亿亩土地的产出物才能满足社会需求。全世界粮食总产 25 亿吨，参加国际贸易的只有 3 亿吨，我们每年购买9 000 多万吨，购买量占总贸易量的差不多三分之一，小麦、玉米、大米、棉、油、糖等主要农产品样样需要进口。即便全世界粮食贸易 3 亿吨，全买来还不够我们消费半年的。

耕地的数量锐减，质量也在严重退化。化肥、农药、农膜、重金属污染愈演愈烈。过去 100 年，世界人口增加了 3 倍，而用水量增加了 7倍，水的命运就是人的命运。中国是世界上 13 个贫水国之一，人均淡水资源仅占世界平均水平的 27%，且主要集中在长江以南，占 81%，而长江以南的耕地只占全国的 36%，北方少水，且雨量时空分布不均。

到 2011 年，全国流域面积 100 平方公里的河流已由 20 世纪五六十年代的 5 万多条减少到 2.29 万条，流域面积 50 平方公里的河流仅有4.5 万条，还不及 20 世纪五六十年代流域 100 平方公里的多。

水体污染不仅受到农业的农药、化肥面源污染和工业的废水排放污染，更受到医药的污染。我国人均消费抗生素 138 克，是美国的 10 倍以上，居世界第一，我国地表水含有 68 种抗生素，有的含量高达几百纳克（工业发达国家一般小于 20 纳克），另有 90 多种非抗生素药物从地表水中检出。工业废水已经使我国产生了多个癌症村。我国已有三分之一国土被酸雨覆盖，可谓逢雨必酸。生态环境的恶化，使农业生产严重受挫，食品安全源头受阻。中央提出对生态环境损害要实行责任终身追究制，这是世界上最严厉的制度，但落实起来还需要深入细致的制度探讨，因为它时长、面广、人众，责任的分割、认定不是一件简单的事情，一些人就是抱着法不责众的心态，在不择手段地"改天换地"，"只要垒起金山银山，哪管日后洪水滔天"是他们的座右铭。杜甫当年慨叹："国破山河在"，我们今天绝不能让"国在山河破"。全社会都应克服"人是自然的主人"这一错误认识，树立"人只是自然中的一员"的正确理念。自然生态的恶化实质上是社会生态扭曲的恶果。

（本文原载于《中国发展观察》2015年第1~2期）

大中国　大农业　大战略

　　人类在漫长的历史进程中，曾长期与"不足"作斗争，今天已进入与"过剩"作斗争的新阶段。买方市场的到来，颠覆了整个市场，社会消费被带入"品牌时代"。品牌农业建设已经成为中国农村经济发展的重大引擎，成为特色农业发展的必然选择，成为产品质量信任度的重要保证，成为市场主体形成竞争优势的核心价值，成为农产品变数量优势为质量优势、变资源优势为市场优势的不二法门，成为引领大众消费的夜航灯塔，成为农业现代化实现程度的显著标志。

一、大中国

（一）大历史

　　人类四大文明古国除中国外，其他三大文明都已中断，唯独中华民族始终薪火相传，以极大的包容性和同化力生生不息，铸就五千年文明史。中国历史上有记载的民族大约 600 多个，经过历史长河的冲洗、分化、裂变、组合、消亡、再生等种种磨砺，今天尚存 56 个。今天由 56 个民族组成的中华民族，18 世纪之前一直是农业文明的引领者，18—20 世纪是工业文明的学习者，只是在工业文明时代我们落伍了。21 世纪将是中华文化全面振兴的世纪，也将是中华民族伟大复兴的世纪。

（二）大总量

　　人口总量大：中国是拥有 13.6 亿人口的世界第一人口大国，约占世界人口五分之一。6 000 多万华人华侨散布在世界 170 多个国家和地区，世界上超过 1 亿人口的国家 12 个，超过 6 000 万人口的国家仅有 23 个，6 000 万华人华侨相当于一个中等国家。中国共产党有 8 000 多万党员，是世界第一大党，其号召力、动员力、组织力、影响力世界第一。目前全世界学习汉语的人 1.5 亿，除英语外，是人数最多的。三流国家输出资源和产品，二流国家输出标准和规则，一流国家输出文化和核心价值。我们的孔子学院已办到 100 多个国家，尚有 70 多个国家正在申办，被称为是"中国出口最好最妙的文化产品"。我们是兼而有之的国家，与"原始型落后"不同，我们是"文明型落后"，需要补上的是输出标准和规则这一课。

经济规模大：1978 年，中国经济总量居世界第 10 位，占世界经济总量的 1.8%。到 2013 年，跃居第二，占到世界经济总量的 11.5%。2014 年 10 月 10 日，《瑞典日报》以"IMF：中国超美国成世界最大经济体"为题刊发报道，称根据国际货币基金组织（IMF）10 月份数据，2014 年美国经济规模是 17.4 万亿美元，中国经济规模是 17.6 万亿美元，根据购买力平价（PPP）算法，2014 年中国赶超美国，成为世界头号经济体。尽管国内不少专家认为，这一报道有夸张成分，意义不大。中国现在有 1 500 多种产品产量世界第一，如何把世界工厂变成世界市场，进而变成世界的竞技场，把中国制造变成中国创造，是我们面临的大课题。

国土面积大：国土面积有 960 多万平方公里，居世界前列。

（三）大贡献

中国的四大发明早已家喻户晓，其对人类文明的发展贡献巨大。就农业而言，中国历史上流传下来可以见到名字的农书有 500 多种，今天可以读到原著的就有 300 多种。各种农业制度如税收制度、土地制度、乡里制度、户籍制度、村社制度、宗法制度、乡规民约等制度的影响，是世界任何国家难以企及的。最值得称道的是中国农民总结出了独一无二的"天时地利人和"的农业哲学思想，这是人类哲学的黄金定律，放之四海而皆准。中国解决"三农"问题的各种试验可以说是世界上最全面的试验田，各种体制、机制、路径、方式都在探索。眼下中国用约占世界十分之一的耕地，生产出约五分之一的粮食，养活约五分之一的人口，这是最现实的贡献。就农业文化而言，即有十大方面的继往开来的传承，一是作物文化传承，包括粟文化、麦文化、稻文化、蚕桑文化、茶文化；二是农业技术的传承；三是经济模式的传承；四是农业哲学的传承；五是农业制度的传承；六是重农思想的传承；七是村落文化的传承；八是民俗文化的传承；九是田园文学的传承；十是中医药文化的传承。

二、大农业

（一）内涵博大

从范围上看，包括农林牧副渔，食穿住用医（医即中草药）。从功能上看，具有六大功能。一是日益强化的食物保障功能。解决好吃饭问题始终是农业最重要、最基本的任务。随着人口增加和生活改善，对食物数量的需求持续增长，对品种的要求不断增多，对质量的追求日益提高，既要吃饱又要吃好，更要吃出营养和健康，农业的食物保障功能日益强化。二是前景广阔的原料供给功能。从目前来看，世界粮食总量供给人吃的还不到一半，大部分用于动物饲料和工业原料，尤其是能源。汽车加满一箱燃料乙醇，需要 200 千克玉米才能生产出来，差不多是一个人一年的口粮。今天的生产生活用具，小到牙具、板凳，大到汽车、飞机零部件，都可以用粮食生产。三是不断拓展的就业收入功能。农业产业链条正从一产向二三产业延伸，就业空间大大拓展，农民收入大大增加。美国农民占总人口的 1％多一点，但为农业服务的服务业人员占美国总人口的比例高达 17％～20％。四是修复环境的生态保育功能。农业是自然再生产和经济再生产相互交织的产业，这是农业区别于其他产业的本质特征。而二三产业只对环境产生破坏作用，只有作为第一产业的农业才具有对被破坏的环境予以修复和对尚未破坏的环境予以保育的独特功能。五是正在崛起的旅游休闲功能。随着人们消费水平的提高、消费观念的改变、收入的增加、休闲时间的宽裕，促进农业旅游休闲功能凸显；随着城市化的负面影响加剧，城市居民普遍追求"返璞归真""体验自然"，推动农业旅游休闲功能凸显。六是承先启后的文化传承功能。中华民族有着灿烂辉煌的文明史，源远流长的农业文化是其重要基础和内核。现代农业对于高科技等的传承更胜于传统农业。

（二）覆盖广大，海陆空天立体覆盖，呈现七大趋势

一是平面式向立体式发展。生态农业、循环农业、生物技术都是古代中国农民的创造，粮林套种、粮经间作、立体农业等也是古代中国的发明。今天，美国、法国、以色列等国在中国农民立体农业的基础上延伸思维，利用高科技手段研发出"垂直农场"，又称农业摩天大楼。一座 30 层农业摩天大楼可生产 100 多种农产品供 5 万人常年需求。纽约这样的特大城市只需 150 座这样的农业摩天大楼，即可全部解决农产品需求问题。

目前中国有 1 300 多座摩天大楼，数量居世界第一，但没有一座是搞农业的。改革开放以来大约出了一千个状元，没有一个选择学农的。

二是顺势而为的自然式向宜居宜游的设施式发展。集种养绿化、旅游观光、休闲教育为一体，打造农业公园已在欧洲诸国广泛流行。

农村有农业公园，城市则建设市民农园，日本市民农园超过 3 000 家，仅东京就有几百家。新的城市面貌是"建筑组团＋田园组团"，这已经成为发达国家的流行态。

三是人控机械化向电脑自控化发展。电脑智能模块用于农业生产。一座摩天大楼只要一个这样的模块，不需要一个人力，即可全程管理、全产业链管理、全天候管理，从种到收、到加工、包装、储运等，全部电脑自控完成。

四是化学化向生物化发展。生物芯片植入奶羊，即可产出人们需要的各种含有医药成分的羊奶，对症喝奶等于对症吃药，即可医病。一只这样的奶羊价值相当于投资一亿多美元建造的一个制药厂。转基因技术已被广泛应用于农业领域。DNA 芯片技术植入人体即可预知人未来患什么病。荷兰科学家用牛的细胞在试验室培植牛肉，10 个细胞两个月可培植出 5 吨牛肉。

五是陆地化向海洋化发展。陆地面积只占地球表面积的 29％，海洋占 71％，地球上 2.5％是淡水，97.5％是咸水，海洋利用潜力巨大。

海水农业，蓝色革命计划正应运而生。开发海洋牧场，使海洋水产农牧化已初见成效。发展直接用海水浇灌的海水农业，让陆生植物认祖归宗，重回大海。建人造绿洲，发展海上粮仓正在试验。

人类又一次进入海洋文明时代，所不同的是第一次海洋文明是以贸易为中心，这次是以生产为中心。

六是地球化向太空化发展。2050 年地球人口将达 95 亿，陆海资源都无力承载。开发太空是人类的明智选择。

太空育种，现已有 100 多种农作物通过太空育种技术处理，产量、质量大增。

太空种植，在太空建"漂移农场"正在试验中。不久的将来，人类又进入新的游牧时代。不过不是骑马驰骋于草原，而是用传输器遨游于太空，把漂移农场的农作物运回地球供人类享用。这种农作物可是高度纯净无污染的产品。

七是生产化向移民化发展。20 世纪 90 年代，地球"生物圈二号"试验的失败，告诉人们"只有一个地球"，地球的奇妙生态系统是人类无法创造的。与其在地球之外建设生产基地，不如干脆把人类直接移居到一个新空间岂不更好！这样即可以省掉运来运去的麻烦。科学家开始探索火星地球化，设想把火星改造成人类可居的星球。2003 年 8 月在美国召开了"火星移民研究国际会议"，拟在未来几个世纪将火星改造成绿色星球，成为人类第二家园。美国计划未来 15～20 年移民 8 万到火星。改造火星科学家分七步实施，一步去冷加热升温，二步增加大气浓度，三步种树改造环境，四步建农牧场，五步建能源和原材料工厂，六步建人类生活基础设施，七步移民。印度只用一年时间花了美国十分之一的成本即成功发射了火星探测器，看来火星地球化不是梦。

（三）意义重大

农业工程是生命工程。民以食为天。解决 13 亿中国人的吃饭问题始终是头等大事，尤其在粮食武器化、种子殖民化、竞争农业化的大背景下，要实现"中国人的饭碗必须牢牢端在自己手里""中国人的饭碗里必须主要装自己的粮食"这一目标，农业的基础地位更加突显。"9·11"之后，美国出台了轰动世界的生物国防法，防止恐怖分子利用生物技术在动植物上做手脚危害国家安全。之后，许多国家都提出争取"种子民主""保护食物安全"的口号。可见，说它是未来一个国家、一个民族生死存亡的首要问题，并非危言耸听。

农业文明是人类文明的基础。农业文明、工业文明和城市文明是人类文明发展的轨迹，也是人类文明的三大基本载体。三大文明各自在不同历史阶段承载着不同的文明内涵，后一种文明都是在前一种文明基础上成长发育起来的升级版，但它们又在新的历史时段共生共荣、不可或缺，而不是非此即彼、你死我活的矛盾对立关系。农耕文明是人类文明的起点。伴随着农业文明的薪火相传，人类得以从远古走到今天。农业文明是根，今天的工业文明也好城市文明也好，都是在农业文明这个根系上发出的文明之芽，在农业文明这根藤蔓上结出的文明之果。遗憾的是，今天国人都患上"离农越远现代化就越近"的时代病，似乎不搞农了，现代化就实现了，这是十分荒唐的。

农业已经成为当今国际竞争的重要手段。今天的国际竞争手段主要有"三金"。20世纪70年代，基辛格有一段名言：谁掌控了货币，谁就掌控了世界；谁掌控了石油，谁就掌控了所有国家；谁掌控了粮食，谁就掌控了世界上所有的人。美国就是用这一理论构建国家战略，称霸世界。这一理论被后人称为"三金"说。货币是黄金。美元无处不在。石油是黑金。美国大力开发页岩气和发展生物质能源，不久的将来，即可左右世界能源。粮食是白金。粮食武器化，种子殖民化，竞争农业化。今天美国人又以"三片"巩固霸权地位，即"芯片（高科技）""薯片（食物）""大片（电影文化）"。从1996年开始，美国的文化产业已成最大的出口产业，占美国GDP的25%左右。美国的高科技首屈一指，高科技人才众多，中国要赶上美国的水平，还需要100多万高科技人才，而目前中国只有一万多，还在流失。美国每年都有40万留学生和10万访问学者流入，仅此世界每年等于给美国补贴2500亿美元的教育经费。美国还是最大的粮食出口国，国际四大粮商，三大在美国，四巨头控制三亿吨国际贸易粮食 80% 的定价权。

几年前，四川省委党校副校长郭伟教授在"全省乡镇党委书记培训班"讲课时，列举自己在美国考察时的见闻：一所学校类似于地理考试的填空题是"你认为，美国是一个××的大国"，备选答案是科技、军事、旅游、农业、航天等。正确答案是农业，即美国是一个农业大国，相信这样的答案会让我们很多人感觉不可思议。由此可以看出，美国对国民的农业国情教育是多么煞费苦心。

三、大战略

买方市场的出现，正在使企业经营由过去的生产经营、资本经营走向品牌经营，使企业之间的竞争由生产能力之争转向销售能力之争，价格战转向品牌战。就消费者而言，大部分消费者已开始从"商品消费"进入"品牌消费"的新阶段。

随着网络时代的兴起和新技术的出现，每天带给中国企业的商机在千亿元以上，如此巨大的商机哪个企业家不心动？而消费者的需求是品牌的承诺，无论历史如何变迁，这个承诺都会保持永远。因此，网络时代就是品牌为王的时代。"品"字三个口，所谓品牌，就是通过人们口口相传，在品味、品评、品鉴中共同树立起来的牌子。它发于感官，存于人心。人类已经进入品牌时代，人以食为天，第一要"品"的牌子就是农业。因此，打造品牌、保护品牌、发展品牌是品牌农业建设的三大任务。一面要做好品牌图腾的打造和保护，一面要做好品牌功能的开发和利用。品牌农业功能的开发是品牌农业建设的重中之重。当前，品牌农业应着力于十大功能的开发和利用。

（一）整合资源

一个好的品牌，可以在全世界整合资源。它像一块引力巨大的磁铁，能把各地资源变成自己的资产或资本。

中国约有 7 万家茶企，一年茶叶总产值约 300 亿元，英国不产茶叶，但联合利华立顿能够整合世界上许多国家的茶叶，它的一家茶加工企业的年产值就达 200 多亿元人民币，中国 7 万家茶企不敌一家英国立顿。在中国茶叶流通协会组织的中国茶叶行业百强评选中，中粮集团旗下的中国茶叶股份有限公司（中茶）连续五年排在首位，而据此前媒体报道，中茶 2011 年的销售额目标仅是 20 亿元。享誉世界的耐克鞋，公司只拥有耐克这个品牌，没有一间工厂，但它却整合世界许多国家资源为之生产畅销世界、久盛不衰的名牌运动鞋。

（二）集结要素

中国三大肉食品企业：双汇、雨润、宝迪，三分天下。这三大肉食集团可以说集结了中国肉食加工最精华的各种要素，不论是设备、人才，还是资金、技术、市场等，其他同类企业无出其右者。雨润低温肉制品市场占有率连续十年位列全国第一，正是由于它集结了众多优质要素，才得以有此成就。

（三）提质增效

品质、品相、品牌、品位，是企业打造品牌的四部曲。品牌要保护自己的声誉，维护自身的形象，必须守身如玉，洁身自好，才能立于不败之地。

农产品有了品牌之后，价值就会成倍上翻。如五常大米、阳澄湖大闸蟹、和田大枣等，就是因为有了这个牌子，价格比同类产品高出许多倍。打造好品牌就是提高效益最好的途径。

五常大米是指黑龙江省五常市出产的大米。"泰国香米出福水，中国香米出五常"已成民间流行语。"五常米，帝王粮"的民谚在白山黑水间广为传唱。慈禧太后曾多次提起"非此米不能尽食"。赞叹之情，溢于言表。市场上的五常大米，普通包装每斤卖 8 元，礼品装通常 10～20 元/斤，由一家企业定点种植用于馈赠的五常大米竟卖到高达每斤199 元的天价。

有人在广州天河炳胜酒家看到，该店销售的阳澄湖大闸蟹，最便宜的为 68 元/只，最贵的要 178 元/只。在某网购平台上，最贵的阳澄湖牌大闸蟹礼盒十只装售价为 8 888 元，平均每只为 888.8 元。而普通大闸蟹仅几元至十几元一只，差距巨大。阳澄湖牌大闸蟹靠的是以战略思路耐心打造品牌。当地政府联合养殖企业、经销商、行业协会一起，千方百计防污染、防假冒，在养殖过程中，全程监控，提高品质，花五六年时间慢慢培育品牌。比如大闸蟹在出水时要有质监、工商部门现场监管，每一批大闸蟹都要经过"三验一配带"，"三验"确实后再给大闸蟹佩戴防伪标志。据悉，在阳澄湖大闸蟹上市后，当地政府还会派出执法人员到多地市场打假。

（四）助推企业

企业一旦拥有享誉世人的品牌，很容易做大做强。金融危机前，美国有五大投行（高盛、摩根士丹利、美林、雷曼兄弟、贝尔斯登），其资产占美国 GDP 的 60%，日本有五大商社（三菱、伊藤忠、丸红、三井、住友），其收入占日本 GDP 的 20%。这五大投行和五大商社靠自己的品牌声誉，越做越大，仅日本三井商社下的"二木会"，就操控了丰田、东芝、三越百货、日本制钢、王子制纸、富士照相、东丽纤维、三德力饮料、札幌啤酒、东京电力、索尼电子、野村证券等 10 多家品牌企业。

中国的三全凌汤圆从一个小作坊起家。全国第一颗速冻汤圆出自三全，品牌打响后，连年被评为"全国消费者信得过产品"，1997 年被国家六部委列入"中国最具竞争力的民族品牌"之一，被称为"华夏一绝"，董事长被称为"中华汤圆王"。三全凌汤圆获得了多项专利，今天，他们已成为全国各大中城市乃至小城镇超市的稳定供货商。

（五）扩大影响

品牌是扩大企业或地方的知名度和美誉度的金字招牌。品牌的知名度，是指某品牌在社会大众中的影响力。品牌知名度的提高主要是依赖于传播的力度，一是口口相传，一是媒体传播。品牌的美誉度是指某品牌获得公众信任、支持和赞许的程度。如果说品牌知名度是一个量的指标，那么品牌美誉度就是一个质的指标，发展起来就是由量变到质变，但量不一定能反映质。一个牌子可以叫响一个企业，一个牌子也可以叫响一个地方，地以物名，业以物名的现象很多。安徽的猴坑是一个偏远的小山村，却因出产猴魁名茶而名扬天下，全村人均年收入几十万元。

甘肃静宁偏僻落后，自静宁苹果成为名牌后，静宁被消费者普遍关注。中国上千个地理标志产品所在地，大都是因为那个产品的牌子才让外界知晓。

（六）开拓市场

过去靠质、靠量打市场，现在靠品牌打市场，经济学上有"终端为王"理论，谁占有终端市场，谁就是王者。今天要用大数据、云计算、物联网等现代高科技手段来开拓市场，而只有品牌产品才能用得上这些高新技术手段。没有品牌无法形成数据，无法形成数据，就无法搜集，就无法计算，进而无法上到物联网、电子商务平台进行交易。因此，只有品牌产品，才能利用现代手段开拓市场，才能通过大众传媒向市场的深度和广度进军，进而形成终端消费。泰国正大集团，20 世纪 80 年代在中央电视台投资开设"正大综艺"栏目，一直延续 20 多年，使正大这个牌子在中国妇孺皆知，且影响几代人。正大的产业经营也因此遍及除西藏之外的全国各地。

（七）提升产业

品牌能够带动产业更新换代，转型升级，品牌由于集聚了最优质的资源要素和生产要素，科技手段最强大，信息渠道最畅通，市场反应最灵敏。"春江水暖鸭先知"，一个行业、一个产业的升级换代，往往最先发生在拥有品牌产品的企业。

近年来，漯河市紧紧围绕"农"字做文章，全力打造"中国食品名城"。利用食品名城这个最大的品牌，带动该产业不断升级换代。截至目前，漯河市共培育出了中国驰名商标 4 个，中国名牌产品 4 个，河南省名牌产品 23 个，国家免检产品 8 个，省免检和优质产品 52 个，其中双汇以 168.60 亿元的品牌价值位列肉制品榜首。双汇集团、南街村集团、龙云集团、北徐集团等 8 家企业入围河南省食品工业 50 强。通过验收、认证的无公害农产品、畜产品基地分别达到 63 个、31 个，"漯河麻鸡"获国家农产品地理标志登记保护。漯河市肉制品、面制品和无公害蔬菜等产品遍布全国各地。在国内市场上，每 10 根火腿肠有 5 根出自双汇。2009 年，双汇、北徐的肉制品和龙云、巨陵的无公害蔬菜

"一荤一素"获得了进京准入资格，其在北京市民菜篮子中占近 30％，我国香港市场的鲜冻猪肉 80％来自漯河。

（八）引领消费

社会公众尤其是中国人大都具有从众心理。"天上一轮才捧出，人间万姓举头看。"品牌效应用这句诗概括最恰当。中国人的从众心理最直接的体现，就是流行什么，大家就趋之若鹜。一个人在河里淘到金子，于是一群人去淘金；一个人开了饭馆赚钱了，于是一条街都是一模一样的餐馆；一个人吃草药治愈了癌症，于是治疗癌症的中成药如雨后春笋般冒了出来。苹果 6（iPhone 6）风行，有人就排三天队都不怕苦，也要买到。为什么会形成这种现象，都是牌子惹的事，牌子是风向标，是指示器，是消费者心目中的航标灯。

（九）推进创新

品牌要永立潮头，必须左顾右盼、思前想后、眼观六路、耳听八方，有比较才有鉴别，有鉴别才知先后，只有不断创新，才不会落伍。

创立于 1955 年的"永和豆浆"在内涵上不断创新，现全国已有约 500 家"永和豆浆"餐饮门店，在北京、上海、深圳、武汉、西安、南京、天津、成都、济南等大城市，"永和豆浆"几乎成为不可或缺的风景。为了适应消费需求，"永和"不断创新，现已发展到多种类型产品。①甜豆浆粉；②低糖（无蔗糖）豆浆粉；③AD钙多维低糖（无蔗糖）豆浆粉；④冰鲜豆浆粉；⑤纤维豆浆粉；⑥永和豆浆油条，创新香酥油条，健康型定位。永和豆浆油条炸 200 根换一次油。永和还根据不同地区的消费习惯增加了一些风味小吃，故而使其能长盛不衰。

"海底捞"火锅，外延上服务无微不至。成立于 1994 年的海底捞是一个全国连锁的火锅店。公司自成立之日起，始终奉行"服务至上、顾客至上"的理念，以贴心、周到、优质的服务，赢来了纷至沓来的顾客和社会的广泛赞誉。20 年来历经市场和顾客的检验，成功地打造出信誉度高、颇具四川火锅特色、融汇巴蜀餐饮文化"蜀地蜀风"浓郁的优质火锅品牌。

海尔从原来的"垂直的金字塔结构"实现了向"扁平式结构"的转

化。现代企业组织设计强调企业和职工的"双赢",而传统的企业组织结构强调的是企业发展,忽视了职工个人的发展。这是一个明显的缺陷。因此,尊重人的人格,重视人的需求,开发人的潜能,为各类职工提供施展才华的舞台,就成为企业在设计组织结构时需要特别关注的问题。海尔集团提出的"业务流程再造",把直线职能型的垂直业务流程结构转变成水平型的流程网络型结构,这一"扁平化"的管理结构创新,使企业收到三个效果,即顾客零距离、资金零占用、质量零缺陷,使海尔的经营进入更高境界,达到更高水平。陕西洛川苹果则从另一个视角上创新,称这一地域品牌是世界上第四个苹果。第一个苹果是亚当夏娃偷吃的苹果,第二个苹果是砸在牛顿头上的苹果,第三个苹果是乔布斯创立的苹果,第四个苹果就是洛川苹果。创意独特,具有大智慧的含量。

今天企业的追赶分三个层面:一是经济追赶,二是技术追赶,三是科学追赶。经济追赶即量的追赶,技术追赶是质的追赶,科学追赶是理念、思想、方向的追赶。海尔和洛川的创新追赶就是科学层面的追赶,这是最高层次的创新。创新应遵循规律,应符合社会需求。创新是品牌生命力的延续,全国 1 500 万家注册企业,平均寿命不到五年,创牌难、保牌难、发展牌子更难,上海智慧农业就是一张创新名片。

(十)走向世界

无名小卒难出国门。中国 7 000 家种子企业不如美国一家。2013 年世界销量排名前十名的种子企业,美国占了 4 家。第一、二、七、九名都是美国的。美国先锋玉米种业销售占 2013 年世界种业的 80%。没有较高知名度的品牌,在全球化的今天,就不可能实现国际化。袁隆平的杂交水稻技术之所以为世界各国所欢迎,就是因为这个著名品牌已为世界认知。新西兰 100 多年前引进中国猕猴桃,通过品质改造创立新品牌,更名奇异果,成为新西兰重要的出口支柱产业。中国是猕猴桃的原产地,猕猴桃的故乡,却因为没有用好这块牌子,而导致大量资源浪费闲置,且无声无息,不为世人所知。功夫是中国的,熊猫也是中国的,但《功夫熊猫》却是美国的。为什么中国人拥有那么多自己的优质资源，却创不出属于自己的牌子，值得深思。

在 18 世纪之前的农业文明社会里，中国一直是农业的引领者。在工业文明、城市文明的当今时代，人类农业唯谁的"马首是瞻"？大中国，理应继续引领大农业！大农业，理应重点实施大战略。以品牌发展引领农业现代化是关键之举。品牌农业，必须上升到国家意志、国家理念、国家战略的层面予以全面、深入、系统地谋划。品牌盛则农业盛，品牌强则农业强。

（本文原载于《中国发展观察》2014 年第 11～12 期）

生态引领　绿色发展

　　生态文明是相对于农业文明、工业文明而言的一种新型文明形态。农业文明是人类文明的第一次飞跃，由于人类对自然的认识和改造能力还很低，对自然存在敬畏之感，尊天敬神的崇拜形成了人们遵循自然规律、与大自然和谐相处的思想，这就是我国劳动人民首创的、在世界上独一无二的农业哲学思想：天时、地利、人和。工业文明是人类文明的第二次飞跃，它的出现改变了人与自然的关系。人类不再惧怕自然界的"神秘和威力"，以为自己就是"世界的主人"，"征服自然""人定胜天""驾驭规律"成了工业文明时代的口号。工业文明的哲学基础是"人是自然的主人"，可任意主宰。而生态文明的哲学基础是"人是自然中的一员"，必须与之和谐相处。以损害自然界其他物种和环境来满足人类自身无节制的需求，最终会打破生态平衡，危及人类自身生存。

全球环境问题的主要表现

　　一是温室气体排放。近100年来地球表面温度已上升0.3～0.6℃，地球表面气温升高，使得气候急剧变化，高温、飓风、暴雨。专家预测，到21世纪末，世界粮食版图将被气候重新改写，加拿大、俄罗斯、美国等居于地球北部的国家粮食产量大增，成为主产区。地球南部将因气候过热而缺粮，大米产区受害最深。全世界排名前50位的国家温室气体排放占全球的92%，前30位的排放占55%。

　　二是臭氧层的破坏与耗竭。这使其吸收紫外线能力大大减弱，导致地球表面紫外线强度明显增强，使人体免疫功能下降，皮肤癌、白内障、呼吸病多发，农作物减产，浮游生物死亡。

三是物种灭绝加速。过去40年地球动物及鱼类有30%已经灭绝，世界五分之一的脊椎动物面临灭绝威胁。目前，物种灭绝的速度已经超过恐龙时代。地球上平均每小时就有一个物种灭绝。专家预测，照目前人类对大象的捕杀速度，这个陆地上最庞大的动物将在50年后灭绝。

四是污水废水排放。无河不污，无湖不染，江河湖海无一幸免。据环保部调查，目前许多污水处理厂反成污染源，由于监管缺位和资金缺口，常常超标直接排放。

五是土壤退化。即土地的生产能力衰减或丧失。全球土地退化面积已达1 965万平方公里。世界上最好的土壤有机质含量为12%，日本为10%，中国是0.7%。

六是危险废弃物的转移与扩散。人类每年向自然界倾倒上亿吨的塑料垃圾，科学家称海湖河溪的水全是"塑料汤"。南极企鹅体内已检出DDT，北极的每立方米冰里含有数百个微塑料。发达国家把工业废弃物向发展中国家转移，在本国处理这些废弃物每吨需要200～2 500美元，高成本诱使他们想尽办法输出。我国广东沿海的贵屿镇已成世界电子废弃物终点站之一。

直接影响我们每个人身体健康的环境问题主要有三个方面：一是物理因素；二是化学因素；三是生物因素。物理因素如声音、光线、电能、热量及放射线。如某厨师长期在特大功率微波炉边工作，患上严重的贫血症，四处求医无果，最后医生了解了他的工作环境，建议他调换工作，他遵嘱调岗后，贫血症再也没有复发。一对年轻夫妇搬进新居，新居靠近水泵房，家里噪声整天吵得难以入睡。两年后生个宝宝，新生儿没听力，心脏也残缺，几天就夭折了。一查室内普通噪声高达43.3分贝，低频噪声高达59分贝（标准为35分贝以下）。化学因素如各种化工材料对环境的污染。一女士买一新车，一月后出现头晕等症状，几个月后患再生障碍性贫血，元凶就是车内苯超标。有些刚刚装修的新房不经一段时间通风透气即入住，也易患上此病。生物因素，如到异国异地旅游，有些地方动物带有生物病菌，外地人极易感染。

20世纪世界发生的八大环境公害事件，这八个事件都是人类还没认识到这些污染会带来这么严重的危害情况下发生的，即这些事件发生时，人类的环境制度还没有实现对此类现象的制约，事件发生后才有了相关制度。

一是1930年12月1—5日发生在比利时的马斯河谷事件，工厂排放的有害气体使60多人中毒死亡，许多家禽死亡，几千人患呼吸道疾病。

二是1948年10月26—31日发生在美国宾夕法尼亚州的多诺拉事件，大气污染使4天内5 911人患病，400人死亡。

三是1952年美国洛杉矶光化学污染事件，引起居民眼、鼻、喉疾病。1952年12月，一次光化学烟雾事件，65岁以上老人死亡400人。

四是1952年12月5—8日英国伦敦烟雾事件，4天死亡人数比过去同期多4万人。

五是1955年发生在日本富山县的痛痛病事件，冶炼厂排放的镉废水污染河水灌溉农田，居民食用大米和饮用河水，280人患病，10人死亡。而此事直到20多年后才被证实是镉废水所致。

六是1956年日本熊本县水俣病事件，含汞的工业废水使人手脚麻木、听觉失灵、疯癫失调，水俣镇出现96位患者，18人死亡。

七是1961年日本四日市哮喘病事件。石油冶炼废气使817人患病，36人死亡。

八是1968年3月日本米糠油事件，生产米糠油中混入有毒化学物品，1.3万人中毒，16人死亡。

除这八大人类认知还不到位时发生的事件外，还有两件震惊世界的环境污染事件。一是1984年美国在印度博帕尔开办的农药厂毒气泄漏事件，当天死亡几千人，据说直接间接死亡几十万人，还有五万多人失明。二是1986年苏联切尔诺贝利核电站泄漏，其威力相当于美国在日本广岛投放原子弹的100倍。受核辐射污染侵害的范围达6万多平方公里，有320多万人受到辐射直接侵害，直到现在这里仍是无人禁区。专家称，核心区的污染影响可能需要上千年才能消解。这两大事件是人类知道危害，但发生意外后却没有能力控制导致的事件。

这种情况以后可能还会发生，因为人类改造自然、主宰自然的野心仍在膨胀，而控制不出事故的能力十分有限。比如：我们身边到处都是油气管道，最近全国调查数据显示，平均每4公里就有一处隐患，全国共查出29 436处隐患。如不及时排除，随时都有出事的危险。

中国的生态环境现状

4 000多年前，黄河是一条清河，黄河流域树木茂盛、水草丰沛，古书中的"河"即专指黄河，不是今天泛指所有的河，后经秦汉、盛唐、康乾时代三次大肆乱砍滥伐，使大西北成了黄土高坡，清河变成了黄河。

长江黄河的源头青藏高原超载过牧，草场退化，涵养水源能力严重下降。喜马拉雅山雪线不断上移。

我们20亿亩耕地占世界耕地面积不足十分之一，但我们要养活占世界约五分之一的人口。我国人均耕地只是美国的十三分之一，加拿大的十八分之一，连比我们穷的印度人均土地都是我们的1.2倍。我们比美国多十亿人口，但美国却比我们多十亿亩耕地，我们粮食总产6亿吨，每年还需要进口约10亿亩土地的产出物才能满足社会需求。全世界粮食总产25亿吨，参与国际贸易的只有3亿吨，我们每年购买9 000多万吨粮食，购买量占总贸易量约三分之一，小麦、玉米、大米、棉、油、糖等主要农产品样样需要进口。

耕地的数量锐减，质量也在严重退化。化肥、农药、农膜、重金属污染愈演愈烈。

还有水资源问题。目前地球上12亿人缺水，另有5亿人即将缺水，专家称，全球将面临"水破产"，到2050年，全球企业为水资源奇缺而付出的成本将达4.7万亿美元，占全球GDP的2.9%。过去100年，人类人口增加了3倍，而用水量增加了7倍，水的命运就是人的命运。中国是世界上13个贫水国之一，人均淡水资源仅占世界平均水平的27%，且主要集中在长江以南，占81%，而长江以南的耕地只占全国的 36％；北方少水，且雨量时空分布不均。

地球上的水具有长期形成的自我循环功能，地上的水蒸发成云，然后云集结成雨下到地上，这样周而复始循环形成一套自我调节功能。今天草原破坏，城市硬化，循环系统被斩断。

南方是我国粮食主产区，但广东的粮食自给率不足 30％，浙江、福建也不足 40％，我国粮食十年连续丰产，靠的是水土光热条件都较差的北方，尤其缺水。水少就开采地下水，华北平原 20 万平方公里面积的地下水超采，形成地球上最大的地下漏斗，仅以河北为例，每年地下水位以 0.5～1 米沉降，比 20 世纪 50 年代下降了 40～60 米，截止到 2006 年，河北已发现地裂 482 条，影响 7 市 70 个县的生产生活。

到 2011 年，全国流域面积 100 平方公里的河流已由 20 世纪五六十年代的 5 万多条减少到 2.29 万条，流域面积 50 平方公里的河流仅有 4.5 万条，还不及五六十年代流域 100 平方公里的河流数量多。

水体污染不光受到农业的农药、化肥面源污染和工业的废水排放污染，更受到医药的污染。我国人均消费抗生素 138 克，是美国的 10 倍以上，居世界第一。我国地表水含有 68 种抗生素，有的含量高达几百纳克（工业发达国家一般小于 20 纳克），另有 90 多种非抗生素药物从地表水中检出。

自然生态的恶化源自社会生态的扭曲

改革开放以来，我们走出了人与物、人与人、人与自然三者发展关系的陷阱，但今天，我们又掉入发展路径的陷阱。

中国人今天摆脱了衣不遮体、食不果腹的困境。从城到乡，从女到男，衣着光鲜亮丽，但“挥衣如土”“挥粮如土”心态仍然存在。我国每年产生的废旧纺织品高达 2 300 多万吨，而每年需要进口的纺织品原料高达 2 100 万吨。生产 1 吨棉花需要 15 吨水，生产 1 吨化纤需要 925 度电。如果把 2 300 万吨废弃纺织品利用率提高到 60％，每年可节约 1 634 万亩耕地，相当于节约全国 19％的棉花种植面积，可节约石油 1 880 万吨，相当于半个大庆油田。中国人每年餐桌上浪费的粮食相当于两亿人一年的口粮。

从过去"盼温饱"到今天"盼环保"，我们走了不少弯路，是到了该接受教训的时候了。一颗50年树龄的大树，仅涵养水源、制造氧气、为鸟类提供栖居等生态价值，就高达19万美元，一双一次性筷子，饭店收五分钱，其生态价值高达100美元。日本林木覆盖率70%多却不砍伐，只从中国进口木材，而我们的覆盖率仅35%左右，却大量砍伐出口。

人类历史发展证明，谁占有稀缺资源，谁就能掌控社会。奴隶社会，劳动力是稀缺资源，奴隶主拥有奴隶，他就掌控社会；封建社会，粮食是稀缺资源，地主掌控土地生产粮食，他就掌控社会；资本主义社会，机器厂房是稀缺资源，资本家拥有机器厂房，他就掌控资本主义社会；今天，碧水蓝天好空气是稀缺资源，谁掌控这个，注定会主宰未来社会的发展。

恢复自然生态首先需要矫正社会生态

今天，人类又进入新的"部落时代"，这不是简单的"返祖现象"，新部落时代与原始部落时代的区别，就是人们在互不见面、互不相识的状态下，通过网络组成部落，"用假名说真话"。这个时代需要警惕的是，我们过度相信自然科学，而忽视人文科学的价值和作用。我们常说人类追求的最高境界就是"真善美"，自然科学只能解决"真"的问题，人文科学才能解决"善"的问题，艺术科学才能解决"美"的问题。例如，原子能的技术靠自然科学研发出来，但原子能既可造炸弹祸害人类，也可建电厂造福人类。没有人文科学的引领，这把双刃剑就可能出问题。从一定意义说，人文科学也是自然科学的源头，有了文学艺术天马行空的想象，才有了自然科学通过无数次的试错把想象变成现实。孙悟空拔根毫毛变成无数小猴的想象，今天的克隆技术把它变成了现实，科学家通过276次失败，成功克隆出第一只绵羊，通过9 000次失败克隆出第一头小牛。古代文学作品中的千里眼、顺风耳、飞天梦、隐身术，今天的科学技术都实现了这些想象。今天我们不能被物欲遮住双眼，还应读一读文学作品，这是人类创新力的源头活水。功夫是中国的，熊猫是中国的，可《功夫熊猫》却是美国的。

今天世界高科技的竞争主要表现在三大前沿科技。一是新能源技术，二是信息技术，三是生物技术。世界排在前三的经济体美国、中国、日本中，美国以高新技术胜，中国以经济总量胜，日本以精工巧匠胜。中国改革三十多年到今天已经发生过两次经济发展的动力转型。一是 1978—1997 年靠廉价供给拉动，二是 1998—2012 年靠扩张需求拉动（出口、投资、消费）。今天需要实现第三次动力转型必须靠制度创新拉动，根本在于推进国家治理体系和治理能力现代化。

生态环境是人类生存的基本依托。经济社会的发展必须遵循经济和生态两个规律，首先应树立人与自然和谐发展的文化价值观，克服"人是自然的主人"的错误理念，充分认识"人类只是自然中的一员"。人类与大自然是一个相互作用、相互依存的有机整体，严守先人古训："道法自然""天人合一"。其次应树立可持续发展的社会发展观，克服"重增长、轻发展""高消耗、高增长""先污染、后治理"的偏激理念，不能与子孙争饭吃，全社会都应思考一个问题"今天我要快发展，我拿什么比明天"。必须克服"只要垒起金山银山，哪管日后洪水滔天"的思维。再者，树立以"生态技术"为核心的发展观，是科学技术赋予了工业文明"控制自然""征服自然"的能力，科学技术是把双刃剑，必须把生态学原理植入现代科学技术，规避科学技术的负效应。最后，树立"绿色消费至上"的科学消费观。以人与自然和谐相处为原则，在消费观念、消费方式、消费结构、消费行为上做到合理适度，切忌盲目攀比、奢侈无度。因此，环境问题是一个人人有责的公共问题。每个人都应打造一种品质，前面 99 个人都闯红灯，我是第 100个过路的人，绝不随大流去闯红灯。2013 年 3 月 8 日《北京晨报》报道，中国十年来环保花了四万亿，但环境却无大的改观，有些方面甚至还在加剧。为此，我们必须在全面深化改革中，从国家治理体系和治理能力现代化中寻找解决问题的制度张力和工具活力，找回我们的碧水蓝天好环境。

　　总之，要做到生态引领、绿色发展，关键就在于认真贯彻好科学发展观，把建设资源节约型和环境友好型社会当成至高无上的原则，真正落实生态损害责任终身追究制。

（本文原载于《中国发展观察》2014年第9～10期）

未来农业在路上

今天用日新月异来形容高科技的发展已经远远落后了，有些方面可谓时新日异、分新时异、秒新分异。放眼世界农业，高科技的开发和应用，已经超出人们的想象空间，土地已不再是农业生产的必备条件，甚至也可以远离地球，在虚无缥缈的太空中从事农业生产。中国目前农业的有效灌溉面积刚刚达到50%，旱涝保收面积还十分有限，70%以上还处于中低产田状态。而耕作方式上可以说是刀耕火种的原始农业尚未绝迹，传统农业的影子还随处可见。一些发达国家的农业在已经做足地面文章的同时，正向海洋和太空发展，总体上呈现出六大趋势。

一是"平面式"向"立体式"发展。即利用各种农作物在生育过程中的"时间差"和"空间差"进行合理组装，构建各种类型的多层次的高优生产系统。立体化、集约化的程度已经到了不可思议的地步，小型的立体种养在我国广大农村如养蘑菇、养家禽等较为普遍，但现代化的"垂直农场"我们还闻所未闻，在发达国家已经开始酝酿。所谓"垂直农场"即在大城市建立农业摩天大楼，采用现代高科技手段在里面从事种养业。科学家构想，一座30层高的摩天大楼即可为5万人提供必要的水果、蔬菜、各种肉制品等。作物种类可达100多种。按照专家测算，大约150座摩天大楼式垂直农场即可解决纽约市一年的食物供应。这种垂直农场一年365天可以不间断地种植、收获。目前美国、法国、以色列都已经有了这种垂直农场的雏形。中国目前已经建成和在建的摩天大厦有1 300多座，世界第一，一座比一座豪华、一座比一座气派、一座比一座高大，争区域地标，争国家地标，甚至争世界地标，投资几十亿、数百亿在所不惜，动辄国际一流、世界领先，但没有一座是从农业上面考虑的。

二是顺势而为的"自然式"向宜游宜居的"设施式"发展。发达国家的一些农业专家经过精心设计，把农场式的农业生产变成集种植养殖、绿化环境、旅游观光为一体的农业公园，在城市也建造若干个像农业公园一样的微缩型市民农园，使劳动者不论在城或在乡，从事农业劳动都是一种愉快的体验享受。日本的市民农园已经超过3 000家，仅东京市就有几百个。我们的城市里，只要有一点空隙，就要盖上楼房卖钱。稠密拥挤的水泥森林把城市气温都普遍提高了好几度，农业想在城市立足那是天方夜谭。"田园组团"和"建筑组团"错落有致的交叉展开是发达国家城市发展的新理念。在城市田园中，设施农业将大出风头。我国自然式农业尚处于不完善阶段，设施式农业的发展还属于点式探索的初期。虽有杨凌等一些高档次的示范试验典型，但要想让"盆景"变成"风景"，路漫漫其修远兮。

三是"人控机械化"向"电脑自控化"发展。在一些发达国家，电子计算机智能化管理模块系统已经被用于农业生产。未来的垂直农场，一座农业摩天大楼，只要一个电子计算机智能管理模块就可自动管控整个大楼的农业生产。从种到收，该施肥施肥，该供水供水，该收获收获，包装、仓储、运输等，一切自动搞定，无需人工操作，更省去了面向黄土背朝天的艰苦劳动。这项技术对于中国来说目前还只能零星运用于一些生产环节，要形成这样一个复杂完整的大系统，还有很长的路要走。

四是"化学化"向"生物化"发展。"化学化生存"已经困扰人类100多年，近几十年来更是愈演愈烈。现代农业的最大劣根性就是化肥、农药、除草剂和植物激素的使用，增加产量的同时，更带来严重的难以治愈的环境污染公害。中国每年仅农药就消耗180多万吨，化肥使用5 800多万吨，不光农产品品质受到影响，且形成巨大的面源污染。发达国家正把农业带入一个崭新的"生物化"时代。当下世界的高科技竞争，主要表现在三大前沿领域：一是新能源技术，二是信息技术，三是生物技术。以基因工程、细胞工程、酶工程、发酵工程和蛋白质工程为代表的现代生物技术发展迅猛。生物技术也称生物工程，它大体包括十大方面，①重组 DNA 技术。②细胞和原生质体融合技术。③酶和细胞的固定化技术。④植物脱毒和快速繁殖技术。⑤动植物细胞的大量培养技术。⑥动物胚胎工程技术。⑦现代微生物发酵技术。⑧现代生物反映工程和分离工程技术。⑨蛋白质工程技术。⑩海洋生物技术。生物技术就是按人的意志，将活的生物体、生命体系或生命过程产业化的过程。它的最大特征就是可以突破物种界限，对上万年才能形成的生态平衡造成意想不到的影响。目前，生物技术正在向更新的领域深入，即生物芯片技术。利用 DNA 芯片技术可以预知一个人未来可能患什么病，什么时间患这种病，从而及早预防。生物技术生产药物蛋白也是一种全新的药物生产模式，国际上正培养奶汁中含有药物成分的牛和羊，已获成功。从效益上估算，一头转基因母山羊可以抵上一座投资一亿美元的制药厂。同时，转基因动物还能提供人体器官移植所需的器官，生物技术还正在强力攻关，以破译人类生命密码为目标，完成人类对自然界认识的一次升华。中国在生物技术方面虽然有一些老祖宗发明的传统技艺，如发酵技术、动植物杂交育种技术，由鲤鱼转基因生成的金鱼技术等，但利用现代化高科技方面与发达国家比还有很大差距。美国自1962 年开始转基因研究，至今几乎所有的农作物都可实现转基因化。他们以此从种子源头上力图控制别国的粮食主权，实现种子殖民化，进而从别人的一日三餐里巩固自己的霸权地位。中国必须把种业上升为国家意志、国家理念、国家战略的层面，加快研发步伐，同时对转基因种子和农产品的推广使用一定要慎之又慎。

五是"陆地化"向"海洋化"发展。地球表面积为 5.1 亿平方千米，而陆地面积只有 1.5 亿平方千米，约占总面积的 29%，这其中有89%的陆地面积不适宜农业生产。中国人均耕地面积只有世界平均水平的 1/4，草地面积人均只有世界平均水平的 1/2，而人均林地面积只有世界平均水平的 1/8。尤其水危机已经成为世界性难题，世行专家预测，"未来五年水将像石油一样在世界运转"。地球表面水体面积约占

70%左右，但只有 2.5%的水是淡水，97.5%的水是咸水，这么一点点淡水资源却有 70%都冻结在南北两极，可供人类直接使用的淡水只占地球水体的 0.007%，其余都埋在地下土壤和深层岩石下。现在世界上有 12 亿人口面临中度到高度缺水，20 亿人饮水得不到保证。中国是世界上 13 个贫水国之一，人均淡水资源只占世界平均水平的 27%，且时空分布严重不均。陆地生存是世界更是中国的危机。向海洋要生存，已经成为人类的共同命题。"海水农业""蓝色革命计划"应运而生。海洋文明已经被赋予新的内涵，改造海洋环境，开发海洋牧场，使海洋水产生产农牧化，在大洋中建造人工"绿洲"。同时发展直接利用海水灌溉的"海水农业"，利用生物技术培育耐海水的新的陆生植物，让陆生植物认祖归宗，重返海洋。这一海洋革命，不仅可提供更多的鱼虾等水产食物，还将成为人类巨大的"粮仓"。前景更为可观的是美国已经成功地从海藻中提炼出油料替代柴油等燃料，海藻的产油量非常可观，按目前的技术，一亩海藻至少可提炼 2～3 吨油，是一亩玉米提取燃料的十多倍。从石油到玉米提取的燃料乙醇再到海藻油，被称为第三代燃料革命。海藻的生长速度惊人，从生长到产油，只需要两周时间，其潜力巨大，可见一斑。当年，由于航海技术的发展，人类创造了以流通贸易为核心的"海洋文明"，今天，人们将赋予"海洋文明"新的内涵，它是以海洋生产为核心的新文明，可以说，这是海洋文明的第二次浪潮。这项技术在中国可能还处于启蒙阶段，还需要加大攻关力度。

六是"地球化"向"太空化"发展。地球空间已不足以养活急剧暴涨的人口。专家测算，到 2050 年全球人口将高达 95 亿，随着人们胃口越来越高的无限欲望，资源高消耗可想而知。人们向陆地要资源的潜力已经有限，又做海洋的文章，同时又把目光投向宇宙空间，想让浩瀚的宇宙成为未来人们育种的基地、耕耘的农场，这可能是农业领域最尖端的科学技术。它主要有两项内容，一是空间诱变育种技术。即把种子带入太空，使它产生有益变异。1987 年 8 月 5 日，我国首次将水稻、青椒等种子带入太空。大蒜种子发生突变后，竟长出 150 克的蒜头。至今我国已利用 15 颗返回式卫星和 7 艘神舟飞船，搭载上千种作物种子、试管苗、生物菌种和材料，诱变育成一系列新品种，通过国家和省级鉴定的已超过 70 个。我国是除美国和俄罗斯外的第三个掌握返回式卫星技术的国家，农业科学家正抓住这一机遇大做文章。二是利用卫星和空间站在太空直接种植农作物。俄罗斯已于 1997 年成功种出了"月球生菜""宇宙胡萝卜""外太空番茄""太空小麦"等。美国、日本联合攻关，将甘薯种在航天器里不仅补充仓内氧气，还能让宇航员吃到自己种的新鲜食品。目前，美国、俄罗斯两国在空间站和模拟太空实验室里已培育出 100 多种太空植物。未来时代，太空及附近的星球将成为人类无菌化生产农产品的主要基地。太空中成千上万个"漂移农场"的诞生，将让人类重新进入"游牧时代"。新时代的"游牧"不是骑在马背上，而是利用宇航器传输，把农产品从太空"漂移农场"中送到地球。这项技术在中国还处于刚刚起步探索阶段。

（本文原载于《中国发展观察》2014 年第 1 期）

都市农业：农业现代化的先头劲旅

都市农业最早出现在 1930 年的日本《大阪府农会报》上，作为学术名词则最早出现在日本学者青鹿四郎 1935 年发表的《农业经济地理》一书中。20 世纪 50 年代初，美国一些经济学家开始研究都市农业，直到 1977 年美国农业经济学家艾伦·尼斯撰写的《日本农业模式》一书明确提出"城市农业"一词，城市农业在日语中用汉字书写即为"都市农业"。中国都市农业的提法源于日本。

都市农业既包括市区农业，也包括郊区农业。都市农业不同于城郊农业，虽然二者都是依托城市、服务城市、适应城市发展、纳于城市建设发展规划的农业，但城郊农业主要是为城市提供农副产品，满足城市物质性需求为主，发展水平较低，位于城市周边地带，而都市农业是为满足城市多种需求为服务宗旨，是多功能农业，发展水平较高，位置包括城市中心及周边地区，都市农业涵盖郊区农业。

根据目前的经验分析，人均 GDP 达到 2 000～3 000 美元左右，即可进入都市农业阶段，按照这一标准全国 660 多个城市和 2 000 多个县城，大多都到了发展都市农业的阶段。

都市农业产生的源动力在哪里？农村、农业哺育了城市，但城市与农业农村分离后，走上了二元对立形态。城市的荒漠化使市民怀念农业的绿色田园和生物多样性。这种对生活质量的追求，是人与自然关系的回归诉求，是生存观、生活观、发展观的一种本质升华，是都市农业发展的动力源头。环境的恶化、污浊的空气、充耳的噪声，拥堵的道路，更加剧了人们把目光投向环境优美的农业农村。乡情乡恋是融化在中华儿女血液中的传统，老百姓如此，达官贵人也同样如此。公元前195年10月，刘邦在当了12年皇帝之后，突然非常想念田园生活，率众归乡住了二十多天，他的《大风歌》"大风起兮云飞扬，威加海内兮归故乡"，描述的就是当时对田园生活的向往。

与传统农业不同，都市农业是高层次、高科技、高品位的绿色产业；是完全依托于城市的社会经济和结构功能的生态系统；是按照市民的多种需求，构建、培育的融生产、生活、生态、科学、教育、文化于一体的现代化农业体系；是种养加、农工贸、产研教一体化的工程体系；是城市复杂巨大的生态系统重要的组成部分。

都市农业的发展取向，是由城市的需求决定的，既体现了大都市对农业的依赖性，也体现了都市与农业相互依存、互为补充、相互促进的一体关系。

都市农业在我国的发展起始于20世纪90年代。1994年上海率先提出加快城郊农业向都市农业的转变，建立一个国际一流水准的现代化都市农业，是第一个将都市农业列入"九五"计划和2010年远景目标的城市。1995年上海与日本大阪府开展农业合作，1996年召开两城市的都市农业研讨会。1998年我国在北京召开首届都市农业研讨会，长三角、珠三角、环渤海地区城市开始广泛重视都市农业发展。北京提出要抢占制高点，使京郊农业成为中国农业现代化的先导力量。

发展都市农业，主要在于全方位地开发农业的多种功能。综合世界都市农业的经验，结合我国的实际，我个人认为应着力于十大功能的开发。一是食物保障功能，二是就业增收功能，三是生态保育功能，四是旅游休闲功能，五是体验参与功能，六是美化环境功能，七是配送服务功能，八是科普教化功能，九是文化传承功能，十是重塑尊严功能。

一是食物保障功能。今天的食物保障比任何时候都严峻，量的保障基本无忧，而质的保障则愈发艰难，食品安全问题已经成为严重的社会恐惧症。过去要求吃饱、吃好、吃出营养，今天不仅要吃出营养，还要吃得健康、吃得安全；过去吃饭是一顿饭的事，今天吃不好就是一辈子的事，一眨眼工夫这辈子就过完了；以前愁的是能不能吃饱，现在愁的是会不会吃倒。过去农民问："谁能告诉我究竟种什么"，今天"谁能告诉我究竟吃什么"，已经成了社会流行病。从国内农业形势看，随着社会发展，我国人均肉蛋奶的消费量迅速增长，人均瓜果菜的产量超过世界平均水平，但需求仍在大幅攀升，食物保障问题面临严峻考验。我国耕地占世界耕地的 7.2％，所耗费化肥和农药均占世界 1/3 以上。我国的粮食从宋代就形成基本格局，即"南粮北运"，而近十几年却是"北粮南运"。南方不种粮食，搞工业。广东粮食自给率不到 30％，浙江、福建不到 40％。北方种粮，但缺水，靠大量开采地下水，华北地区已经成为地球上最大的漏斗。我们花了巨大代价在搞"南水北调"，缺水的北方种粮又往南运，这是变相的"北水南调"，一个荒唐尴尬的悖论。

二是就业增收功能。人类农业的发展可分为三个阶段：原始农业、传统农业、现代农业。我个人把现代农业分成前现代和后现代两个阶段。前现代就是农业打破内封闭的自我循环，注入了外力，即农药、化肥、机械的运用。后现代农业则是在发展一产的同时，引入二三产业要素，是一二三产业联动，上中下游一体，产供销加互促的完整产业体系。其就业容量自然大增。美国农民占总人口的 2％左右，而为农业服务的服务业就业人数占总人口的 17％～20％。一个农民后面有七八个人为他服务。中国农业的就业容量远远没有开发出来。这主要与我们的制度设计和舆论导向有关。几十年来，我们走的是一条汲取农业剩余为城市和工业发展服务的政策路线，"三农"的被动处境导致社会上一说农，就与贫困、落后、愚昧连在一起，把农搞的灰头土脸。发达国家，工人是最穷的，农民是一些人向往的职业，为农服务和城市服务业一样受到社会青睐。我们的农业在这方面有着十分巨大的潜力可以挖掘。

三是生态保育功能。二三产都是破坏生态环境的，生态的修复保育只有一产，城市中种花栽树都属于大农业范畴，只有农业才具有这个功能，因为农业和大自然具有天生的和谐关系。农业是经济再生产和自然再生产两个生产的过程，农业生产的对象都是活的生命体。不像工业品，加加班一下子就可以弄出来，农业必须遵循自然规律，粮食什么时候种什么时候收，动物什么时候怀孕什么时候产出，必须遵循一个生命周期，不可违抗。有专家测算，一棵50年树龄的大树，在吸收有毒气体产生氧气、涵养水源、增加土壤肥力、为鸟类提供栖息繁殖场所等方面的生态价值大约是20万美元。这还不算木材、花果本身的价值。一双五分钱的一次性筷子，它的生态价值是100美元，而全国每年消费几百亿双一次性筷子。再比如，农田具有很强的净化水的能力，每公顷水田每天净化污水7 500～12 000立方米，污水排到水田里，大概一个礼拜可以净化90％以上，生产的氧气更为可观。有人给北京市算过一笔账，农林水的生态服务价值已达一万多亿元人民币，与北京市的GDP总额不相上下。

四是旅游休闲功能。农业旅游休闲起源于一百多年前的意大利、法国等国家。从世界来看，农业的旅游休闲观光功能发展势头强劲，开发前景巨大，特别是随着人民消费水平不断提高、收入的不断增加、生活方式的改变、休闲时间的增多，旅游休闲观光已经越来越成为人们生活的重要内容，农业在这方面有着十分广阔的开发前景。农业已经把自身的根系从人们的肚子里一直延伸到人们的头脑里，从物质升华到精神，城市越大，市民向往"农味"的兴趣越高。

五是体验参与功能。城市有市民公园，还应该有市民农园。在城市中心及周边地带搞体验参与、采摘一体的活动园区非常有意义。把农作物的栽培展示出来，让城市人，特别是孩子们知道小麦、水稻、瓜果、蔬菜等农作物是怎么生长的，让他们更加理解和尊重生命的过程，更加热爱大自然。日本东京市内已经建了几百个"市民农园"和"都市田园学校"。在高科技盛行的今天，呼唤人性的回归、人与自然关系的回归是一个人类共同的命题。

六是美化环境功能。宜业宜居是城市的基本功能，而宜居的首要条件是环境优美，它是一个城市品位、格调、特色的重要体现。城市的花草树木都具有美化环境功能。欧洲有一些城市规定，窗台上必须种花。近年来，西方国家还普遍兴起了"郊区化"现象，许多人从城市中心搬到了郊区农村居住。德国在农村居住的人口已达40％多，英国也已达近30％，这种回流主要发生在近十几年里，且势头越来越猛，英国调查，回流人口年龄在 25～40 岁之间，年轻化趋势十分明显。"逆城市化"现象的发生为城市建设提出了新的课题，在城市建设中应把如何将农业作为城市生态的有机组成部分，把有效提升城市生态环境质量作为重要内容。巴黎市提出，要通过城市文明与农耕文明的交替迭现，满足市民越来越浓的田园兴趣，方法就是错杂排列"适度的地上建筑组团"和"适度的田园组团"。伦敦的城市农场和社区果园遍布学校、公园，农作物一直种到市民的院落和阳台。农场已经开办到天上（楼顶）和地下（废弃的地下室）。纽约土地紧缺，把废弃的体育场馆、公共废地都开发出来种植农作物。20 世纪 70 年代，法国就兴起了城市居民兴建"第二住宅"热，开辟人工菜园的活动。英国伦敦在建城区外圈设立 16 公里宽的绿化带，作为伦敦的农业地区和游憩小区。新加坡在城市发展中保留一半的面积作为农业用地。这些农业用地与城市建成区绿地相互渗透，形成了富有特色的优美城市风光，"都市中的田园"与"田园中的都市"相映成趣，使人们在现代文明中体验着传统文明，在传统文明中享受着现代文明，让两种文明不仅没有割裂，而且在交融中共生共荣、共同发展。

七是配送服务功能。在社会化分工越来越细的今天，城市中有一部分人群需要配送到家的放心服务，都市农业是承担这一需求最合适的力量。比如，定期给有需求的家庭配送肉蛋奶瓜果菜，包括鲜花等。这是急待开发的一个前景广阔的产业。这个问题上，还有一种配送服务值得研究，摆摊设点是草根阶层的基本生存底线。城市为了追求好的管理，把摊点都赶到规定的地方去，且卖者要花高价租费，卖的没法卖，买的没处买，买卖都不方便。城市应该适当保留和开发一些最能方便买卖的摊点，让底层社会的生存有所依托。在我国香港，不仅承认小摊贩具有正当性，而且将"临时摊点"看成社会人文风景，甚至对他们予以资助。美国许多城市都在固定地点、固定时间开设"农夫市场"，洛杉矶市政府门前的树林草地里就定时开放卖菜、卖花、卖小吃的"农夫市场"。城市摊贩不是扰乱社会秩序的打击目标，是城市"草灌乔"贸易结构的草根部分，在城市管理上，我们理应树立这种思维模式。

八是科普教化功能。改革开放最大的变化就是人与人、人与物、人与自然关系的变化。从见人就批到以人为本，从以穷为荣到以富为荣，从人定胜天到天人和谐，人们终于知道要遵循自然规律了。法国著名科学家法布尔有这样一段名言："历史赞美把人们引向死亡的战场，却不屑于讲述人们赖以生存的麦田。历史清楚地知道皇帝私生子的名字，却不愿意告诉人们麦子是从哪里来的。这正是人类的愚蠢之处。"都市农业绝不能再让这种愚蠢再延续下去，应主动承担起这一历史使命。科普教化功能应走进学校、走进课堂，走进社区、走进家庭，用现代网络技术、网络视频让孩子、让市民知道动植物的生长过程，这样他们从小就懂得珍惜生命，知道生命来之不易，就不会轻易做一些违背规律的荒唐事情。人需要十月怀胎，一个鸡蛋生成必须 25.5 个小时，规律不可违背，违背规律必然受到惩罚。科普教化功能应该纳入国民教育规划体系，作为一个基础性、长期性的战略进行开发。

九是文化传承功能。中华民族五千年文明传承关键在于农业的文化传承。农业具有十大文化传承功能，包括作物文化的传承、农业技术的传承、经济模式的传承、农业哲学的传承、农业制度的传承、重农思想的传承、村落家族文化的传承、民俗文化的传承、田园文学的传承和中医药文化的传承等。农业文化代代相传，现在可以见到名字的农业著作有 500 多种，可以读到原著的有 300 多种。天时、地利、人和，就是我们农业的哲学，是人类史上没有的，是中华儿女通过农业劳动总结出来的。一个民族的历史可分三大方面：国有史、方有志、家有谱。这三个方面构成一个民族完整的历史，缺一不可。传统的乡村文化在中国农村社会管理方面起了很重要的作用。现代农业应该比传统农业文化传承功能更强，承载量和承载力更大，如现代高科技、现代信息技术的应用等，应该着力开发。全社会都应明白，没有农业文明的传承，人类的一切文明都是毫无意义的，必须克服离农越远离现代化就越近的错误观念。有专家预言，未来十年，农业领域将成为中美两国竞争的最终竞技场，可见人类的竞争，从赖以生存的原点——农业出发，最终又回到了农业这个赖以生存的原点。

十是重塑尊严功能。纵观历史，农业文明、工业文明、城市文明是人类文明的三大基本载体。其他文明都依附于这三大载体之上。后一个文明都是在前一个文明基础上发展起来的，具有独特的继起性。而且这三大文明是并行不悖、共生共荣的关系，必须同时发展，同样发展，同步发展。农业文明是母体文明，在工业化、城市化高速推进的背景下，农业已是"破帽遮颜过闹市"，农业文明缺乏起码的尊严。在这样的背景下，我们必须重塑农业文明的现代尊严，不然，四化同步注定将成为一句空话。没有农业文明的文明是残缺的文明，没有农业文明的社会是断裂的社会，没有农业文明的经济是危险的经济，没有农业文明的发展是不可持续的发展。

就农业本身而言，重塑尊严：一是重新认识自身，二是重新解释自身，三是重新谋划自身。所谓重新认识自身。首先农业具有基础性。任何情况下农业的基础地位都不能动摇。其次农业具有公共性，或者准公共性。世界上没有任何一种产品，像农产品这样每个人每天都离不开，农产品在参与商品竞争的同时，还担负着公共性的社会职能。再者农业具有引领性。工业能引领、城市能引领，农业同样具有引领作用。许多地方农业作为经济龙头带动各业的范例已是不争的事实。总之，三驾马车必须各司其职，各领风骚，才能共同推动经济社会的平稳发展。所谓重新解释自身。一是要看到国际上，农产品被武器化了，要提高到政治战略层面来谋划。二是国内农产品生产形势不容乐观，要像抓工业、抓城市一样抓农业。三是农业具有多功能性，不是单一的吃饭功能。所谓重新谋划自身。一要不断吸纳工业文明的理念。用工业理念来谋划新的农业。既要用现代技术、现代管理、现代设备改造提升传统农业，又要发展以农产品为原料的加工业，更要发展为农业服务的服务业，构建成新的产业体系。二要理清"三农"之间的关系。农民是农业的主体，农村是农业的载体。农业现代化不光要实现现代农业的经济目标，还要实现农业自身在经济社会发展过程中必须承担的社会目标、政治目标、文化目标和生态目标等。没有主体和载体的现代化，就没有农业的现代化。三要千方百计拉长产业链。农业发展不仅仅停留在高产、高效，重要的还要高值。这就要求尽可能多地延长从生产到加工、设计、包装、储藏、运输及销售等各个环节的产业链条。

都市农业，有着相对优越的地理位置和得天独厚的集聚资源条件，面对的是最有话语权的人群，身处最易形成强势舆论的涡流之中，重塑农业文明的现代尊严，非都市农业莫属！

建设现代农业，实现农业现代化，都市农业是先锋、是新锐。在"城市与自然共存""绿色产业回归城市""城市和乡村融合"的呼唤中，都市农业将成为农业现代化的一支先头劲旅。从都市农业起步，是我国建设现代农业，实现农业现代化的优选路径。

（本文原载于《中国发展观察》2013 年第 6 期）

构建新型农业经营体系必须
以家庭经营为主体

2013 年中央 1 号文件围绕现代农业建设，提出要充分发挥农村基本经营制度的优越性，着力构建集约化、专业化、组织化、社会化相结合的新型农业经营体系。构建新型农业经营体系不是对原有基本经营制度的否定，而是对原有制度的进一步完善，从而实现多元互动，多元互补，聚力发展。这其中，家庭经营是基础，构建新型农业经营体系必须坚持家庭经营为主体、主力和主导。

破除认识误区 正确看待家庭经营

当今社会对家庭经营存在一些认识上的误区，认为家庭经营无法实现规模化，把家庭经营等同于小农经济。在构建新型农村经营体系中，首先要破除这一认识误区。

1. 家庭经营不等于小农经济。根据上海辞书出版社和农业出版社1983 年版《经济大辞典》的定义，"小农经济，亦称农民个体经济，一般指以家庭为单位，完全或主要依靠劳动者自己的劳动，独立经营小规模农业，以满足自身消费需要为主的经济。"其特点一是分散；二是生产力低下；三是劳动者是家庭内部成员；四是生产出来的产品都用来自己消费或绝大部分用来自己消费，而不是进行商品交换。由此可见小农经济是与农业经营规模较小和农业生产市场化程度不高以及机械化程度、技术水平较低密切相连的，属于传统农业经济范畴。在生产力极端落后、农业生产规模较小、经营市场化程度较低的情况下，家庭经营组织下的农业经济形式大都是小农经济。但是现代的家庭经营是开放的经济组织形式，其生产过程采用了先进的机械、电子和化肥农药等耕作技术，许多社会化服务已经渗透到生产过程的各个环节，家庭只是组织者、管理者，而非具体实施操作者，很多作业都是在社会化大分工和大协作下完成的；生产规模可以是几十亩，也可以是几百亩、几千亩，甚至几万亩，美国的家庭农场平均在3 500亩以上；生产出来的产品也主要用于市场交换，因此现代家庭经营组织下的农业经济已经完全突破传统意义上的家庭经营概念，不再是小规模的、落后的、封闭的、自给自足的小农经济，而成为现代农业经济的重要组织形式。

2. 家庭经营可以实现规模化。一些人认为家庭经营使土地过于分散和零碎，难以实现农业规模经营。这种认识不但没有搞清楚农业规模化的概念，而且对农业家庭经营的运作缺乏深入思考。一是农业的规模化经营不仅仅意味着只是集中土地。现代农业的规模化也可以是产业布局的规模化、产业链条的规模化、组织的规模化以及服务的规模化，如农业生产资料供给、农业技术服务、农产品销售加工、农业服务体系等，完全可以依靠农户专业合作的形式，通过分户生产、联合加工，实现某一产品在区域内形成专业化分工的社会化大协作和规模化大生产。二是家庭经营并不意味着一个家庭只可以经营自家土地。不愿意从事农业生产的农户可以把土地转租给只以农业为主的职业化农户，从而实现土地集中型的适度规模经营。在我国，随着人口流动的不断增加，这种形式的土地流转将按照市场化的规律持续推进，适度规模的家庭农场和专业大户是未来农业发展的趋势。可见，农业家庭经营与农业规模化经营之间并不矛盾，农业规模化经营是家庭承包经营的延伸和发展，其本质是为了进一步解放和发展农村生产力。三是家庭经营实现规模化的程度和速度取决于城市化吸纳劳动力的程度和速度。只有当城市化进程中真正按照市场规律而不是人为的扭曲市场需求，大量吸纳农村劳动力，使进城农民能够安居乐业，无后顾之忧时，他们才愿意退出农地经营，那些专门从事农业的农户才有可能扩大规模。目前，家庭经营在土地问题上无法实现规模化，不在家庭经营自身，而在于城镇化率还不够高，而且也存在着假城镇化的现象，一亿多农村劳动力进了城，但没有成为真正的市民，他们还有着太多的后顾之忧，无法退出农地，自断后路，那些高素质农民也就无法扩大土地的经营规模。

3. 家庭经营同样可以建成现代农业。一是家庭经营同样可以实现生产机械化。使用机器是现代农业的基本特征，一说到机器，有人就觉得很昂贵，不是一般家庭所能消费得起的，其实，机械化可以是大规模型的，比如美国；可以是中等规模型的，比如欧洲；还可以是小规模型的，比如日本。日本农业的机械化早在 20 世纪中期，就已经在家庭普及了，那时每 100 户农户拥有拖拉机 112 台、插秧机 53 台、联合收割机 30 台，我国 20 世纪 70 年代出现的手扶拖拉机就是万里同志到日本访问从日本引进的。随着生活水平的提高和科技的进步，"买得起、用得好、有效益"的农机将越来越多地进入寻常百姓家。二是家庭经营同样可以实现产品标准化、商业化、高质量化。随着市场经济的发展，普通农户都明白一个道理，要想把农产品卖出去，卖个好价钱，必须首先知道种什么，怎么种。那些农产品经纪人也会自然要求农民种什么，教会农民怎么种。这种"订单农业"就确保了农产品的标准化、商业化和高质量化。三是家庭经营同样可以实现服务的社会化。随着各种服务体系的发育生长，一种农产品从播种到收割到加工到销售等各个环节，无需全部亲力亲为，完全可以花钱买服务，坐在家里，一个电话一个网络邮件，就有人送上门来。这在发达国家早已成为定式，在我国也已屡见不鲜。

坚持家庭经营为主体是家庭的社会经济属性决定的

1. 多因素维系的家庭成员关系决定了家庭是一个最紧密的有机整体。家庭既不是一个单纯的经济组织，也不是一个单纯的政治组织或文化组织，他有别于任何其他形式的组织，其维系成员关系的纽带具有多重性、复杂性和稳定性，既有经济因素，又有血缘、心理、情感、文化、伦理、社会、政治等多重因素，这些因素不仅难以把握、不可言传、无法量化，且相互交织、错综复杂，在诸多关系的调适中，宜浓则浓、宜淡则淡；宜多则多、宜少则少；远近亲疏，应时变化。自我生成，无需外力，是一个有机的统一体，其他力量很难打破。在此基础上形成的共识与合力，自然是最大化的，追求的利益与目标自然具有高度的一致性，每个成员都会在农业生产劳动过程中，心往一处想，劲往一处使，无需监督管理。

2. 家庭成员在性别、年龄、体力、技能上的差别有利于劳动分工和劳动力及劳动时间的最佳组合。农业生产作业项目，对劳动者体力和智力要求呈现多层次、多样化特点，而农户家庭成员在性别、年龄、体力、智力上的多层次、多样性正好与此相适应。平时一人为主，忙时全家上阵，必要时还可以少量雇工，农闲时除了照看人员外，其他人还可以外出兼业。这样，家庭就成为一个小而全的生产单位，家庭成员在时间上和劳动力上的利用都可能达到最佳组合。因此，以家庭为单位组织农业生产能够最充分地利用各种劳动力，最有效地配置闲置劳动时间，恰当地进行劳动分工，通过家庭成员相互默契的合作与协调，提高作业质量和效率。舒尔茨发表于1964年的学术专著《改造传统农业》一书中认为，传统农业在给定的条件下并不存在资源配置的效率低下问题，各种生产要素都得到了最佳配置，且充分发挥了自己应该发挥的作用。即使专门从事这方面研究的专家，也找不出资源配置出了什么问题。

3. 最佳利益共同体的特性决定了家庭经营的动力是内生性的，且创造力全部用于生产性的努力，而不用于分配性的努力。家庭成员之间组成的这个利益共同体，无论从哪个方面考量，都是无与伦比的最佳组合，其水乳交融的紧密关系是无可替代的。不论内部矛盾冲突多大，一遇外部矛盾都会搁置争议，共同向外。从这个意义上说，家是国的缩小，国是家的放大。在这种关系上形成的家庭经营组织形式，无需精密的劳动计量与劳动报酬相衔接来激发活力，每个成员都会自愿地把家庭的利益当成自己的利益。在生产劳动过程中，同心勠力，不讲价钱，不计报酬，拼命工作。这种自发性的自觉行为，更能激发出劳动者的主动性和创造力，从而实现管理成本最低，而管理成效最高的目标。其他非家庭性的利益共同体组织，总有一部分人把创造力用于非生产性努力，热衷于分配别人的财富而非自己创造财富，使创造力耗散导致效率衰减。

坚持家庭经营为主体是农业生产的特点决定的

1. 农产品是一个活的生命体，这一自身属性决定了农产品不可能像工业产品一样统一、集中生产。农业生产过程是人们利用自然界的各种资源和养分对有生命的动植物进行产品生产的过程。这种生命的再生产不同于工业生产。一是其对环境所表现出来的选择性是主动的，一般不可搬移，而工业产品所表现出来的对环境的选择性则是被动的，可以随意改变；二是农产品的生产是一个具有时间顺序的连续过程，各个环节只有继起性，而工业产品则可以具有并列性；三是工业产品是无生命的，可以搬移、分割，可以按照人的意志来设计和生产，可以进行作业交叉，也可以进行多条流水线集中生产，而农产品的生产有其自身的周期性，生产的各个阶段有着明确的间隔和时间顺序，整个生产过程只能由一个阶段到另一个阶段依次而不间断地进行，无法集中资源一次性完成各个阶段的操作；四是农业生产具有严格的季节性和地域性，生产时间和劳动时间不一致。各种农产品都有他们最适宜的自然生长条件。不同自然条件下，生产农产品的人工投入以及最后得到的产品产量和质量都会有所差异，因此其生产过程需要因地制宜，不能随意地更改生产时间、地点和环境。五是在农业生产的整个过程中，除了劳动时间外，动植物还需要一定的时间来完成自身的生产过程。人需要十月怀胎，而一个鸡蛋的生成时间必须 25.5 小时。舍此就无法产生一个完整的生命体，完成一个生命周期。因此，农业的劳动时间要比生产时间短，但是劳动却贯穿着生产的整个过程，而且需要随时关注，灵活把握。这些问题的解决，只有通过以家庭经营为主体的组织形式，才是最有效的途径。

2. 农产品生产过程的整体性决定了无法衡量某一单独时期内劳动的质与量。无论是农业生产还是工业生产，都需要解决效率问题，而要解决效率问题，首先必须解决激励问题，要解决激励问题就需要准确计量劳动者劳动的质和量，并与报酬挂钩。在农业生产中，劳动很少有中间产品，劳动者在生产过程中各环节的劳动支出状况只能在最终产品上表现出来，但是农业生产的自然条件迥异且具有不可控性，因此各个劳动者在某一时刻的劳动支出对最终产品的有效作用很难计量。这时，只有在以家庭为经营单位的条件下，才有可能较好地做到将农业生产者在生产过程中各项劳动的质与量与最终的劳动成果及其分配直接紧密联系起来。

3. 农业生产的特点决定了其生产作业大都须由同一劳动者连续完成。在农业生产的过程中，同一时期的作业比较单一，不同时期的不同作业多数必须由同一劳动者连续完成。农业生产更像教师教书和医生看病一样，是个良心活，用心和不用心大不一样。学生频繁更换老师，患者频繁更换医生，失去连续性，学生的学习和患者的医治都会大受影响。种庄稼也像养孩子，每时每刻都要不间断地关注他的冷暖饥渴、状态变化，一有闪失，后患难测。为了不误农时，在播种、收割、基础设施建设等生产活动也会出现协作，通过协作可以及时完成作业，但是这些协作多是简单的合作。就是这些简单的合作，大都也需要在同一劳动者具体组织管理下实施操作。除此之外的大部分作业很难施行严格的分工协作，因此大田农业生产不适合采用工厂化劳动，而更适合采取家庭经营方式。

坚持家庭经营为主体是世界农业的发展经验

纵观世界农业发展的经验，无论是发达国家还是发展中国家，以家庭经营为主体，都是农业生产经营的最佳组织形式。

纵向上看，在各种人类社会制度下，农业家庭经营始终是农业生产的基础。在原始社会时期，人类就是以家庭或部落为单位，进行着采集和狩猎以及简的农业生产。在奴隶制社会，以奴隶主家庭为单位组织奴隶进行农业生产。在封建社会，农业更是经历了几千年漫长的以家庭为单位的农业生产时期。到了资本主义阶段，尽管资本主义工业革命把家庭农业纳入了资本主义大生产的轨道，但是却没有改变农业以家庭为基本生产经营单位的格局，农业顺应资本主义生产关系和生产力的发展而以一种新的面貌，即资本主义"家庭农场"的形式出现。多年的社会主义实践，苏联的集体农庄失败了，中国改革开放以来家庭承包经营的成功经验，也充分证明家庭经营为主体是经济效益最大化的农业生产经营方式。美国、加拿大、澳大利亚、法国平均每个农业经济活动人口耕地面积分别是我国的 326 倍、660 倍、487 倍、145 倍，而我国近些年粮食总产和肉类总产均居世界第一。我国耕地占世界的 7.2%，而 2010 年稻谷、小麦、玉米分别占世界总产的 30%、18%、21%，可见我国小规模的家庭经营效率之高、效益之大。

横向上看，发达国家的成功范例大都是家庭经营体制。英、法、美、德、日等国家，农业有 80% 以上属于家庭农场。英国是最早进入资本主义时代的国家，也是马克思主义经典作家用以考察资本主义制度发展演变规律的主要对象。在英国，随着 19 世纪英国谷物法的废除，自有自营的农场比例不断增加，英格兰和威尔士的自营农场，在英国农场总数中所占的比例不断加大，1914 年为 11.3%，1983 年跃升为 74.4%。与此同时，自营农场面积在农场总面积中所占的比例也在不断提高，1914 年为 10.9%，1983 年上升为 60.2%。如果把北爱尔兰的情况考虑在内，这一比例会更高。在美国，在其农场演变的半个多世纪里，虽然农场数目减少了，但是大多数商品化农场都是由家庭经营的，立足于全家人的劳动，不雇佣工人或在农忙季节少量雇工，而美国许多雇工大农场是依靠政府各种补贴才得以生存和发展。在德国，经过私有化土地所有制改革，至 1995 年成立了三万多个不同形式的农场，其中约有 90% 是家庭农场或合伙农场。在法国，家庭农场是基本经营单位，尽管在第二次世界大战后，其农场规模经历了由小到大，数量由多到少的演变过程，但农场经营规模的扩大并没有改变家庭农场占主导地位的格局，公司制农场仅占农场总数的 10% 左右。在日本，由于人多地少和土改后分田到户，普遍采取一家一户的小规模经营，目前的专业农户仍然主要依靠家庭劳动力进行耕作。

由此可见，坚持家庭经营为主体的农业生产经营方式是历史的必然，是大势所趋，是各时期、各国经验的总结，是人类在经历无数次尝试后得出的适合农业发展的正确选择。

坚持家庭经营基础上的多元互补

家庭经营很好地解决了农业生产内部组织问题，但这种组织形式要更好发挥作用还必须具备一定外部条件。因此，构建新型农业经营体系，还需在坚持家庭经营的基础上实现多元互动、多元互补。具体来说，这一新型体系应包括以下六个方面：

一是高素质农民。培育有文化、懂技术、会经营、善管理的高素质农民是构建新型农业经营体系的关键。高素质农民在身份上不一定是农民，但是其从事的是农业工作，由于高素质农民的综合素质和专业技能优势，他们可以带来更好的经济效益，他们将固定乃至终身从事农业，是农业的真正继承人。

二是农业专业大户。专业大户是土生土长的农民土专家，他们在家庭承包经营的框架内，通过投入要素的增加和组合的优化，使家庭经营的容量得到有效的扩充和提升，是对家庭内部开发致富领域的拓展。发展专业大户既符合农业结构升级转型的内在要求，又符合专业化的发展方向，更符合农村家庭的致富愿望。专业大户的培养，是我国构建新型农业经营体系不可或缺的一个重要组成部分。

三是家庭农场。家庭农场是以家庭成员为主要劳动力，从事农业规模化、集约化、商品化生产经营，并以农业收入为家庭主要收入来源的新型农业经营主体，类似于传统农业中的自耕农。中国社科院研究员党国英认为，我国农户平均经营规模应在 60 亩以上，种粮的多一些，种菜的少一些。现阶段，种粮规模百亩以上，土地利用率会提高 10％，经济效益会提高 25％。根据目前管理水平、技术装备、服务配套体系等多种因素，平原地区种粮农户不宜超过 300 亩，种菜不宜超过 30 亩。家庭农场应是我国农业未来的发展方向。

四是农业专业合作社。农民专业合作社是在家庭承包经营的基础上，同类农产品生产经营者或同类生产经营服务的提供者、利用者，它是建立在自愿联合、民主管理基础上的互助经济组织。它不但可以提高农民组织化程度，还可以连接小农户与大市场，提供社会化服务，承担起农民组织、产业延伸、市场中介、分散风险和社会化服务等多种功能。同时，农业专业合作社是以家庭经营为基础，入社自愿，退社自由的专业合作社，这既体现了农业合作的一般特点，又反映了农业发展现实，真正做到了"生产在家，服务在社"。

五是带动效应明显的龙头企业。龙头企业集成利用资本、技术、人才等生产要素，带动农户发展专业化、标准化、规模化、集约化生产，是现阶段构建新型农业经营体系的有生力量。这里需要强调的是，对龙头企业的选择，最重要的一条就是对农民具有明显的带动效应而非挤出效应或"替代"效应。对那些只"代替"、不"带动"农户的大公司大企业，不仅不能支持，还应严格限制。

六是农业服务组织。新型农业社会化服务组织发展起来，可以有效地把各种现代生产要素注入家庭经营之中，能够把千家万户的分散生产经营变为千家万户相互联结、共同行动的合作生产、联合经营，实现小规模经营与大市场的有效对接，大幅度降低市场风险。

总之，家庭经营是我国农村的基本经营制度，坚持家庭经营为主是保证我国农业生产得以高效、顺利进行的基础保障，是农业进步和发展的基石。多元发展是对农村基本经营形式的拓展和补充，通过多元互动、多元互补可以让农业家庭经营得到延伸和发展，进而确保家庭经营这一最适于农业生产的基本制度的稳定。

（本文原载于《中国发展观察》2013年第5期）

现代农业规模化的五大着力点

党的十八大明确提出，坚持和完善农村基本经营制度，发展多种形式规模经营，构建集约化、专业化、组织化、社会化相结合的新型农业经营体系。这为我国现代农业发展指明了方向。然而目前，我国一些地方在农业的规模化问题上从认识到实践都存在一些误区。一方面，生搬硬套西方规模化发展模式，另一方面，不顾我们人多地少的国情。在这两种因素的共同作用下，认为现代农业规模化就是土地的规模化，土地的规模化就是土地集中度越高越好，土地集中度越高代表现代化程度就越高。以致形成不顾客观实际大面积推进土地规模化热潮。诚然，只有规模化才便于机械化、标准化、现代化，才能提高效率，但现代农业规模化内容丰富，涵盖面广，土地规模化仅仅是其中一个方面，也并非必要条件。日本等一些人多地少的国家，小规模家庭经营，同样可以建成现代农业，实现农业现代化。因此，我国人多地少的基本国情，决定了现代农业在规模化问题上不能只在土地上动脑筋，土地只能适度规模，需要在以下五个方面狠下功夫。

一是产业布局的规模化。推进现代农业产业布局规模化，便于公益性、社会化服务，便于生产经营管理，有利于发展区域特色产业，有利于形成区域品牌，增强核心竞争力。当前，我国各地按照工业反哺农业、城市支持农村和多予少取放活方针，着力推进城乡产业规划一体化，根据当地的资源禀赋，科学合理配置空间布局，谋划一批现代农业示范园区。但一些地方产业布局缺乏科学谋划，发展的产业过多，重点不突出，散乱零碎，规模太小，形不成拳头。在园区的经营上，不少地方还采用"大园区、大业主"贪大求洋的惯性思维,这是一个误区,中国现代农业必须走"大园区、小业主"的发展路子,才是符合国情的好途径。目前,许多城市大公司大企业到农村盲目圈地建"大园区""大基地",自己当大业主,极易导致四个后果。一是容易产生"挤出效应",使绝大多数靠家庭经营的农民无力竞争,增收更难。二是在"带动"农民的同时,也"代替"了农民,农民成为雇工,使农民无法参与农业的经营管理,生产的积极性、主动性和创造性严重受阻。三是农业是弱质产业,比较效益较低,企业规模经营还要大量雇佣农业工人,进一步降低了收益,增加了企业的经营风险。四是一旦公司不干了,或出现风险,被流转了土地的农民收益没了,在公司打工的机会也没了,他们的后顾之忧难以解决。"公社+社员"是政府在种地,"公司+农户"是企业在种地,政府种不好地,企业同样种不好地,种地的必须是农民自己。因此,我国现代农业产业布局,应按照宜种植则种植、宜养殖则养殖、宜林则林、宜加工则加工、宜旅游则旅游等原则,谋划建设一批产业特色鲜明、带动农民增收、竞争力强的大园区,形成差异化布局,区域性优势的格局。在大园区中重点扶持新型职业化农民、专业大户、家庭农场、合作社等新型经营主体,大力支持帮助农户与农户发展多种形式的联合与合作,引导龙头企业与农户、合作社建立合理的利益联结机制,走出一条"大园区、小业主"的现代农业发展之路。

二是产业链条的规模化。现代农业可分为前现代农业和后现代农业。前现代农业即"石油农业"时代,其特点就是打破农业封闭的内循环,引入外力,使农业产出率大大提高,但它主要还局限在一产里面做文章。后现代农业时代即农业已打破一产的局限,引入二三产,用现代理念构建一个上中下游一体,一二三产融合,产供销加互促的多功能复合型产业体系,它需要打造一条包涵一二三产的完整的产业链条。从更宏观层面上看,这一产业链条的打造,也是统筹城乡发展、逐步改变城乡二元经济结构,促进工业化、信息化、城镇化和农业现代化四化同步的必由之路。目前,我国各地农业产业链条过短,农产品生产的关键技术和加工的研发技术等十分滞后，产品销售还主要以"原"字号为主，农产品加工特别是精深加工严重不足，营销能力尤其落后，巨大的增值空间还没有打开。千方百计拉长产业链，努力构建从生产起点到消费终端的完整产业链条，应是我国现代农业未来发展的方向。就工业生产而言，一个完整的产业链通常包括生产制造、产品设计、原材料采购、订单规划、商品运输、产品零售等诸多环节。其中生产制造环节附加值最低。中国作为"世界工厂"主要从事的是产业链最低端的制造业，生产 8 亿条裤子才能换回一架空客 A380 飞机。农业的完整产业链条也同样包含这些环节。要获得更高的农业效益，除了生产种植，更要获取设计、包装、加工、仓储、运输、销售、研发等后续产业链条中的高附加值。上海崇明岛前卫村，只有 5000 亩地，以生态农业为核心，综合打造种植业、养殖业、农产品加工业、新能源及乡村旅游等产业，构建起完整的产业链条，村民人均年收入达到 16 万元之巨。未来，各地应加大招商引资力度，引导城市资金、技术、人才等生产要素向农村流动，重点鼓励城市工商企业到农村建立优质农产品生产加工基地，支持农产品精深加工关键技术研发，大力发展农产品精深加工业，同时，精心打造农产品从包装设计、储藏运输、订单处理、批发经营到终端零售等产业链条各个环节，努力构建完整的产业链条，从而不断提高农业生产力和劳动生产率，让农民更多地分享农产品增值收益。

三是组织的规模化。提高农民组织化程度，不仅可以降低农业的交易成本，提升农民在市场中的谈判地位，同时还能够增强农民抵御来自自然的、社会的、政策的、市场的等种种风险的能力。世界各国农业发展经验也表明，将农业生产者组织起来是建设现代农业的必然选择。美国农业合作社对内为其社员提供物资与资金、组织经营管理等，对外帮助输出劳务和销售农副产品等，有效地避免了市场风险、保护了农民利益。日本农协在政府财力物力支持下，通过其遍及全国的机构和广泛的业务活动，同农户建立了各种形式的经济联系，在产前、产中、产后诸环节上使小农户同大市场成功对接，在有效阻止商业资本对农民的盘剥、保护农民利益方面发挥了举足轻重的作用。近年来，我国农民专业合作组织，特别是合作社实现了快速发展，2012 年全国农民合作社已超过 60 万家。但从总体上看，我国农民合作社数量少、体量小、质量差的现实还没有根本改变，存在农民无组织化、弱组织化和被组织化三大问题。提高农民组织化程度，是我国建设现代农业的当务之急。农业生产的特点决定了必须以农户家庭为经营单位，因为农业劳动对象是活的生命体，需要像对待孩子一样，每时每刻不间断地精心呵护，一个环节、一个时段关注不到，就有可能造成重大损失，甚至带来灭顶之灾。只有家庭成员是农业生产的最佳组合，可以不计报酬、不计成本、不计时间、不需监督，家庭这个利益共同体具有其他任何共同体无可比拟的天然优势。眼下在发展农民专业合作组织问题上需要把握的是，应实现从"组织农民"向"农民组织"的跨越。"组织农民"，农民是被动的参与者；"农民组织"，农民则成了主动的组织者，虽然是一个词序的颠倒，但内涵却发生了质的变化。提高农民组织化程度的方式和路径决定着组织起来后的价值、作用和成效，只有让农民自己起来组织自己，为自己服务，这样的组织化才能使资金、信息、技术、物资等各类资源比较便捷地在市场、企业和农户之间交流、融通，各种风险才能得到防范，农民的利益才能得到有效保护。资本的力量来自钱的集合，钱多势众；组织的力量来自人的集合，人多自然也势众。当前，一些地方通过农民专业合作组织，实行"六统一分"把分散的种养农户组织起来，进行标准化生产，实现规模化经营的路子值得借鉴和大力推行。"六统一分"即：统一优良品种、统一投入品配送、统一疫病防控、统一机械化作业、统一技术标准、统一市场营销、分户适度规模种植养殖。这其中重要的一条就是政府要创造环境，切实搞好服务。

四是服务的规模化。构建覆盖全程、综合配套、便捷高效的多元新型的社会化服务体系，是发展现代农业的基本要求。社会化服务体系包括公益性、经营性和自助性三大方面，公益性的应由政府负责，经营性的由市场运作，自助性的由农民合作组织承担。我国农业公益性服务还很脆弱，经营性和自助性服务组织发育不足，多元化、多层次、多形式的社会化服务体系亟待建立健全。当前在城市化高潮的背景下，由于轻农、弃农、厌农思想蔓延，许多社会组织不愿为农服务，认为为农服务收益不高，前途不大。随着我国工业化、城镇化的快速推进，青壮年农民几乎都进入城市经商务工，农村务农只剩下"389961"部队，越来越多的农活急需社会提供服务。近些年在全国范围内公益性与经营性服务有效结合的成功范例就是农机跨区作业。国家不断加大购机补贴力度，全国各级农机部门收集发布天气、供求、交通等信息，协调保障柴油供应、落实免费通行政策，每年"三夏"，全国大约 50 万台农民自购的联合收割机便自发地南下北上跨区作业，解决了全国 80% 以上的机械化收割问题，2012 年全国农业机械化服务经营收入达到 4 800 亿元，实现了农民、机手和政府的多赢。国际经验表明，西方发达国家农业服务业人口比重都较高。美国农业人口占全国人口比重只有 2%，而为农业服务的服务业人口占全国人口比重高达 17%～20%，一个农民身边平均围绕着八九个人为他服务。为农服务的企业完全可以做大做强，从美国种业发展就可见一斑，全美涉及种子业务的企业有 700 多家，其中种子公司 500 多家，既有孟山都、杜邦先锋、先正达、陶氏等跨国公司，也有从事专业化经营的小公司或家庭企业，还有种子包衣、加工机械等关联产业企业 200 多家。2010 年，孟山都销售收入 105 亿美元，其中种子及生物技术专利业务 76 亿美元，除草剂业务 29 亿美元；杜邦先锋销售收入 315 亿美元，其中种子业务 53 亿美元；先正达销售收入 116 亿美元，其中种子业务销售收入 28 亿美元。可见，我国为农业服务的服务业蕴藏着巨大的潜力。我们必须下大功夫挖掘这一潜力，开拓这一市场，千方百计引导大企业大公司下乡发展各类为农服务的服务业。未来我国应加快构建以公益性服务、经营性服务和自助性服务相结合、专项服务和综合服务相协调的新型农业社会化服务体系。

五是适合工厂化生产的种养业规模化。工厂化农业也称设施农业，它是利用现代工业技术装备农业，在可控环境条件下，采用工业化生产方式，实现集成高效及可持续发展的现代农业生产与管理体系。用工业化的生产方式代替传统小农生产方式，可以有效地利用现代工业技术和设施装备农业，使农业生产摆脱自然环境与条件的束缚，利用现代工业化的管理和生产手段从事农业生产，提高劳动生产率和土地产出率，使资源得到合理、高效利用，使农产品的市场占有率大大提高。目前，我国工厂化农业规模较小、科研和技术应用水平还较低、管理水平也亟待提高。世界上有一些工厂化农业比较发达的典型范例，比如荷兰温室园艺已形成一个具有相当规模的产业，利用有限的资源带来无限的财富令世人瞩目，值得我国学习。20 世纪 90 年代以来，荷兰每年以花卉为主的农产品净出口值一直保持在 130 多亿美元左右，约占世界农产品贸易市场份额的 10%，居世界第 3 位。整个花卉业提供了 57 000 个全日工作岗位，同时还为供应公司制造了 15 000 个全日工作岗位。以色列的设施农业在世界上最负盛名，北欧一些国家的温室蔬菜也是后起之秀。我国山东寿光，自 20 世纪 80 年代以来，选准设施蔬菜作为带动农民增收的主导产业常抓不懈，目前年产蔬菜 400 万吨，拥有全国最大的农产品物流园，产品除销往全国各地外，还出口至日、韩等，成为国家级"出口食品农产品质量安全示范区"，是著名的"中国蔬菜之乡"。从现代农业发展趋势看，我国完全能够走出一条适合中国国情，具有中国特色的摆脱环境控制的工厂化农业发展之路。大力发展设施高效农业，加大农业物联网技术应用力度，着力扶持一批工厂化蔬菜、瓜果、花卉、畜产品、水产品等设施技术和产业建设的发展，应是我国现代农业的重要着力点。但对于畜产品、水产品等养殖业应充分考虑环境的承载力，发展适度规模的工厂化经营，不可超越当地环境的净化能力盲目扩容。

（本文原载于《中国发展观察》2013 年第 3 期）

应在我国传统农区建立
现代农业综合试验区

借鉴国家在改革开放之初建设"经济特区"的成功做法，在中国中部选择一片传统农区作为样本单位，建立一个现代农业综合试验区，进行现代农业发展的系统性、综合性、全域性试验，具有重要的现实意义和实践价值。

我国目前已进入加快改造传统农业、走中国特色农业现代化道路的关键时期。建设现代农业，尤其是在中国传统农区建设现代农业没有现成的模式可循。因此，在中国中部选择一片上万平方公里、数千村庄、几百万人口的传统农区设立现代农业综合试验区，积极探索发展现代农业的路径，意义重大，恰逢其时。

战 略 意 义

党的十七届三中全会作出了"三个进入"的基本判断，特别指出，我国目前正处在由传统农业向现代农业转变的关键时期，但如何发展现代农业尚没有现成的模式可循。所谓现代农业，简而言之，就是改造传统农业、不断发展农村生产力的过程，就是转变农业增长方式、促进农业又好又快发展的过程。它是涵盖一二三产，联结上中下游，开放度高、组织性强、规模化大的社会化大生产体系，是沟通并整合种养加、产供销、农工贸等各业形成有机整体的新结构和新机制。近年来，各地借鉴国外一些做法，就现代农业建设进行了一系列的实践探索，形成了一些试验典型。但总的来看，大多靠财政投资，不出效益或效益不高，多属于盆景式的，只具有观赏性，其经验和模式也难以在面上普及和推广。且大多为某一方面的单项试验，尚未形成配套效应和集成创新。东北、西北等地建立的现代农业示范区，属于人少地多的欧美模式，与人多地少的中国传统农区情况迥异，很难产生示范效应。因此，借鉴国家在改革开放之初建设"经济特区"的成功做法，在中国中部选择一片传统农区作为样本单位，建立一个现代农业综合试验区，进行现代农业发展的系统性、综合性、全域性试验，对于加快由传统农业向现代农业的转变，不断创新现代农业体制机制，探索中国未来现代农业发展之路，具有重要的现实意义和实践价值。谋一域是谋全局的基础，只有谋好一域，才能谋好全局。

设立现代农业综合试验区，是积极探索符合中国国情的农业现代化道路的迫切需要。从世界现代农业发展看，农业现代化主要有人少地多的欧美模式、人多地少的日韩模式。中国农村村庄散乱，土地零碎。中国农业家庭承包分散经营，且人多地少。中国农民文化素质不高，组织化程度较低。几十年的城乡二元结构，导致城乡差距仍在拉大。这就决定了中国现代农业建设不能走欧美化道路，也不能照搬日本、荷兰、以色列模式，片面强调以资本和技术替代土地、水等稀缺资源的高投入、高集约。中国的现代农业发展，必须立足于国情、农情，通过综合试验区的先行试验，探索出一条适合中国实际的现代农业发展道路。

设立现代农业综合试验区，是突破现代农业发展瓶颈的迫切需要。我国目前正处在由传统农业向现代农业转变的关键时期，各地在一些主要领域进行了实践和探索，但总体上没有大的突破，根本原因是制约现代农业发展的一些矛盾没有得到解决。比如农产品增值需求与加工流通环节薄弱之间的矛盾，土地集约化需求与农户分散经营之间的矛盾，农业科技需求与劳动力整体素质较低之间的矛盾，农产品质量安全需求与相应配套设施运转之间的矛盾，农业资金需求与金融服务滞后之间的矛盾，现代农业整体推进与条块分割之间矛盾等纵横交织，形成了制约现代农业发展的瓶颈和障碍。在诸多问题中，最突出的是发展现代农业的政策措施相互脱节，农业生产加工销售之间相互脱节，制度创新与产业发展相互脱节，各项政策实施不配套不同步，使资源配置难以优化，土地产出率和劳动生产率难以提高，影响和制约了农业现代化的进程。要破解制约现代农业发展的瓶颈和障碍，必须通过现代农业综合试验区先行试验，才能不断探索出具有我国特色的现代农业建设的新模式。

设立现代农业综合试验区，是加快建设传统农区、促进区域协调发展的迫切需要。中国的传统农区，在发展中遇到的难题都带有共性，人口多、农业大、工业弱、基础差，缺乏工业化和城市化的支撑，发展相对困难。加快发展现代农业，加速中国小康进程，重点和难点在传统农区，最大的潜力也在传统农区。如何在工业化、城镇化基础薄弱的传统农区，建设现代农业，迫切需要通过综合试验，探索路线，寻求方法，以便总结推广。因此，设立现代农业综合试验区，对于发挥传统农区的资源优势，促进产业优化布局，加快传统农区振兴，统筹城乡协调发展，具有十分重要的示范带动效应。

总 体 构 想

（一）指导思想

建设现代农业综合试验区，应以科学发展观为指导，深入贯彻落实党的十七大和十七届三中全会精神，坚持工业反哺农业、城市支持农村和多予少取放活的方针，以生产社会化、农民合作化、城乡一体化为方向，以探索传统农区发展全域性现代农业为目标，以"四性" 18 项建设试验为抓手，充分发挥基层的首创精神，着力加快农业科技进步，加强农业物质装备，促进三次产业联动，健全农业服务体系，改善农业生产条件，努力建成粮食生产重点区、林果产业示范区、畜牧产业发展区、生态环境友好区、乡村建设样板区、制度创新先行区，为传统农区建设现代农业积累经验、探索路径、作出示范。

（二）基本原则

现代农业综合试验区建设应遵循以下主要原则：

——"四性"建设原则。"四性"建设是指现代农业的基础性、现代性、可持续性和组织性四大建设，是现代农业建设的主要内容。基础性建设主要包括优化城乡空间布局、加强农业基础设施建设、培育新型农民等内容，是现代农业建设的基本条件；现代性建设主要包括用现代经营方式改造农业、用现代物质条件装备农业、用现代科学技术引领农业、用现代服务体系提升农业，并实现一二三产联动等内容，是现代农业建设的核心环节；可持续性建设主要包括保障粮食安全与农业增效相统一、保护耕地与保障地方经济发展相统一、建设现代农业与保护生态资源环境相统一等内容，是现代农业建设的发展方向；组织性建设主要包括管理体制机制创新、发挥农民主体作用、引导社会力量广泛参与等内容，是现代农业建设的根本保障。

——集成创新原则。建设现代农业综合试验区的核心任务是消除制约农业和农村发展的制度性障碍，转变农业发展方式，解放和发展农村生产力。应在农业发展理念、要素配置、经营方式、服务体系、三产互动、合作经营、支持保护体系和管理方式等方面开展综合实验，推进集成创新。

——"三农"并举原则。农业、农村、农民问题是一个紧密联结、相辅相成的有机整体。必须按照"全域性"的理念，把发展现代农业与培育高素质农民、建设社会主义新农村结合起来，统一布局，整体推进，加快推进"三农"的互动发展、整体提升，实现现代农业大发展、农村面貌大改变、农民生活水平大提高。

——城乡统筹原则。建设现代农业实质上是以工业化理念改造传统农业、以城市文明带动乡村文明。传统农区建设现代农业，最突出的困难是工业化、城镇化水平较低，带动力弱，城乡二元结构依然突出。应把构建城乡经济社会发展一体化新格局贯穿始终，坚持以工促农、以城带乡、优势互补、协调发展，在统筹城乡上取得重大突破，给现代农业发展注入新的动力。

试 验 重 点

围绕现代农业的基础性建设、现代性建设、可持续性建设和组织性建设，重点开展以下18项试验探索：

（一）现代农业的基础性建设

1. 开展传统农区城乡统筹规划布局试验。在传统农区，普遍存在村庄布局散小、建设无序、村庄建设缺乏整体统一规划等问题，严重制约了城乡良性互动。如何在工业化、城镇化水平相当滞后的传统农区，走出一条城乡统筹之路，已经成为迫切需要解决的命题。实施城乡统筹规划，是加速经济融合、加快城乡要素流动、实现现代农业空间定位的基础性工作。应以在全国范围内开展的新一轮土地总体规划修编、新农村建设规划为契机，通盘谋划实施统筹城乡发展的各类规划，明晰主城区、副城区、中心镇、中心村、居民点的功能定位，将现有的自然村调整为相对集中的农村中心村和集中居住的居民点。统筹城乡产业布局，促进城乡各类资源要素合理流动。

2. 开展土地整治和适度规模经营试验。加快农村土地整治，是当前扩大农村内需、促进经济发展的重要手段，也是消除城乡二元结构、解决经济社会发展结构性矛盾的重要平台。应抓住新一轮修编土地利用总体规划的良机，以开展农村土地整治和城乡建设用地增减挂钩为平台，把试验区列入国家农村土地整治整村推进试点，结合旧村改造、"三废"开垦等，做好田、水、路、林、村、房综合整治。积极稳妥地加快土地流转，是实现现代农业适度规模经营的基本途径。探索推进土地经营权流转的新办法，促进土地向龙头企业、科技大户和种田能手适度集中，尤其要积极探索"家庭小农场"发展模式，提高农业经营的管理水平。

3. 开展农业基础设施建设新机制试验。家庭经营背景下，农业基础设施普遍老化失修，抵御自然灾害能力降低，已成为制约传统农区农业发展的瓶颈障碍。走中国特色农业现代化道路，大力加强农业基础设施建设是基本前提。一是全面开展一事一议财政奖补试点，调动各方面社会力量，加强农村基础设施建设。二是积极推进小型水利设施产权制度改革。对于小型水库、机电泵站、乡村供水工程等小型水利设施设备，采取股份合作、拍卖、租赁、承包等形式，以进一步明晰产权，落实管护责任，鼓励社会力量投资小型水利。三是开展各级政府事权合理划分的试点，明确各级责任范围，建立刚性约束机制，逐步实现支农事权与财权的统一。通过以上体制创新，加快实施一批中小河流治理工程和中低产田改造项目，力争用五年时间基本实现全域性旱涝保收。

4. 开展培育农村金融本土力量试验。当前，农村金融体系残缺，资金外流、服务退化，资金"瓶颈"成为制约农业农村发展的"死结"。应坚持引导、鼓励、保护、支持的政策方针，构建多层次、广覆盖、可持续的农村金融新体系，让"商业性金融伸腿下乡、政策性金融普照阳光、合作性金融快速成长"。其中，关键是大力培育农村金融的本土力量。一是大力培育资金互助组、资金合作社、小额贷款、担保公司和村镇银行等本土金融组织。二是大力培养本土金融人才。有关部门定期开展培训，注重引进人才。三是创新贷款担保方式，推行大型农用生产设备、林权、水域滩涂等使用权抵押贷款，以盘活农民资产。四是全面开展政策性农业保险试点。按照政府引导、政策支持、市场运作、农民自愿的原则，扩大农业政策性保险试点范围，并鼓励龙头企业、中介组织帮助农户参加农业保险，逐步建立完善农业保险体系。

5. 开展新型农民教育培训资源整合试验。建设现代农业的主体是农民，建设现代农业必须全面提高农民的综合素质，培育有文化、懂技术、会经营的新型农民。一是探索教育培训资源整合的有效机制。整合各类资源建设培训体系，建好一所农民职业教育培训学院，在每个县区建设一所分院。不断创新政府主导型、协会帮带型、职校助推型和企业自主型等培训方式，形成以政府投资办学为主体、各种办学形式共同发展的新格局。二是农民培训目标瞄准机制。以农民创业培训、新型农民科技培训和农村劳动力转移培训作为主要方向，实地调研农民培训需求，实行"按需下菜单"，提高培训精准度和实效。注重农村人力资源的开发，特别是重点培育"效益百万、经营千亩、服务万亩"的经营大户和农民企业家。三是政府、企业和个人共同负担的投入机制。全面落实农民中等职业技术培训全免费政策。各级财政应加大对农民职业培训的经费投入，将农民培训经费列入财政预算并逐年有所增加。同时，鼓励和支持农业龙头企业、民办培训机构参与农民培训工作，建立多元化投入体制，解决农民教育培训经费不足的问题。

（二）现代农业的现代性建设

6. 开展构建农业科技推广新体系试验。现代农业首先需要科技创新体系的强力支撑。当前，基层农业技术推广体系存在着体制不顺、机制不活、队伍不稳、保障不足，以及多元化服务组织发展滞后等问题，加快构建农技推广新体系成为当务之急。一是依托产业发展，重构产学研结合的研发体系。依托国家、省市农业院校、科研机构及龙头企业，建立区域性现代农业科技研发中心，争取国家建设现代农业科技研发实验等政策支持，扶持和鼓励大型农业产业化龙头企业发展研发机构，加快支柱产业的共性技术、关键技术的研发攻关和推广应用。二是探索农业技术推广和服务的新途径。培育多元农技推广服务主体，大力支持社会力量广泛参与。依托政府农技推广队伍的主渠道，建好市、县、乡现代农业技术推广中心，大力推进先进适用技术成果入村入户。三是建立灵敏高效的植保植检、动物防疫体系。建设区域性动植物疫病防控中心，完善重大病虫害监测预警防治、农药兽药安全使用与质量监控、动植物保护技术支撑系统，提升预防、测报、扑灭各种动植物疫病能力。

7. 开展提升现代农业物质装备水平试验。农业物质技术装备水平是衡量现代农业发展程度的重要标志。提升现代农业物质装备水平，可以大幅度提升土地产出率、资源利用率和劳动生产率，提高粮食综合生产能力。一是加速农业机械化装备建设。启动农业机械化推进工程，全过程、高层次推进粮食生产机械化，耕种收综合机械化水平达到85％以上；果蔬产区突出发展贮运、包装、加工机械化。探索建立以基层农机服务组织为龙头、种养大户为主体、农机户为基础的农机服务体系。二是加强农业气象灾害监测、预报和气象灾害预警等技术开发及应用。建立农业气象灾害监测预警系统和气象灾害评估机制，完善农业气象信息平台建设，切实提高气象灾害预防能力。三是加快信息网络软硬件设施的更新换代。加强各种农业适用数据库的研制与开发，办好农业专业网站，及时为农业发展服务。构建现代农业信息服务平台，解决好信息进村入户"最后一米"的问题。四是促进设施农业发展。多渠道增加设施农业投入，不断加强设施农业基础设施、机械装备和生产条件的相互适应与配套，努力拓展设施农业生产领域。

8. 开展农产品加工业跨越发展试验。农产品加工业是现代农业体系的核心环节，是传统农区发展现代农业的主攻方向。应结合本地的资源优势，围绕支柱产业，实施农产品加工业跨越发展工程。一是培育产业集群。围绕本地农业资源优势，有重点地培育一批农产品加工产业集群，重点建成果蔬食品精深加工产业链、粮食精深加工产业链、畜禽食品产业链、林木加工产业链等。二是壮大龙头企业。扶持壮大一批技术创新能力强、产业关联度大、辐射面广、带动力强、具有国际竞争能力的现代化农产品加工龙头企业。积极创造条件，改善投资环境，大力吸引工商资本、外来资本、民营资本介入农产品加工示范基地建设，谋划一批大型农产品加工项目，提升一批龙头企业档次，加快龙头企业做大做强步伐。通过资产兼并、收购等形式整合资源，推进龙头企业实现低成本扩张，提高它们在国内外市场上的竞争能力。选择一批大型农产品加工企业，帮助它们与国内外知名农产品加工企业在市场、资金、产品、技术上的对接，建立一批高水平的中外合资合作企业。三是鼓励扶持创业。把农产品加工作为试验区基地建设的扶持重点，在专项资金扶持上给予倾斜。同时，积极引导工商资本、民营资本创建农产品加工创业基地，催生一批从事农产品加工的中小企业，并帮助其不断发展壮大。

9. 开展建立农产品现代流通体系试验。农产品现代流通体系是建设现代农业的重要内容。一是完善生产资料供给服务，大力培育、引导农资连锁经营。二是加快农产品专业批发市场建设，发展新型流通业态，推行"超市＋合作经济组织＋基地"等经营模式，形成多主体、多载体、多形式的农产品营销网络。在周边城市及全国主要大城市建立绿色农产品标准店，搭建"米袋子""菜篮子"直通车，实现农产品生产基地与大型超市的无缝对接。三是发展农业电子商务，引导各类市场主体上网交易。四是创新粮食流通新模式，组建粮食银行，促进农业增效、农民增收。

10. 开展农民互助合作试验。推进农民互助合作，是实现农业现代化、农民利益最大化的有效途径。加快发展多层次、多环节，涵盖生产、加工、流通、服务等领域的多种形式农民互助合作，规范合作组织内部管理，使农民结成紧密的利益共同体，提高农业生产的组织化程度。大力发展产销合作型、与龙头企业对接型、产加销一体型和农村专业服务型等多种形式的农民专业合作，力争用 5 年时间，使每个农户参加 1 个以上的合作组织。积极开展农民合作社信用合作试点。因地制宜探索农村土地股份合作制形式，推进农户以土地承包经营权作价出资的新型农民专业合作社，以激活农田里的"富农资本"。

（三）现代农业的可持续性建设

11. 开展建立农村三次产业联动机制试验。发展农业产业化，实现三次产业联动，是现代农业可持续发展的根本出路。围绕当地支柱产业，把农业变成产业链的第一车间，向前后延伸，使三次产业相互渗透，形成以农业为基础，涵盖加工、包装、流通、仓储、运输、销售及出口的综合性生产体系。探索加工龙头企业带动型、产地批发市场带动型、专业合作组织带动型、专业大户带动型和科技园区带动型等多种形式，促进产业组织形式多样化。积极探索产业化龙头企业与农户的利益联结机制，逐步向利益返还机制过渡，由松散型变为紧密型。

12. 开展农业生产全程标准化建设试验。农业标准化过程，是以现代工业理念谋划和建设现代农业的过程。实行从农田到餐桌的全过程控制，逐步实现农业产品标准化、生产过程标准化和生产环境标准化。以当地特色产品为重点，建设一批区域特色鲜明的优势农产品标准化生产示范基地、示范企业、示范市场，实现良种、成套技术规程、产品质量的标准化。按照 GMP、HACCP、ISO 9001 等标准体系完善生产各个环节，加强环境监控，加强可持续生产技术的开发应用。加快农业标准化示范区建设，推动龙头企业、农民专业合作组织和专业大户率先实行标准化生产。

13. 开展品牌农业试验。发展品牌农业是增强农产品市场竞争力，提升农业产业整体效益，建设现代农业的必由之路。制定品牌发展战略规划。加快发展无公害农产品、绿色食品和有机农产品，加快产地认定和产品认证步伐，提高品牌农产品质量。增强企业、农民专业合作经济组织、经纪人、农户等生产经营主体的商标意识，鼓励支持农产品商标注册，促进农产品品牌上市。制定科学的品牌发展规划，加强品牌整合，大力推广"品牌＋农民专业合作社（农业龙头企业）＋农户"的新型农产品营销模式，提高产品市场竞争力。

14. 开展生态循环农业试验。提高耕地质量，实施土壤培肥工程，指导农民科学使用化肥、农药，实行农业生产废弃物无害化处理和资源化利用。加大农产品产地环境保护、净化力度，促进农业可持续发展。依托龙头企业发展粮食转化、秸秆综合利用、废弃物利用循环产业链，探索生物系统内物质转化和能量多级利用的复合生产模式，发展果-草-牧、猪-沼-菜等循环经济。建设利用林业加工废料、畜牧业生产废弃物、农作物秸秆的发电项目，探索解决传统农区秸秆焚烧污染的新途径。

15. 开展强化农产品质量安全保障试验。保障农产品质量安全是我国现代农业发展的重要任务。一是建好农产品质量检测网络体系。整合有关部门检测机构的技术力量和设备，建立农产品质量监督检验中心，并成立县区级农产品质检站，建立和完善市、县、乡三级农产品质量检测网络。二是抓环境监测。在重点区域设置监测点，加强农产品产地安全变化动态监控，保证产地环境安全。三是实施农产品质量安全全程监管，突出抓好投入品监管、农产品生产管理和服务，农产品产地准出和市场准入管理，杜绝不合格的产品进入市场。四是经常开展对农民进行质量安全知识和技能的教育和培训，不断提高农民的自律意识。

（四）现代农业的组织性建设

16. 开展现代农业管理体制创新试验。现行的农业管理体制已难以适应现代农业建设需要，应加快体制机制创新，逐步消除制度"瓶颈"约束。建立综合统一的农业管理部门，加强农业内部的各个产业、农业生产的各个环节，以及所有与农业和农村经济发展密切相关的管理和服务工作的有效管理和协调。聘请国家和省相关部门及科研院所领导和专家组成现代农业建设专家咨询委员会，加强综合指导。按照科学发展观的要求，探索建立现代农业发展的目标考核机制。加强对各项涉农政策及资源的整合，创新现代农业发展的多元投入机制，积极探索财政贴息、投资参股、以物代资、以奖代补等行之有效的投入激励机制，引导信贷资金、民间资本投入现代农业建设。打破行政垄断和地区封锁，营造平等竞争、规范、有序的发展环境，最大限度地降低农业发展的环境成本。

17. 开展发挥农民主体作用引导机制试验。充分发挥农民在发展现代农业中的主体作用，引导农民发扬自力更生精神，克服等、靠、要的依赖思想，增加生产投入和智力投入，提高科学种田和集约经营水平。培养农民的合作意识、诚信意识和契约意识。结合新农村建设，逐步引导农民重构生产生活方式。引导农民结合自身的情况，积极投入种养、加工、服务、储运、销售等环节，增加家庭经营收入和劳务收入，增强自身发展生产的经验和技能，真正成为现代农业的建设主体。

18. 开展社会力量参与机制试验。运用多种手段，积极引导各种社会力量投入现代农业建设，逐步形成多主体、多层次、多渠道农业投入稳定增长的体制机制。引导农业企业高起点投入农业发展，注重运用现代工业的发展理念、生产方式和经营手段来开发建设高效农业。社会组织、大专院校、科技机构、个人等是现代农业建设的重要力量，应综合运用税收、补助、参股、贴息、担保等手段，为社会力量投资建设现代农业创造良好环境。

实 施 方 法

现代农业综合试验区建设，应实行点线面结合，先在点、线上取得突破，然后以点为范、以线为纲、全面推开，通过点线面结合发展的融会贯通，实现整体创新与重点突破，全面提升综合实验区现代农业发展层次。

（一）"以点为范"

即在一个核心试验园区，全面实施"四性"建设，探索现代农业制度建设的方法、步骤和途径等。在综合试验区范围内，选择交通、水利、土壤、电力、产业等条件较好的县、区，设立现代农业核心示范区。重点围绕"四性"建设的18个子项，进行建设现代农业的全面性、综合性的产业体系创新和体制机制试验。鼓励在核心试验区大胆试验，率先突破，再向更大的范围逐步推开，从而带动、示范、辐射农业支柱产业和现代农业的可持续发展。

（二）"以线为纲"

即以传统农区的粮食、畜牧、林木、果蔬等主导产业为主线，遵循产业经济发展规律，逐步探索全过程的标准化、产业化、组织化，完善现代农业产业体系。

（三）"全面推开"

即在全试验区范围内普遍推开，探索在传统农区建设全域性现代农业制度的体制机制。力争把现代农业综合试验区建成在我国传统农区有代表性、有显示度、有辐射力的现代农业生产基地、现代农民职业教育培训基地、农产品区域物流基地和具有重要影响的农业科技创新基地、现代农业制度创新"试验田"，试验区示范带动作用进一步发挥，成为在中部地区乃至全国的现代农业示范样板。

建　议

1. 建议国家在中部地区的传统农区选择一个典型市，率先设立现代农业综合试验区，先行开展上述18项试验，以总结经验，逐步推广。

2. 国家和省应成立有关部门和专家参加的专门班子，针对现代农业综合试验区建设予以工作指导和政策扶持。通过采取投资税收减免、再投资返还等方式，对农副产品加工及其高技术产业实行税收优惠；对重点龙头企业从事种植业、养殖业、农林产品加工等可缓征企业所得税；调整龙头企业用电、用水价格；增加财政转移支付和专项支付规模，加大对试验区支柱产业发展和基础设施等方面支持。允许对涉农项目资金进行整合并打捆实施。

3. 在项目、资金等方面给予重点倾斜。凡是国家、省投资或需要国家、省核准的重点涉农产业项目，以及相关科技项目等，应优先考虑安排在综合试验区。对试验区确定的高新技术农业、农产品精深加工、基础设施建设等重大项目，优先列入省级重点项目。对食品安全、农产品质量监测、动植物疫病防控体系建设等项目方面，给予重点倾斜，并在土地整理、环境治理、农田水利及新农村建设等方面给予重点支持。

4. 试验区所在地党政领导分工负责，强力推进。按照 18 个子项要求，每人各领一班人马，各抓一项试验，定期召开碰头会，通报进度，协调工作。

（本文原载于《中国发展观察》2009 年第 10 期）

从土地到金融：农村改革再突破

中国农村改革的动力来自农民生生不息的创业精神。这种创业精神磨砺于计划经济时期有限的制度空间，激扬于第一轮农村改革的土地新政，受制于近年的农村金融困局。当前，一个普遍性的规律是，投资兴业、创造财富已经从"土地时代""设施时代"跃进到"金融时代"，金融正逐步取代土地、取代设施成为新时期财富创造的主要载体。如何培育农村金融，使农民的创业能量在新的历史条件下找到释放空间，是新一轮农村改革亟待解决的关键问题。

一、农村改革创造奇迹的逻辑起点

计划经济时代一直残存着允许农民在一定范围内自由创业的狭小空间。自留地、自由饲养畜禽和自由市场的存在，使家家都有一块面积很小的可以自由耕种的土地，家家都可以饲养几只家禽家畜，也可以到农村集市上出售少量农产品。在这个十分狭小的制度空间里，农民见缝插针、有地立木，顽强开拓着自己的生存环境。尤其在"两个挤压"和"一个激励"的作用下，这种开拓创业精神愈益强劲。所谓"两个挤压"：一是自身生存需求的挤压。生产队分的粮食不够吃，必须另觅途径，自留地和一定限度的自由养殖便成了农民自由发挥的空间；二是制度的挤压。自留地、自由养殖、自由市场的自由量受到基层干部严格限制，自留地耕种的时间只能是早起、夜晚或饭前饭后等集体出工的空档间隙，耕种、浇灌等完全靠人力，更不提供种子、化肥、农药等生产资料；自由养殖的场所、数量受限；农产品进入自由市场的品种、数量、价格和时间也受到严格限制。"一个激励"就是农民通过与"两大挤压"的对抗，能够获取比大田产量高出数倍的可喜成果，这些成果不断点燃着农民创业的激情。

"两大挤压""一个激励"是农民在计划经济的夹缝中极尽发挥积极性、创造性和主观能动性的动力源，是农民创业精神得以铸炼锻造的大熔炉。

从社会管理层面看，中国农村改革的成功源于家庭承包经营的制度伟力，这毋庸置疑。但制度只是提供了一个相对宽松的环境和条件，是外因。而真正创造奇迹的根本则是内因，是几亿农民在有限的自由空间里"与天奋斗、与地奋斗、与人奋斗"的艰苦卓绝的实践，是他们在这一过程中长期磨砺的创业精神、创业潜能和创业经验。没有这些因素的累积叠加，奇迹难以发生。

可以说，在计划经济时代，中国农村有限的自由空间虽然狭小，但却始终孕育生长着一种求新求变的创业精神。这种生生不息的创业精神在时时刻刻应对各种复杂局面的过程中，锤炼了"魔高一尺、道高一丈"的生存本领，并不断积蓄着潜能。这一长期蕴藏的巨大潜能，一旦遇到合适的条件与环境，便由"星星之火"迅速扩展成"燎原之势"。因此，30年前中国改革从农村破题；30年后的今天，中国改革同样需要从农村突围。30年前把土地交给农民，农民的创业潜能得以充分释放；30年后，把金融交给农民，农民的创业精神才有用武之地。

二、从土地到金融，农民创业再突破

中国农村第一步改革的成功，就是为农民发挥创业精神、释放创业潜能找到了土地这个载体。土地承包、家庭经营使农村生产力得到空前解放。农民解决了吃饭、穿衣问题之后，拥有了更多的剩余时间、剩余劳力，积累了更多的剩余产品、剩余资金，开启了"离土不离乡"的创业之路，由此衍生出20世纪80年代至90年代乡镇企业异军突起、占据国民经济半壁河山的宏图伟业，使中国工业化的道路发生历史性转折。

在中国农民的创业载体悄然由土地向金融发生转变的进程中，来自农村本土的两股金融力量极大地左右了农民创业的兴衰成败：一是乡镇政府控制下的信用合作社。乡镇企业萌生于计划经济体制时代，其间国家对金融机构一直实行行政管制，由于部门利益排斥，国家给乡镇企业规定了一个非常小的贷款配额。二是迅速发展壮大的农村合作基金会。自 20 世纪 80 年代农村合作基金组织试办以来，全国农村合作基金会融资规模迅速扩大，对解决农民生产资金短缺，增加乡镇企业融资做出了很大贡献，弥补了农村正式金融机构的不足。两种力量相互交织强化，共同为广大农民创业打造出崭新平台，不断助推着乡镇企业初期的发展与扩张。据统计，在 1981—1985 年和 1986—1990 年两个时期，乡镇集体企业总投资分别为 837 亿元和 2 436 亿元，其中来自银行贷款和商业信用的资金分别占到 55.54％和 53％。

然而，自 20 世纪 90 年代末以来，四大国有商业银行全面退出县及县以下地区，农村信用社普遍存在的产权不清晰、法人治理结构不合理、内部人控制、不良资产比例较高等问题愈发突出，金融机构支农功能严重退化，"非农化""城市化"倾向日益明显。与此同时，全国于 1999 年 1 月宣布统一取缔农村合作基金会，各地闻风而动，致使全国约 4.5 万家乡村两级的农村合作基金会停业关门。由此，中国农村金融机构深陷生而不长、存而不活、逐步退化的尴尬境地，资金成为农村最稀缺的资源，资金短缺成为制约农民创业的死结。据统计，目前全国还有 2 868 个乡镇没有任何金融组织，8 000 多个乡镇只有一个金融组织，全国农户贷款覆盖率还不到 10％。在资本全球化的背景下，在"金融为王"的新时代，在货币强力左右资源重组的现实中，农民的创业精神、创业潜能找不到释放载体和施展平台，只能左冲右突，进而带来一系列经济社会问题。

首先，"钱荒"无法就地创业。当前农村一面是发展资金奇缺，专家测算每年缺口达上万亿元；一面却是社会闲散资金过剩，农村的增值收益剩余基本被各类金融机构抽走而流向城市，有关方面预测每年流向城市的资金达七八千亿元。贷款融资难使农村中小企业、农民合作经济组织、农村个体经营户等市场主体和广大农户面临着严重的"钱荒"。缺少金融"动脉"的农村经济发展无所依托，资金投入匮乏所衍生的"三农"问题愈演愈烈。由于有效投入不足，农民从事农业生产、发展现代农业的积极性严重受挫，只能粗放经营或抛荒土地。由于资金短缺，农村如火如荼的创业热潮逐渐消退，乡镇企业数量锐减。以我国中部某省为例，20 世纪 80 年代中后期每千人拥有乡镇企业数为 22.8 个，到了 90 年代末这一数字减少到 14.1 个，减少了 8.7 个。

其次，务工引发诸多社会矛盾。在农业生产回报率低下、农村二三产业发展徘徊不前的背景下，农民求生存、图发展的出路逐渐转向外出打工。但是大量劳动力的市场需求不在农村，而在那些金融资本牢牢盘踞、外来资本不断注入、二三产业加速发展的沿海地区、大中城市，这些地方便成为农民外出打工的汇聚之地。今天，这个流动的群体已达近 2 亿之众。农民工恶劣的工作环境、过低的生存质量和微薄的收入保障，不仅造成了他们心理上的疏离、失落，生活上的"假城市化""被边缘化"，也对有限的城市基础设施和公共事业带来极大冲击，为城市和谐发展埋下巨大的社会风险。与此同时，随着青壮劳力背井离乡，建设新农村的有生力量日渐衰微，留守老人、妇女和儿童问题十分突出，农村社会治安与稳定也遭遇严重挑战。世界经验表明，任何国家、任何产业，在地理空间上最能流动的因素是资金、技术、机器设备，而不是劳动者。而一旦有了金融支持，中国农民创业潜能的释放就找到了载体，他们就可以就地创业，进而就地城镇化。

再者，产业转移严重受阻。自 20 世纪 90 年代亚洲金融危机以来，全球劳动密集型产业开始大量向中国转移，沿海地区作为中国改革开放的"桥头堡"成为承接转移的先发地带。时至今日，中国工业化在量上的扩张基本得以实现，目前已经进入生产技术革新、产业结构升级的关键时期。沿海地区作为工业化的火车头亟须率先调整优化产业结构，完成从"中国制造"向"中国创造"的跨越，实现从"装备中国"到"中国装备"的飞跃，进而推动劳动密集型产业溢出，逐步向广大中西部地区梯度转移。但一个反规律的现实是，这种转移迄今未能实现，沿海地区一面向"高、精、尖"领域进军，研制生产现代高科技产品；一面仍未放弃生产劳动密集型产业，鞋子、玩具、服装等加工企业依然遍地开花。显而易见，导致这种现象的主要原因，一是有中西部源源不断供给的大批廉价劳动力的强力支撑，二是中西部广大农村承接产业落地的综合条件不佳，尤其是在现代产业发展中，金融土壤的贫瘠是最关键的因素。

第四，农村改革困局难破。30年农村改革的一条成功经验就是"摸着石头过河"，今天农民长期积淀的创业精神由于金融阻隔无处发挥，没能给农民这个"英雄"群体找到可供发挥的用武之地，这是近年来农村改革难破困局的关键所在。

人类文明进入后工业时期，货币越来越成为配置资源、集聚财富、拉动经济的主角，大到国家、商界，小到家庭、个人，执资本之牛耳取胜者，成例比比。在这种背景下，任何地方都不可能置身其外。而有着八九亿人口的我国农村，却偏居一隅，处于这场变革的真空地带。长此以往，中国农民这个占世界人口七分之一的庞大群体将越来越被全球化的经济边缘化。如果说，中国农村第一步改革因时而动，从土地切入，充分释放了农民的创业潜能，促进大发展；那么，新一轮农村改革应顺势而为，从金融着手，重新构筑起农民创业的舞台，再造新辉煌。虽然土地是农民创业的直接载体，而金融是间接载体，但它却是必须逾越的致命障碍，不过此关，创业就无从谈起。有之"不必然"，无之"必不然"。

三、着力培育农村金融的本土力量

当前，中央高瞻远瞩，为培育农村金融制定了明确的政策措施。党的十七届三中全会和2009年1号文件指出，"创新农村金融体制，放宽农村金融准入政策，加快建立商业性金融、合作性金融、政策性金融相结合，资本充足、功能健全、服务完善、运行安全的农村金融体系"，"规范发展多种形式的新型农村金融机构"，"鼓励发展适合农村特点和需求的各种微型金融服务"，"规范和发展民间借贷"。对商业性金融而言，关键是要引导其调整经营策略，瞄准不同需求群体，发挥其资金、网络和专业等方面的优势，创新金融产品和服务，在支持农村经济发展中实现自身发展。政策性金融则要主动融入财政支农体系，改变长期以来支农资金使用分散、效率低下的局面，以利息补偿、风险补偿等形式，支持农村金融机构扩大对农民专业合作社、中小企业和龙头企业的信贷规模，发挥财政支农资金使用的乘数效用，变财政"输血"为金融"造血"。除此之外，更为重要的便是要启动增量改革，着力培育农村金融的本土力量，放手发展适合农村需求特点的各类新型金融组织，尤其要下大功夫引导农户发展以乡村"熟人社区"为边界的小规模资金互助合作组织。

农村金融的本土力量包括三个方面：一是本土组织力量，即发展区域性资金互助组、资金合作社、小额信贷担保公司以及村镇银行等互助合作组织。二是本土资本力量，即融通本地资金的需求与供给。如果不让资金拥有者拥有融通资金的权利，那就剥夺了他们所拥有的财产权的一半权利。因为财产权利有多种用途，我的钱我可以自己用，也可以借给别人用，如果不让他借给别人用，岂不是剥夺了他的另一半权利。当然，借给别人用不能违法，不能放高利贷，这是另外一个问题。三是本土人才力量，即培育农村金融人才。三股力量聚合构成农村金融的本土力量。与官办金融机构或传统金融组织相比，它具有以下几个特点：其一，自下而上生成。本土力量来自民间，扎根农村，是"草根金融"，他们的目标就是为本土服务。其二，充分利用熟人社会的道德约束力。农民千百年来聚族而居，世代相熟，特别重视血缘、亲缘、宗缘、族缘、人缘等人际关系以及由此衍化出来的非正规制度，"借债还钱、好借好还"等观念深入人心。农民的借贷行为，有现代契约关系的规范，在更大程度上来自传统的非正式制度的约束，它不仅具有"实物抵押品替代"的作用，而且还能产生违反约束将被熟人社会整体抛弃的可持续性威力，绝不可低估。其三，规模小。经营管理简便，易于初涉资本市场的农民进行操作。

实践证明，哪里的农村本土金融发育充分，哪里就有大发展。温州民间金融非常活跃，近三分之二的中小企业融资来自民间金融。可以断言，没有温州的民间融资就没有温州模式的诞生，就没有温州这么多大大小小老板的出现，就没有今天温州经济的繁荣活跃。印度农村基层各类金融服务组织有16万多家，农户借贷覆盖率达97.1％，因此带来印度农业的三次革命大获成功，一跃由"饥饿之国"成为农产品出口大国。孟加拉国的尤努斯创办了举世闻名的"穷人银行"，自1976年开业以来，已为数百万穷人累计提供贷款50亿美元，并针对贫困人群逐步开展了保险、电信、教育基金、房屋建设等各项业务。美国收视率最高的商业电视节目《晚间商业报道》与沃尔顿商学院联合在全球评选"过去25年中最具影响力的25位商界领袖"，尤努斯是唯一入选的亚洲企业家，评选机构说"他打造的孟加拉国经验在58个国家和地区得到应用，改变了数亿人的生活"。

相比之下，我国绝大多数农村地区自20世纪90年代农村合作基金会被砍掉之后，在发育本土金融方面普遍遭遇"体制性迟钝"，原因有三：一是监管部门不敢干。金融监管部门一直对农村合作金融组织心存戒备，十分担心它们"扰乱金融秩序"，对已经出现的合作金融组织也是查办多、扶持少，限制多、鼓励少。二是国有银行不愿干。以追求利润为经营导向和主要目标的国有银行，缺乏向农业、农民输送贷款的积极性。三是基层干部不想干。经历过农村基金会清理风暴的农村基层干部心有余悸、谈"钱"色变。同时发育金融运作复杂、进程缓慢、润物无声，调动积极性、培养人才、显现成效都需要一个相对较长的过程。

从大包干的星火燎原，到乡镇企业的异军突起，再到民工潮的波涛汹涌，一次次历史性的创举都已证明农民的创造能量是巨大的。而今，重构农村金融的历史使命已经摆在我们面前。十七届三中全会和2009年中央1号文件已经为培育农村金融本土力量提供了强有力的政策支撑，为满足农民资金融通需求、激发民间创业潜能营造了宽广的制度空间。各级政府及其金融监管部门应充分认识到，农村中正在发育的各类民间金融组织是农民像家庭承包经营制一样的又一伟大创举，虽在服务的范围、对象、作用等方面各有侧重，但基本上都是农民按照自愿、平等、互助、民办、民管、民用的原则组建起来的，与一般的民间借贷、地下钱庄有着本质区别。应进一步放宽金融制度对其发展的约束，充分赋予农民创新的合法性，给予农民足够的创新空间，担负起农民创新的成本和风险，真正从引导、鼓励、保护、支持的角度出发，"政策上放开、资金上扶持"，大力培育农村金融的本土力量：一是调整思路。既抓放活外资，也抓放活内资；既重视发展现代化、国际化的高端金融市场，为城市社会、工商社会和大中企业做好服务，同时又放手发展草根化、中国化的低端金融市场，为农村社会、平民社会和两亿农户做好服务，为乡村的草根创业搭建起一个发育的温床。二是做好两个对接，即大金融机构与小金融组织对接，如委托贷款等；财政惠农资金与金融机构支持"三农"信贷对接，如达到一定标准给予补贴。三是在中西部地区广大农村，政府应拨出专款用于启动资金，在村一级着力培育资金互助合作组织。四是对资金合作社、小额信贷担保公司和村镇银行等，金融部门应放宽准入、降低门槛，加强指导、帮助和支持，促其发展壮大，充分发挥其在解决农村融资问题、推动农村市场主体做大做强等方面的积极作用。五是目前出台的"农村资金互助社办法"某种程度上是金融部门办金融，不是农民办金融，起不到应有作用，应予修改。六是国家应加快出台《放贷人条例》，让民间借贷阳光化、合法化，克服民间借贷的灰色身份和无法监管的现象，使民间借贷健康发展。七是地方政府应把培育农村金融的本土力量作为基础性、战略性的系统工程摆上重要位置，精心组织，着力扶持，放手发展。尤其是县乡政府务必克服那种"用百米冲刺的速度去跑马拉松"的短平快增长心态。放宽视野，放长眼光，稳扎稳打，发育出成熟的本土金融力量，将是未来一个地区最具竞争力的核心产品。

（本文原载于《中国发展观察》2009 年第 6 期）

土地流转：热现象中的冷思考

土地流转是一个经济常态现象，它只能按市场规律产生需求与供给，人为地加快或放慢都是不符合科学发展观的行为，热炒的背后存在着明显的误区

一段时间以来，中国农村土地流转问题成为国内国际社会普遍关注的热点焦点。理论界有人发微探幽，旁征博引，力主加快；舆论界摇旗呐喊，擂鼓助阵，大炒典型；实践者摩拳擦掌，跃跃欲试。其实，我国的土地流转从家庭承包经营制度开始实施起，就一直在进行着，并且 1984 年中央 1 号文件明确提出鼓励耕地向种田能手集中，1993 年中央 11 号文件又提出依法自愿流转的原则，2003 年施行的《土地承包法》更专门在第五节中用了 12 条讲土地流转，这说明土地流转在政策上也一直没有任何障碍。十七届三中全会只是重申过去一直坚持的允许流转政策，并没有特别要加快推进的说法。而眼下突然把土地流转问题炒得如此发热，真不知从何说起！毋庸置疑，通过土地流转实现适度规模经营对于优化配置土地资源，加快产业结构调整，加速农村劳动力转移，拓宽农民增收渠道，具有重要的现实意义。但是土地流转是一个经济常态现象，它只能按市场规律产生需求与供给，人为地加快或放慢都是不符合科学发展观的行为，热炒的背后存在着明显的误区。

土地流转热的背后推手

1. 加快城市化进程的观念误区。一些人根据"富裕农民就是减少

农民"的大前提，从宏观的、理论的和逻辑的角度推理，得出"必须大搞规模化经营把农民挤出土地来适应城镇化进程"的结论。其实，城镇化进程有其自身的客观规律。从世界各国城镇化发展速度看，进入加速发展阶段后全世界平均每年城市化率增长的百分点为 0.336，其中发达国家为 0.356，发展中国家为 0.420。我国从 1978 年起开始进入城镇化加速发展阶段，比发展中国家晚了 28 年，比发达国家则晚了近 100 年，但增长速度却十分惊人。改革开放 30 年，我们的城镇化率从 1978 年的 17.9％提高到 2007 年的 44.94％，特别是近年我国城市化进程速度更快，2000—2007 年间，平均每年增长 1.263 个百分点。在进入城市化加速阶段后，城市化率提高 20 个百分点，我们只用了 22 年时间，而美国用了 80 多年，英国则用了 120 多年。我们的城市化已经是超速发展，再快将危机四伏，更何况我们有一亿多农民进了城，还没有享受到同等市民待遇，城市就已经难以承受了。如果再加大力度地推进土地流转，让 100 个人的地给一个人去种，那 99 个人到哪里去？干什么去？世界城镇化进程的经验表明，发达的农业是城镇化顺利发展的重要前提，人口城镇化要与农村经济非农化基本同步，要让农村地区分享现代文明成果，城乡才能不断裂。从城镇化的路径看，世界发达国家的城市化大都经历了三个过程，即城市二三产业发展的过程、农民变市民的过程和土地用途转移的过程。这三个过程只能按次序依次推进，不能颠倒。而我们的城市化正好倒过来，先扩张城市地盘，再让农民进城，然后发展二三产业。世界城市化进程中的经验还表明，劳动力的转移首先转移的是劳动生产率为零的那部分农村人口，而对劳动生产率大于零但低于城市的那部分人，则应适度渐进地转移，不可一哄而起，挤破城门。那种强调用加快土地流转来推进城镇化进程，是反经济规律的发展路径，必须审慎对待。

2. 建设现代农业的认识误区。现代农业是相对于只在一产中做文章的传统农业提出的概念，现代农业是包括农村的一二三产业和上中下游产业链之间相互联动而形成的完整产业体系。当前，我国农村非农产业比重较低，当务之急是要大力发展农村二三产业，培育农产品加工业和农村服务业，加快构建现代农业产业体系。有人误把现代农业等同于土地规模化经营，这是十分片面的看法。第一，土地规模经营还只是在一产上做文章，只属于现代农业体系中一产的部分。第二，从日本、韩国的农业发展道路看，在小规模经营的基础上也完全能够建立起发达的现代农业。日本户均耕种面积只有 1.5 公顷，与美国户均耕种 200 公顷、欧盟国家 20～30 公顷相比，属于典型的小规模经营，但是日本农业却实现高度现代化，农业机械化、单位耕地的化肥使用量等多项反映农业现代化的指标均超过欧美。1957 年，王震率团考察日本农业，成功引进了手扶拖拉机并加以仿造，大大提高了中国农民的机械化程度，非常成功。第三，世界各国的农业经济学家经过大量实证研究表明，中国农业生产并不存在明显的规模经济效益，农场规模与单产之间不存在正比关系。也就是说，土地的经营规模和土地的产出率没有关系，只和劳动生产率成正比。对于中国这样一个人多地少的国家，不能片面追求经营规模，应以追求土地产出率为首选目标。现代农业需要规模化，但不一定非得追求土地规模化，服务规模化才是符合中国实际的现代农业之路。近年来全国农机大流动，2008 年共有 46.7 万台收割机自南向北依次推进，使我国 80% 的农作物实现了机械化收割。这是最成功的规模化服务典型。在坚持家庭承包经营基础上，努力构建以公共服务为主导、合作服务为基础、市场服务为主体的服务体系，提高农业服务的规模化水平，应是中国特色的现代农业之路。中国的现代农业绝不是欧美化的现代农业。否则，我们的基本经营制度就无法坚持，根基就会动摇。

3. 造政绩与"垒大户"的工作误区。"好大喜功造政绩，锦上添花垒大户"的工作套路长期泛滥，不少县乡干部张口便是"万亩规划""千亩大棚"。一些地方强制在大片土地上种植同一种农作物，以显壮观，搞锦上添花，树形象工程。这种连片成块的风气有互相攀比之势，看谁的档次高、规模大，似乎政绩就突出。由此造成严重的土地资源浪费。专家估算，我国城镇土地闲置率至少达 43%，如果集约利用，每年可以节约出近 60% 的耕地占用量。粗放用地导致单位土地面积产出很低。土地被大量圈占的同时，工业用地的投资强度低，产出效率低，土地隐性浪费情况严重。必须强调的是，有的地方土地流转不顾群众的意愿和利益，片面强调受让方的利益，采取行政命令的方式，搞硬性捏合或强制收回农户承包地"垒大户"。这样做的目的美其名曰"典型引路"，而事实上许多地方是只树典型不引路，树的典型是"绝路"，因为典型是集中资源造起来的，别的地方学不来。在土地流转中，一般情况下，出让方大都处于弱势，且人数众多，因而土地流转中利益分配首先应保护出让方利益。国家政策允许流转的目的正是在于让处于弱势的绝大多数农户获取更多的利益，绝不是为照顾受让方利益才设置的允许流转政策。如果靠强迫干预向大户集中，不能让绝大多数出让方受益，这就背离了土地流转的初衷。

4."以乡养城"和"以地生财"的利益误区。当前，土地的非农用途与农业用途之间存在着巨大的利益差，正是靠这种土地价值差，支撑了城市经济的高速发展。随着城镇非农建设用地实行市场化出让，土地出让价格大幅上升，但向农民集体征用土地的补偿标准仍处于很低的水平，土地出让的价格远远高于对农民的补偿。这是新的历史阶段出现的"以乡养城"新形式，是政府"以地生财"筹集城镇建设资金的主要途径，也是农民利益流失最严重的一条渠道。与此同时，一些"土地与资本的结合""土地的资本化"等论调也积极配合，频频见诸媒体。有资料显示，1992年至2003年，全国土地出让金收入累计达1万多亿元，而近3年累计即达近万亿元。另据一份调研报告显示，在一些地方，土地直接税收及城市扩张带来的间接税收占地方预算内收入的40%，而土地出让金净收入占政府预算外收入的60%以上。

以地生财加速流转的另一种动力来自农民自身，尤其是发达地区或者城市郊区。农民说，改革前在土地上"种粮"，改革后在土地上"种厂"，今天是在土地上"种房"。在耕地上建房出售或出租，这是来自农民自身的、以改变属性的方式流转。

必须防止的几个问题

1. 绝不能不顾中国的现实，违背经济规律。土地流转是一个水到渠成的自然过程。土地流转进程大体与四个因素相关：一是与工业化、城镇化水平相关。有研究表明，一个地区农村土地流转的规模大小与该地区工业化、城镇化的发展水平正相关。工业化是这种相关关系的核心，它是土地流转、城镇化的动力源泉，是推动农村土地流转的主导性环境动力。城镇化是土地流转与工业化互动的结果，是工业化吸纳农村劳动力的载体，是农村土地流转释放出的劳动力向工业转移的桥梁。只有城镇有了发达的二三产业，才能吸纳走出土地的农民，土地流转才无后顾之忧。二是与农业生产率水平相关。在提高农业机械化水平，机械替代大批农村劳动力，使农业生产规模不断扩张的条件下，土地流转速度才会加快。三是与农民自身综合素质相关。通过加强村民社区自治和农民在生产经营过程中不断提高依法保护自己的权利、行使集体监督权的能力，可以较好地保障土地流转有序进行。在农民缺乏自我保护能力和不懂集体监督的情况下，土地流转往往会因来自方方面面的干扰而走偏。四是与资本进入农业的速度相关。多种资金进入农业领域，推进农业现代化和产业化，在服务、加工、储藏、流通等方面做足文章，提高生产力水平，从而带动了土地流转。因此，中国的土地流转要充分考虑经济发展的基本规律，要充分考虑中国人多地少、小规模经营的具体国情，要充分考虑家庭承包责任制的基本经营制度，否则，盲目推进，将后患无穷。

2. 绝不能让外力挤压推进流转。不少地方一谈深化农村改革，就要加快农村土地流转，甚至一些地方和学者提出探讨土地承包经营权的"买卖"问题。我们认为，中国的城乡一体化是一个艰巨而漫长的过程，这就从根本上决定了土地对农民将长期起着生存保障、社会保障的作用。如果农民土地承包经营权被长期转包甚至"买卖"，他们又无法享受健全的低保制度，就可能引发多种社会矛盾。有一种观点认为，农民是土地生产经营的主体，他们在进行土地承包经营权流转过程中，自然是符合经济学中"理性人"的假说，会考虑自己的切身利益。这话看似正确，但无法面对实际生活的严峻。首先，农村土地流转可能会受到外在因素的挤压：一是资本效益挤压，进入农村土地的资本，会以占有最大化的利润为根本出发点，很可能忽略、伤害农民的眼前、长远利益；二是使用不当公权力的挤压，一些地方急功近利，可能因政绩而盲动。二者结合，就会使"根据农民意愿"这一前提大打折扣。其次，可能受到内在因素的挤压。面对资本、权力、自然灾害、人生困境，个体农民很脆弱，容易在眼前难题的逼迫下失去根本而长远的利益。比如，重大自然灾害、疾病等天灾人祸使农民"卖地"，甚至可能为孩子上大学筹集经费而被迫"卖地"，等等。内外挤压下的土地流转都会造成有去无回的"单行道"，农民失去土地，再想拿回来，难上加难。因此，农村土地的流转要从中国现阶段国情出发，在制度设计上一定要防止外力挤压，让"依法自愿有偿"真正落到实处，同时让土地流转价格公平合理。

3. 绝不能剥夺农民的发展权。土地经营权是农民获得利益的一个重要渠道，在传统农业地区甚至是唯一渠道。但在土地流转中，一些地方农民的收益权出现了"低位固化"现象，即用流转合同把每亩收益固定在一个较低的水平上，有的合同长达 20 年。大多数土地流转费不是谈判谈出来的，基本上是比照种粮效益定的。由于分配模式缺少"叫价""竞价"环节，农民处在土地流转收益的末梢，与流转公司、种养大户之间未能建立起合理的利益分配机制，出现了"农户得利过小、公司得利过大"的利益格局。在土地流转过程中，必须牢记土地流转的真正目的是让出让方（农户）得利，必须维护好出让土地农民的利益。对于土地承包经营权的流转，签订"长期合同"的应在议价时随着时间的推移水涨船高，不能一定十年二十年不变。"三年五年一签"的应在续签合同时重新议定转包价格。对出让土地农民，要保障土地有租赁收益、土地资源利用率提高的收益、务工就业的收益和"项目、基地＋农户"的产业增收的收益，留给农民分享利益增长的"活口子"。这是广大农民依靠土地可能获取的最基本的发展权。

4. 绝不能为子孙后代留下矛盾和隐患。农村土地流转，要解决如何"流得动"的问题，更要解决好如何"流得对""流得顺""流得稳"的问题。这些问题如果不能妥善解决，就会引发诸多社会矛盾，为未来农村经济和社会发展埋下隐患。因此，一要防止频繁调整承包地。有些地方隔几年就调整一次，造成农村土地承包期不稳定、承包关系变动频繁，从而导致农民土地利用行为短期化，干群关系紧张等问题大量存在。二要把土地流转与新农村建设密切结合。土地流转催生农民生存方式的转变，新农村建设应统筹规划，实现三元互动，逐步完善新农村社区功能。可在居民集中点考虑设立"三个园"：安居园，让失地农民居有住所，养有社保；创业园，引导农民特别是返乡农民工入园创业，为他们提供最优惠的条件，以创业带就业，以就业促增收；培训园，加强对农民的继续教育、终身教育和职业技能培训，进一步开发农村人力资源。三要发挥农民主体作用，让农民积极参与，防止成为"精英俘获"。如在新农村建设中农民旧宅基地的整理，目前大多是"三分天下"，即三分之一土地建房分给农民，三分之一给房地产开发商，三分之一给地方政府搞公共建设。这种流转大都是以政府为主导，应改变这样的状况，让农民充分参与，主导全过程，这样才不会给子孙后代留下难题和隐患。

5. 绝不能让征地制度"打折""缩水"。中国土地的流转由无偿划拨到有偿批租，这是一大进步，大方向是正确的。但批租有两种，一种是拍卖批租，一种是协议批租。许多地方长期以来大都采用协议批租的方式，这种方式给权力和资本都留下不可估量的运作空间，是滋长腐败的温床。近年来，许多贪官落马，问题大都出在批地上。必须建立一套最严格的监管机制，杜绝权力和资本结盟，能采取市场化拍卖批租的，绝不能搞协议批租。按照《土地管理法》和《报国务院批准的建设用地审查办法》的规定，涉及征用基本农田，或征用基本农田以外的一般耕地超过35公顷，或征用一般耕地和非耕地总面积超过70公顷的，必须报国务院批准。但在实际执行中，各种违法违规现象较为普遍，主要有两种：一种是"拆"，就是把征地项目拆分报批，如，对于非基本农田，省级政府对耕地转用，最高只可批515亩，如果一个建设项目占地2 000亩，有些地方就把征地项目分拆报批，规避中央政府的审批。另一种是"挪"，就是把基本农田的位置给"挪"了。对于涉及的耕地是基本农田的，为了规避审批，有的就通过修改基本农田保护规划，把建设项目占用的基本农田变为非基本农田，然后再把本应报国家审批的转为报省级政府批准。另外，一些地方把耕地占补平衡政策变成圈地的新幌子。耕地占补平衡是我国耕地保护的基本制度。随着监管力度的加大，以往明目张胆占而不补、占多补少的现象有所收敛，但占优补劣现象呈抬头之势，高质量的耕地转作他用，而用等量的低质耕地充数。耕地转为非农用地，一般都在城郊等靠近居民区、耕作方便的地方，而不少新开垦的耕地是位于荒僻之地，交通、水利条件很差，如果没有相应的人力进行精耕细作，不仅粮食产量极低，而且还会面临撂荒的危险。而且，农村剩余劳动力主要向经济发达的城镇转移，这与耕地占补平衡的方向正好相反。易地开荒"有田无人种"困境如果不加以重视和解决，耕地占补平衡的战略将受到挑战。目前，我国的占补平衡政策存在"只保耕地不保粮食"，只要补的耕地数量充足，产出粮食的增减不直接考核等现象。因此，要警惕耕地占补平衡的"数字游戏"，必须建立耕地占补中的综合效益评估与补偿机制和易地补充耕地的粮食生产考核机制。

急需抓好的几件实事

1. 为土地流转搭建服务平台。土地适度规模经营的发展需要多方支持和努力。各级政府要采取多种形式加快农民各种专业知识培训，提高农民素质。政府要搞好流转环节的服务，出台有关土地流转的规范性合同文本，引导农户履行必需的手续、程序，签订土地流转的书面合同；逐步建立起公开、透明的土地流转信息平台，降低交易成本，使土地供求双方知己知彼，并自愿、高效、公平地进行土地流转的协商和交易。考虑到目前小农户在交易地位、土地信息、法律知识等方面处于不利地位，政府要以提高小农户在土地流转中的谈判能力为核心，在县乡建立专业服务机构和培育社会中介机构，免费为农户开展有关土地流转的信息、法律、政策等咨询服务。

2. 做好农村土地的确权登记颁证等基础工作。中国自农业税产生以来的 2 000 多年里，农民土地的权属都是比较明晰的，产生于唐宋、完备于明、延续到清的土地管理"鱼鳞册"是官府最大的档案。而目前我国农村土地权属模糊，地块"四至"不明，土地肥瘦不清，往往一户十亩地分成七八块，每块在什么地方、边界在哪，土地承包书上都没有标明，从而给农村土地管理带来很大困难，土地矛盾和纠纷日益增多，直接影响到农村社会稳定。据安徽省肥东县进行勘界确权登记试点情况看，仅 2 个村民组 78 户 315 人的土地就分 800 多块。就土地流转而言，农民的初衷与理论界、舆论界、商界和地方干部的想法不尽相同。农民的初衷不外有三：一是希望通过流转，把手中的七八块地变得更整一些；二是离土不离乡外出打工，留下口粮地，其余地块流转出去；三是常年外出打工，想把全部土地流转出去。不管哪种情况，农民都需要把土地承包关系通过确权登记，从法律上确定下来，给农民以稳定感，以消除后顾之忧。搞好农村土地确权登记颁证等基础工作，是巩固农村基本经营制度、维护农民权益的迫切需要，也是一项基础性的惠农工程。因此，各级都要把土地确权登记这项基础工作列入农村工作重要议事日程，中央财政每年应切出一块专项资金，在各省份开展试点，然后逐步推开，争取用十年左右时间基本完成这项基础性工程，建好当代的"鱼鳞册"，为促进农村土地流转打下坚实的基础。

3. 加强培育能经营善管理的农业经营大户和高素质农民。当前，农村土地流转中最缺少的就是能使土地提高产出效益的规模大户，土地流转主体数量不多，能力不强，水平不高，制约了土地规模经营的健康发展，全国目前土地流转总量只占 5％。要加大对经营专业大户的扶持力度，在资金、信息、技术上给予帮助指导，提高土地规模经营专业大户的经营管理水平和生产经营能力。重视土地适度规模经营者队伍建设，通过抓培训、抓服务、抓咨询，提高土地适度规模经营者的经营管理水平，以适应土地适度规模经营的需要。

4. 把引入农民定价权作为土地流转的核心。农用土地流转价格，从理论说应该是由流转双方协商确定，主要由亩均产出效益和土地供求关系决定。但由于农用土地的流转相当部分是行政推动，还没有形成能反映市场规律的流转机制，政府确定的土地流转价格也就成了农村土地流转的基本价格。目前的土地流转价格制定不科学，多数土地流转只是事先简单作价，随着农村经济发展、土地市场发育和物价波动，土地的远期价值难以准确评估，存在风险折价问题，容易损害农民利益，引发社会矛盾。必须把农民定价权作为土地流转的核心，确立农民的谈判地位，根据市场定价。必须在土地确权的基础上，制订土地流转的法律法规，建立土地交易市场，确保农民获得土地收益和土地增值。要建立土地流转的价格指导机制，根据不同产业不同片区制订土地流转的最低指导价格，具体流转价格由出让方与受让方协商确定，或通过县乡土地流转服务组织招标确定。

5. 最严格的耕地保护政策呼唤最严厉的问责制。中国农村的土地按属性可分为四类：承包地（承包地又分两类：耕地和林地）、宅基地、集体建设用地、国家建设征地。每种土地在属性内流转的问题尚好解决，需要特别关注的重点是属性外的流转，这是冲击 18 亿亩红线的一股最强劲的暗流。一些地方在中央三令五申实行最严格的耕地保护政策面前，一意孤行，铤而走险，采取以租代征、未批先用、化整为零、占优补劣、占多补少、弄虚作假等不断翻新的各种花样，违法违规占地用地。据有关报道称，国家有关部门 2007 年对全国 90 个城市的突击审查，结果违规利用土地的宗数达到 60%，涉及的土地面积达到总数的 47%。国家实行"最严格的耕地保护政策"，但在违法违规行为的查处上，处罚的板子却常常"高高举起，轻轻落下"。造成这种现象的原因主要是，违法主体往往是处于"强势地位"，导致土地违法案件追究责任的过程中，具体的责任主体十分模糊，常常是可以处理一个团体，却处理不了个体。很多违法批地的地方，为了逃避责任，往往以会议纪要或电话记录的形式作为批地依据，这给违法责任的认定带来了一定困难。同时，对土地违法案件的处罚太"软"，难抑违法冲动。因此，必须对土地加强监管，提高违法成本，该动法的必须动法。

（本文原载于《中国发展观察》2009年第5期）

图书在版编目（CIP）数据

问道乡村产业 / 刘奇著. —北京：中国农业出版
社，2024.2
ISBN 978-7-109-31786-4

Ⅰ.①问… Ⅱ.①刘… Ⅲ.①乡村—农业产业—产业
发展—研究—中国 Ⅳ.①F323

中国国家版本馆 CIP 数据核字（2024）第 051334 号

中国农业出版社出版

地址：北京市朝阳区麦子店街 18 号楼
邮编：100125
责任编辑：闫保荣
版式设计：小荷博睿　　责任校对：张雯婷
印刷：北京中兴印刷有限公司
版次：2024 年 2 月第 1 版
印次：2024 年 2 月北京第 1 次印刷
发行：新华书店北京发行所
开本：700mm×1000mm　1/16
印张：21.25
字数：306 千字
定价：78.00 元
